내게 신선한 기름을 부으셨나이다

내게 신선한
기름을 부으셨나이다

지 은 이 허철
펴 낸 날 2004년 6월 17일
펴 낸 이 이수영
등록번호 제 313-2003-00162호
주 소 마포구 신공덕동 9-31호
발 행 처 도서출판 순전한 나드
영 업 부 702-6701
팩 스 702-6703
이 메 일 morningstarkor@hanmail.net
인 쇄 처 신우기획
디 자 인 달고은네

ISBN 89-954138-4-0   03230

표   지 함영임

내게 신선한 기름을 부으셨나이다

순전한 나드

내게 신선한 기름을 부으셨나이다

CONTENTS

	서문 ··················	6
1장	기름부음을 통한 복음 전파의 중요성 ····	8
2장	성경에서 보여진 기름의 용도 ········	14
3장	기름의 종류와 상징과 사용시 유의 사항 ··	33
4장	교회사에서 나타난 기름 부음의 의미 ···	43
5장	기름부음(Anointing) ···········	46
6장	기름 부음 받은 사람의 축복 ········	58
7장	기름부음으로 축복받는 대표적인 인물들 ··	65
8장	성령의 기름부음 받는 방법 ·········	201

서 문 (감사의 말씀)

항상 신선한 성령의 기름 부으심을 갈급해 하는 허 철 목사

먼저 이 책을 다시 정리하게 된 것을 하나님께 감사와 영광을 돌립니다. 이 책을 다시 종합하여 다시 빛을 보게 된 것은 전용복 목사님의 권면이 중요한 역할을 하였습니다. 전용복 목사님이 제가 시무 하는 팔복 교회에 부흥회를 인도하러 왔을 때 기름부음에 관한 책을 쓴 것을 아셨습니다. 그때 그동안 기름부음에 대한 책을 하나로 묶어 다시 책을 내는 것이 좋지 않겠다는 권면하였습니다. 이 말을 마음에 품고 있던 중 순전한 나드 출판사에서 섬기는 이 수영 편집장에게 이야기하였더니 좋은 생각이라고 동의해 주었습니다.

이런 권면과 동의에 힘입어 저는 하나님의 기름부음을 정리하는 작업을 시작했습니다. 컴퓨터로 정리하는 작업은 제게 쉬운 일은 아니었지만 중단하거나 포기하지 않았습니다. 그 결과 하나님의 전적인 도우심과 은혜로 이 책이 나오게 되었습니다.

기름부음은 저의 사역에서 가장 중요하게 여기는 것입니다. 그리고 항상 성령의 권능과 신선한 기름부음을 사모하고 갈급 했습니다. 저는 성경을 매일 읽으면서 기름부음에 관한 말씀은 놓치지 않고 묵상하고 기록합니다. 또한 책을 읽다가도 기름부음에 관한 내용이 나오면 결코 놓치지 않으려고 합니다. 이런 하나님의 감동과 노력으로 기름부음에 관한 두 권의 책이 이미 출판되었습니다. 그러나 그 이후에도 기름부음에 대한 말씀과 감동을 계속적으로 놓치지 않을뿐더러 받기를 갈망하고 있습니다. 그러므로 이 책은 이미 출판된 두 권을 함께 묶어 수정하고, 정리하고 더 첨가하여 증보된 것입니다.

저는 기름부음을 문자 그대로 단순하게 믿는 것부터 시작해서 사역할 때마다 기름부음의 말씀과 함께 성령의 강한 능력이 역사 할 것을 기대합니다. 그리고 영적인 진리와 의미를 더 알고 그 말씀을 전하기 원합니다. 이런 저의 믿음으로 기름부음 사역을 실제로 하였을 때, 기름부음으로 인하여 많은 사람들이 치유와 자유 그리고 축복을 누리는 것을 경험하였습니다. 저의 간절한 고백은 시편 92편 10절처럼 "…내게 신선한 기름으로 부으셨나이다"입니다.

저는 확실히 믿습니다. 이 책을 읽는 분들도 말씀 그대로 기름부음 사역을 하면 놀라운 성령의 권능의 역사가 나타나 하나님께 영광을 돌릴 것입니다. 여러분이 이 책의 내용을 있는 그대로 믿고 적용하면 성령의 강력한 능력의 기름부음과 하나님 임재의 깊은 영적인 세계를 실제로 체험하게 될 것입니다. 저의 간절한 열망은 이 기름부음에 관한 책이 여러분의 사역에 큰 도움이 되길 바랍니다. 끝으로 이 책을 다시 증보할 수 있도록 마음과 건강을 주신 하나님께 감사를 드립니다. 그리고 이 책이 다시 빛을 볼 수 있도록 도움을 주신 전용복 목사님, 허성혜 사모, 이 수영 편집장에게 감사함을 잊을 수 없습니다.

"하나님, 이 책을 통하여 많은 사람들이 신선한 기름부음의 강력한 역사와 하나님의 임재 안에 거하여 하나님께 영광을 돌리게 하옵소서!"

 기름부음을 통한 복음 전파의 중요성

1. 성령의 기름부음을 사모하는 갈급함이 있어야 합니다.
우리 삶에서 가장 유용한 자동차에 항상 떨어지지 않고 있어야 할 것은 기름입니다. 다른 것이 다 준비되어 있더라도 자동차에 기름이 없게 되면 목적지를 갈 수 없습니다. 영적인 면에서도 그리스도인의 삶에 가장 필요한 것이 있다면 "기름부음"이라고 할 수 있습니다. 그 이유는 예수님께서도 하나님으로부터 기름부음을 받고 사역을 하였기 때문에 그리스도인들도 "기름부음"이 없으면 능력 있는 사역을 할 수 없습니다. 복음 전파에서 가장 필요하고 중요한 것은 "기름부음"입니다. 세계 각 국의 수백만의 사람에게 예수님을 믿게 하고 능력 있는 사역을 하는 복음 전도자인 카를로스 아나콘디아는 이렇게 말했습니다. "하나님으로부터 오는 기름 부으심 없이 행하는 사역은 그 어떤 사역도 능력이 없습니다."

카를로스 아나콘디아는 그의 책 '사탄아, 들으라'에서 "우리에게는 위대한 수확을 위해 준비되고 갖추어지는 것이 요구되며 그 사역을 지탱해 주는 하나님으로부터의 기름 부으심을 더욱 필요로 하게 되었습니다. 왜냐하면 기름 부으심이 없는 사역은 죽은 것이기 때문입니다. 그리스도를 알지 못하는 사람들에게 하나님께 받은 기름 부으심이 있다는 사실을 인정받아야 합니다. 우리가 걷고 있을 때,

일하고 있을 때, 다양한 활동을 하고 있을 때, 주위의 사람들이 우리가 그 사람들과는 뭔가 다르다는 사실을 인정하는 것은 대단히 중요한 것입니다. 이 세상 사람들이 이런 기름 부으심을 우리들 속에서 발견할 수 없다면, 하나님께서 우리들을 그들에게 보냈다는 사실을 믿지 않을 것입니다. 하나님의 종이 받을 수 있는 최대의 능력을 부여받아 충만해지고, 그 능력과 은혜 안에서 나날이 새롭게 되야 할 필요가 있습니다."

또한 성령의 기름부음을 받아야 능력 있는 복음을 증거 할 수 있습니다. 복음 전파자는 인간의 영혼을 성령의 불로 밝히는 사람입니다. 성령의 불을 받은 사역자들과 하나님의 백성들과 교회는 잃어버린 영혼을 구해야 합니다. 주님께서는 성령의 기름부음을, 성령의 불을 품은 자들로 하여금 복음을 증거 하게 하십니다.

오늘날, 우리는 기름부음을 필수적으로 받아야 합니다, 성령의 기름부음을 받을 때 멍에가 부서지고 복음을 담대하게 전하고 치유와 이적과 악한 것을 이기는 능력 있는 목회와 신앙생활을 할 수 있습니다.

2.기름 부으심을 통한 영적 전쟁의 승리

하나님께서는 영적 전쟁에서 승리하는 비결도 성령의 능력의 기름 부으심으로 되는 것이지 인간의 힘으로 되는 것이 아니라고 말씀하셨습니다.

> 그가 내게 일러 가로되 여호와께서 스룹바벨에게 하신 말씀이 이러하니라 만군의 여호와께서 말씀하시되 이는 힘으로 되지 아니하며 능으로 되지 아니하고 오직 나의 신으로 되느니라(슥 4:6).

이사야 선지자는 하나님께서는 무거운 짐에서 자유함과 병마의 멍에를 부러지게 하는 것은 기름부음 때문이라고 하셨습니다.

> 그 날에 그의 무거운 짐이 네 어깨에서 떠나고 그의 멍에가 네 목에서 벗어지되 기름진 까닭에 멍에가 부러지리라(사 4:6)

하나님께서 예수님에게 복음을 전하고 치유와 자유롭게 하기 위하여 기름을 부어주셨습니다.

> 주의 성령이 내게 임하셨으니 이는 가난한 자에게 복음을 전하게 하시려고 내게 기름을 부으시고 나를 보내사 포로된 자에게 자유를, 눈먼 자에게 다시 보게 함을 전파하며 눌린 자를 자유케 하고(눅 4:18)

3. 기름부음의 시간

예수님께서도 제자들에게 기름부음을 받는 것이 얼마나 중요한가를 아시고 제자들에게 부활하신 직후에 "예루살렘을 떠나지 말고 기다리라"라고 하신 말씀을 보면 확실하게 증명이 됩니다.

> 사도와 같이 모이사 저희에게 분부하여 가라사대 예루살렘을 떠나지 말고 내게 들은 바 아버지의 약속하신 것을 기다리라 (행 1:4)
> 볼지어다 내가 내 아버지의 약속하신 것을 너희에게 보내리니 너희는 위로부터 능력을 입히울 때까지 이 성에 유하라 하시니라(눅 24:49)

공생애 3년 동안이나 제자들을 가르쳤던 예수님이 왜 곧바로 복음을 전하게 보내시지 않고 "너희는 능력을 입히울 때까지 이 성에 유하라"고 하셨습니까? 제자들이 성령의 기름부음을 받아 초자연적인 능력으로 하나님 나라의 복음을 전파하게 하기 위함입니다. 하나님의 나라는 말에 있는 것이 아니라 능력에 있는 것을 아시기 때문입니다. 예수님은 하나님으로부터 능력을 입음으로써만 사단의 왕국을 성공적으로 침노하여 하나님의 나라를 확장할 수 있음을 미리 알고 말씀하신 것입니다. 베드로가 예수님의 말씀에 순종하여 다락방에서 열흘간 보냈을 때 하나님의 능력인 기름부음을 받았습니다. 그는 성령의 능력을 받고 하루도 못되어 3천명의 제자들을 만들었습니다. 하나님의 아들 예수님과 베드로도 기름부음을 받고 이러한 사역을 행하셨다면 우리는 두말 할 나위 없이 기름부음을 받으려는 사모함이 마치 목마른 사슴이 시냇물을 찾는 갈급함처럼 기름부음을 더 사모해야 합니다.

　기름부음이 얼마나 중요한가를 우리 일상생활의 예를 들면, 어떤 사람이 좋은 새자동차를 샀습니다. 그 자동차로 일주일 동안 즐겁게 사용하였습니다. 그런데 하루는 자동차가 시동이 걸리지 않고 움직이지 않습니다. 여러 가지 조사를 해도 이상을 발견할 수 없었습니다. 마침내 그 이유를 발견하였는데 일주일 동안 한 번만 기름을 넣고 계속 사용한 것입니다. 기름이 다 떨어졌음에도 더 보충하여 기름을 넣지 않는 것이었습니다. 그렇습니다. 아무리 좋은 자동차라도 기름이 떨어지기 전에 기름을 넣어야 자동차가 힘 있게 움직일 수 있듯이 그리스도인의 삶에 성령의 기름부음을 받지 않고는 승리로운 삶으로 하나님의 원하시는 온전한 뜻을 이루며 살아갈 수가 없습니다. 그러므로 우리는 기름 부으심을 받을 뿐 아니라 더 계속 새롭고 신선한 기름 부으심을 받아야 합니다. 여러분은 성령의 기름 부으심을 중요하게 느끼고 있습니까? 기름 부으심이 가장 중요한 것을 인식하고 실제로 받아야 합니다.

성령님의 능력의 기름부음을 받고 미국뿐만 아니라 세계 곳곳에서 하나님에게 강력하게 쓰임 받고 있는 베니 힌 목사님은 "크리스천으로서 당신은 무엇을 가장 귀중하게 생각하십니까?" 라는 질문에 "구원을 제외하고 나는 기름 부으심이 가장 귀중합니다."라고 대답했습니다. 베니 힌 목사님은 성령의 기름을 사역에서 얼마나 중요하게 여겼는지 그의 기도에서 볼 수 있습니다.

"하나님, 제발 저에게서 당신의 기름 부으심을 거두지 마시옵소서. 앞으로 제 삶 속에서 당신의 손길이 없다면 저는 죽는 편이 차라리 낫겠습니다. 당신의 성령님의 기름 부으심이 없는 날들이 제게 없게 하옵소서"

우리는 성령의 강력한 능력의 기름부음을 어느 때보다 사모하여 복음을 증거하고 사람들의 영혼을 사랑하고 구원하는 일에 힘써야 하겠습니다. 우리는 기름 부음을 받아드리는 것이 왜 중요한가를 인식하며 하나님께서 우리에게 주신 기름 부음을 기쁨으로 받아 드리며, 우리 각자는 하나님께서 주권적으로 각별한 기름 부음을 받는 사람이 되어야만 합니다. 그리고 다른 사람의 기름 부음을 갖기를 원할 수도 있습니다.

기름 부으심이란 많은 어떤 분들에게는 친숙하지 않는 용어입니다. 이 용어를 알고 쓰는 사람이나 바르게 아는 사람이 많지 않을 수도 있을 것입니다. 우리에게 친숙하지 않는 용어일지라도 성령의 기름 부으심은 그리스도인의 신앙생활에서 얼마나 중요한지 모릅니다. 성령의 기름부음이 없이는 나약한 신앙생활을 할 수밖에 없습니다. 많은 사람들이 기름 부으심의 참 의미를 바르게 알지 못하거나 본질을 잘못 이해하고 있습니다. 성경에서 말씀하고 있는 기름이 어디에 사용하였으며. 기름 부으심의 의미와 기름부음을 받는 사람들을 보며 오늘의 기름 부음의 축복을 누려야 합니다.

 성경에서 보여진 기름의 용도

1. 생활필수품

기름은 성서시대의 생활필수품으로 등불을 켜는데 사용하였습니다. 특히, 성소 안에서 등잔에 기름을 넣어 등불을 켜는데 사용되었으며(출 20:20, 25:6; 레 24:2; 왕하 4:10; 마 25:3-8) 항상 성전 안의 등대에 불이 켜져 있어야 했습니다.

> 너는 또 이스라엘 자손에게 명하여 감람으로 찧어 낸 순결한 기름을 등불을 위하여 네게로 가져오게 하고 끊이지 말고 등불을 켜되(출 27:20)
> 이스라엘 자손에게 명하여 감람을 찧어 낸 순결한 기름을 켜기 위하여 네게로 가져오게 하고 끊이지 말고 등잔불을 켤지며(레 24:2)

성소 안에 불을 밝히고 하나님의 임재를 상징하는 등대에 불을 켜는데 없어서는 안될 것은 기름입니다. 기름이 없으면 성전 안에 등불을 켤 수 없습니다. 그리고 거룩한 곳에는 순결한 기름을 사용해야 합니다. 영적인 의미로 우리가 그리스도의 빛을 비추기 위해서는 우리 안에 성령의 거룩한 기름이 반드시 있어야 합니다.

또 상을 들여 놓고 그 위에 물품을 진설하고 등대를 들여 놓고 불을 켜고(출 40:4)

조석으로 여호와 앞에 번제를 드리며 분향하며 또 깨끗한 상에 진설병을 놓고 또 금등대가 있어 그 등에 저녁마다 불을 켜나니 우리는 우리 하나님 여호와의 계명을 지키나 너희는 그를 배반하였느니라(대하 13:11).

그 등대 곁에 두 감람나무가 있는데 하나는 그 주발 우편에 있고 하나는 그 좌편에 있나이다 하고(슥 4:3)

내가 그에게 물어 가로되 등대 좌우의 두 감람나무는 무슨 뜻이니이까 하고(슥 4:11)

가로되 이는 기름 발리운 자 둘이니 온 세상의 주 앞에 모셔 섰는 자니라 하더라(슥 4:14).

몸을 돌이켜 나더러 말한 음성을 알아보려고 하여 돌이킬 때에 일곱 금촛대를 보았는데 촛대 사이에 인자 같은 이가 발에 끌리는 옷을 입고 가슴에 금띠를 띠고(계 1:12-13)

네 본 것은 내 오른손에 일곱별의 비밀과 일곱 금촛대라 일곱 별은 일곱 교회의 사자요 일곱 촛대는 일곱 교회니라(계 1:20)

에베소 교회의 사자에게 편지하기를 오른손에 일곱별을 붙잡고 일곱 금촛대 사이에 다니시는 이가 가라사대(계 2:1)

위의 성구들에서 살펴보듯이 등대, 촛대에 켠 불, 즉 향초는 성막 시대에는 끊임없이 밝혀야 했던 하나님의 임재의 상징이었습니다. 또한, 예수 그리스도께서는 교회를 상징하는 금촛대 사이를 거니시며 돌보십니다. 촛대는 예수 그리스도의 권세와 축복의 상징이며, 진리의 영이신 성령님의 임재를 상징합니다. 정제한 향과 감람유로 만든 향초를 믿음을 가지고 기름부음 사역 시에, 혹은 교회의 기도회와 예배 시에 사용하면 부정한 흑암의 모든 세력들이 떠나가고 성령의 강력한 임재 속에서 말씀의 권능이 임하고 성도들의 기도의 능력이 배가되는 체험을 하실 것입니다.

2. 성스러운 구별
회막과 성전 기구에 기름을 발라 성별합니다.

> 너는 또 번제단과 그 모든 기구에 발라 그 안을 거룩하게 하라 그 단이 지극히 거룩하리라(출 40:10)
> 단에 기름을 바르던 날에 족장들이 단의 봉헌을 위하여 예물을 가져다가 그 예물을 단 앞에 드리니라(민 7:10)
> 모세가 관유를 취하여 장막과 그 안에 있는 모든 것에 발라 거룩하게 하고 또 단에 일곱 번 뿌리고 또 그 단과 그 모든 기구와 물두멍과 그 받침에 발라 거룩하게 하고 또 관유로 아론의 머리에 부어 발라 거룩하게 하고(레 8:10-12)

성전에 사용될 기구들에게 기름을 발라 구별하듯이 그리스도인은 성전과 같은 몸에 거룩하게 기름을 바르는 것도 유익합니다.

3. 보호
무기에도 기름을 바릅니다. 성경에 보면 사울 왕이 전쟁터에 나갔을 때 방패에 기름을 바르지 않고 전쟁터에 나가 적의 화살에 맞아 죽은 것을 말씀하고 있습니다.

> 길보아 산들아 너희 위에 우로가 내리지 아니하며 제물 낼 밭도 없을지어다 거기서 두 용사의 방패가 버린 바 됨이라 곧 사울의 방패가 기름 부음을 받지 않음같이 됨이로다(삼하 1:21).

실제 전쟁터에 나가는 사람이 방패에 기름을 바르지 않음으로 화살이 관통하여 죽거나 심한 부상을 입게 됩니다. 마찬가지로 우리는 방패에 믿음으로 기름을 바르고 성령의 능력을 힘입어야 합니다. 그래야 우리의 적인 악한 영이 우리를 해하지 못하고 하나님이신 성령님이 우리를 보호해 주시는 것입니다. 그러므로 우리도 영적으로 믿음의 방패에 기름을 발라 보호하도록 하여야 합니다.

4. 식용
기름은 식용으로 중요하게 사용합니다.

> 저가 가로되 당신의 하나님 여호와의 사심을 가리켜 맹세하노니 나는 떡이 없고 다만 통에 가루 한 움큼과 병에 기름 조금 뿐이라 내가 나뭇가지 두엇을 주워 다가 나와 내 아들을 위하여 음식을 만들어 먹고 그 후에는 죽으리라 엘리야가 저에게 이르되 두려워 말고 가서 네 말대로 하려니와 먼저 그것으로 나를 위하여 작은 떡 하나를 만들어 내게로 가져오고 그 후에 너와 네 아들을 위하여 만들라 이스라엘 하나님 여호와의 말씀이 나 여호와가 비를 지면에 내리는 날까지 그 통의 가루는 다하지 아니하고 그 병의 기름은 없어지지 아니하리라 하셨느니라 저가 가서 엘리야의 말대로 하였더니 저와 엘리야와 식구가 여러 날 먹었으나 여호와께서 엘리야로 하신 말씀같이 통의 가루가 다하지 아니하고 병의 기름이 없어지지 아니하니라(왕상 17:12-16).
> 엘리사가 저에게 이르되 내가 너를 위하여 어떻게 하랴 네 집에 무엇이 있는지 내게 고하라 저가 가로되 계집종의 집에 한 병 기름 외에는 아무것도 없나이다 (왕하 4:2)
> 이와 같이 네가 금, 은으로 장식하고 가는 베와 명주와 수놓은

것을 입으며 또 고운 밀가루와 꿀과 기름을 먹음으로 극히 곱
고 형통하여 왕후의 지위에 나아갔느니라(겔 16:13).

구약시대 빵과 기름은 식용으로 가장 중요한 주식이었습니다. 빵과 기름이 떨어지면 죽게 됩니다. 예수님은 자신을 빵(떡)이라고 하셨고 영적인 빵인 말씀을 먹어야 건강하게 살 수 있습니다. 예수님이 없는 영생의 삶은 살 수 없습니다.

　기름은 영적으로 성령을 상징했습니다. 성령으로 충만함을 받아야 합니다. 영적으로 목말라하며 성령을 마셔야 합니다. 예수님은 이렇게 말씀하셨습니다. "명절 끝 날 곧 큰 날에 예수께서 서서 외쳐 가라사대 누구든지 목마르거든 내게로 와서 마시라 나를 믿는 자는 성경에 이름과 같이 그 배에서 생수의 강이 흘러나리라 하시니 이는 그를 믿는 자의 받을 성령을 가리켜 말씀하신 것이라"

　빵과 과자에도 기름을 발라서 먹었습니다.

> 무교병과 기름 섞인 무교 과자와 기름 바른 무교 전병을 모두 고운 밀가루로 만들고(출 29:2)
> 또 여호와 앞에 있는 무교병 광주리에서 떡 한 덩이와 기름 바른 과자하나와 전병 하나를 취하고(출 29:23)
> 만일 그것을 감사하므로 드리거든 기름 섞은 무교병과 기름 바른 무교 전병과 고운 가루에 기름 섞어 구운 과자를 그 감사 희생과 함께 드리고(레 7:12)
> 무교병 한 광주리와 고운 가루에 기름 섞은 과자들과 기름 바른 무교 전병들과 그 소제물과 전제물을 드릴 것이요(민 6:15)
> 백성이 두루 다니며 그것을 거두어 맷돌에 갈기도 하며 절구에 찧기도 하고 가마에 삶기도 하여 과자를 만들었으니 그 맛이 기름 섞은 과자맛 같았더라(민 11:8).

빵과 기름을 영적으로 해석하면 빵은 예수님이며, 기름은 성령님이십니다. 예수님은 성령으로 이끌리셨을 뿐만 아니라 성령 충만하여 하나님의 말씀으로 마귀의 시험을 이기셨습니다. 우리도 성령으로 이끌리고 예수님의 이름의 능력과 성령의 능력을 받아야 마귀의 유혹에서 승리할 수 있습니다.

5. 가치 있는 상품

기름은 상업적 가치로도 중요한 물품입니다.

요셉의 형제들이 요셉을 이스마엘 사람에게 노예로 파는 이스마엘 족속이 길르앗에서 올 때 약대들에 기름을 향품과 유향과 몰약을 싣고 애굽으로 싣고 내려갑니다(창 37:25-28).

감람유는 고대 세계에 중요한 무역상품이었습니다.

> 유다와 이스라엘 땅 사람이 네 장사가 되었음이여 민닛 밀과 과자와 꿀과 기름과 유향을 가지고 네 물품을 무역하였도다(겔 27:17).
>
> 말하되 기름 백 말이니이다 가로되 여기 네 증서를 가지고 빨리 앉아 오십이라 쓰라 하고(눅 16:6)

솔로몬 왕이 두로의 히람에게 해마다 준 물품 중에 하나가 기름이었습니다.

> 솔로몬이 히람에게 그 궁정의 식물로 밀 이만 석과 맑은 기름 이십 석을 주고 해마다 그와 같이 주었더라(왕상 5:11).

기름은 금, 은, 향품과 함께 왕궁에 중요한 물품으로 저장됩니다.

> 히스기야가 사자의 말을 듣고 자기 보물고의 금은과 향품과 보

> 배로운 기름과 그 군기고와 내탕고의 모든 것을 다 사자에게 보였는데 무릇 왕궁과 그 나라 안에 있는 것을 저에게 보이지 아니한 것이 없으니라(왕하 20:13)
> 곡식과 새 포도주와 기름의 산물을 위하여 창고를 세우며 온갖 짐승의 외양간을 세우며 양 떼의 우리를 갖추며(대하 32:28)

진정으로 부요한 사람은 우리 안이 하나님의 영으로 가득한 사람입니다. 우리 안에 보배로운 예수님과 보배로운 기름이 저장되어 있어야 합니다. 기름을 성령의 상징으로 볼 때 우리 안이 성령의 기름으로 가득 채워져 성령의 생수가 흘러 나옵니다. 그리고 하나님이 선물로 주신 은사들을 다른 사람을 섬기는데 사용하여 하나님께 영광을 돌려야 할 것입니다.

6. 화장품

기름은 화장품으로 사용합니다.

> 그런즉 너는 목욕하고 기름을 바르고 의복을 입고 타작마당에 내려가서 그 사람이 먹고 마시기를 다하기까지는 그에게 보이지 말고(룻 3:3)
> 다윗이 땅에서 일어나 몸을 씻고 기름을 바르고 의복을 갈아입고 여호와의 전에 들어가서 경배하고 궁으로 돌아와서 명하여 음식을 그 앞에 베풀게 하고 먹은지라(삼하 12:20)

목욕한 후에도 기름을 발랐을 뿐만 아니라 화장품으로 사용하였습니다. 목욕하고 기름을 바르면 피부를 좋게 하고 사람의 마음을 윤택하게 합니다.

저의 교회 성도중 얼굴에 기미가 심한 자매가 기름을 매일 발랐더니 그 기미가 깨끗이 사라졌다며 매우 기뻐했습니다. 그 얼굴이 화사해지며 밝아졌습니다.

> 사람의 마음을 기쁘게 하는 포도주와 사람의 얼굴을 윤택케 하는 기름과 사람의 마음을 힘 있게 하는 양식을 주셨도다(시 104:15).

목욕할 때 기름을 사용하는 것과 얼굴에 화장품으로 사용하는 것을 영적으로 해석할 때 깊은 의미가 있습니다. 우리 몸에 기름을 바르듯이 성령으로 정결케 할 뿐만 아니라 성령의 능력으로 보호막을 쳐야 합니다. 그래야 건강하고 악한 것이 만지지도 못합니다. 또한 성령의 기름으로 얼굴에 바를 때 성령의 열매가 맺히게 되며 그 결과 하나님의 나라가 임하여 기쁨으로 충만하게 됩니다.

7. 환영

존경하는 손님에게 환영의 표시로 기름을 바릅니다.

> 주께서 내 원수의 목전에서 내게 상을 베푸시고 기름으로 내 머리에 바르셨으니 내 잔이 넘치나이다(시 23:5).

시편 23편 5절을 현대어 성경 번역을 보면 그 당시 귀한 손님이 왔을 때 기름을 발라 준 것을 알 수 있습니다.

> 원수들 두 눈뜨고 쳐다보는데 보란 듯 이것 앞에 잔칫상 차려 주시고 귀한 손님 대접하듯 기름 발라주시며 잔이 흘러넘치라 하고 부어 주시네(시 23:5 현대어).

예수님은 기름 붓지 않는 제자들에게는 책망하시고 마리아에게는 칭찬하고 그이 행위를 귀하게 여기며 이렇게 말하였습니다. "너는 내 머리에 감람유도 붓지 아니하였으되 저는 향유를 내 발에 부었느니라."눅 7:46

기름을 머리에 바르는 것은 존귀하게 여기는 것입니다. 귀한 사람이 방문하였을 때 환영의 표시로 기름을 바르는 것처럼 기름부으심을 통해 예수님을 환영해야 합니다. 또한 머리에 기름을 바르는 것은 중요한 의미가 있습니다. 머리에 기름 부으심을 받아야 영적으로 건강하고 성령님의 음성을 듣고 축복된 삶을 살 수 있습니다.

8. 기쁨

기름은 사람의 마음을 즐겁게 하는데 사용합니다.

> 기름과 향이 사람의 마음을 즐겁게 하나니 친구의 충성된 권고가 이와 같이 아름다우니라(잠 27:9)

기름은 제사장의 마음을 흡족케 하는데 사용하였습니다.

> 내가 기름으로 제사장들의 심령에 흡족케 하며 내 은혜로 내 백성에게 만족케 하리라 여호와의 말이니라(렘 31:14).

나는 간혹 피곤하거나 마음이 편치 못할 때 기름을 이마와 코에 바르기도 합니다. 이때 피곤이 회복되고 마음의 상쾌함을 체험할 때가 많습니다. 또한 나의 아내가 기름을 바르고 침대 눕거나 기름을 바르고 함께 차를 탔을 때 기름의 향기로 나의 마음이 기쁨을 경험한 적이 많습니다.

9. 금식

기름은 금식할 때 머리에 바르기도 하였습니다. 예수님께서 외식으로 금식하는 것을 하지 말라고 하시면서 "금식할 때에 너희는 외식하는 자들과 같이 슬픈 기색을 내지 말라 저희는 금식하는 것을 사람에게 보이려고 얼굴을 흉하게 하느니라 내가 진실로 너희에게 이르노니 저희는 자기 상을 이미 받았느니라 너는 금식할 때에 머리에 기름을 바르고 얼굴을 씻으라"마 6:16-17라고 말씀하셨습니다. 바리새인들은 금식을 공로로 여겼기 때문에 금욕적인 동기에서 나오는 금식을 허용하지 않았습니다. 피부에 건조를 막기 위한 머리에 기름을 붓는 일도 절제하는 것으로 의미했습니다. 이런 의도를 아신 예수님께서 기름을 바르라고 하신 것입니다. 그 이유는 예수님은 바리새인의 외식적인 금식보다 은밀한 금식을 원하신 것입니다.

10. 약품

기름은 치료제로 사용되었습니다. 기름은 상처를 치유하기 위한 상비약으로 의학적 가치를 일찍부터 알고 사용되었습니다.

> 발바닥에서 머리까지 성한 곳이 없이 상한 것과 터진 것과 새로 맞은 흔적 뿐 이어늘 그것을 짜며 싸매며 기름으로 유하게 함을 받지 못하였도다(사 1:6)
> 내가 물로 너를 씻겨서 네 피를 없이 하며 네게 기름을 바르고 (겔 16:9)

예수님의 제자들은 기름을 발라 병든 사람들을 고쳤습니다.

> 많은 귀신을 쫓아내며 많은 병인에게 기름을 발라 고치더라(막 6:13).

선한 사마리아인은 기름에다 포도주를 섞어서 부어 치유하기도 했습니다. 가까이 가서 기름과 포도주를 그 상처에 붓고 싸매고 자기 짐승에 태워 주막으로 데리고 가서 돌보아 주고 눅 10:34 야고보는 장로들을 청하여 병든 자에게 기름을 바르며 기도하여 치료하도록 하셨습니다.

> 너희 중에 병든 자가 있느냐 저는 교회의 장로들을 청할 것이요 그들은 주의 이름으로 기름을 바르며 위하여 기도할지니라
> (약 5:14)

1세기 이전에 행해지던 기름 붓는 일이 의미가 있었다면 21세기에 살고 있는 오늘 날에도 치유사역에 영향을 미치는 것은 당연하다는 믿음을 갖게 합니다. 기름은 치유 기도에도 유용할 뿐 아니라 악한 영을 쫓아내는데 도움을 주었습니다. 올리브기름에 대한 전통은 축복하는 것과 아픈 사람의 치유를 위해 기도하고 바르며 악한 영으로부터 고통 받는 사람을 자유롭게 하는데 사용하였습니다.

치유에 대한 좋은 책을 쓰고 직접 사역을 하는 대표적인 학자들이 이것을 증명하고 있습니다.

■ 찰스 크래프트 박사의 '신자가 소유한 놀라운 권세'에서 소개한 내용.

초등학교 4학년 교사, 마르다는 어느 해에 엄청난 어려움을 겪었다. 그녀의 학생들은 통제 불능의 망나니들로서 학습 의욕이 거의 없었다. 그 때 내 사역 팀의 한 부부가 마르다 선생에게 먼저 몇몇 말썽꾸러기 아이들을 위해 기도하고, 매일 학교 교실에 조금 일찍 가서 아이들의 각 책상을 돌아다니며 기름을 바르고 축복하는 기도를 하라고 권했다. 그런 다음 내 사역팀 부부는 마르다 선생에 대한 그녀

의 권세를 주장하고 악한 영들을 결박하는 기도를 하라고 권했다. 또한 그들은 아이들이 통제 불능의 조짐이 보일 때, 악한 영이 아이들을 조정한다는 생각하고 조용히 영적 권세를 주장하라고 마르다 선생에게 이야기했다. 마르다는 이러한 권면을 실행해 옮겼고, 하나님의 도우심으로 행복한 교사 생활을 할 수 있었으며, 몇몇 문제 아동들의 행실이 변화되었다.

■ 프랜시스 맥너드 박사의 책 '치유'에서 기름을 바르고 행한 축귀 사역.

나의 경우에 이러한 사실을 뒷받침하는 하나의 징표는 내가 귀신축출 사역을 필요로 하는 사람들에게 '기름'을 바를 때에, 가끔 사람들이 시뻘겋게 달구어진 부지깽이에 닿는 것처럼 움찔하곤 한다는 것입니다. 그들 속에 있는 귀신의 세력은 하나님의 임재 앞에서는 감히 맞설 수 없다는 것을 보게 하십니다. 마가복음 1장 24절에서 우리는 확실히 깨달을 수 있습니다. "나사렛 예수여, 우리가 당신과 무슨 상관이 있나이까? 우리를 멸하러 왔나이까?"

■ 전통적인 카톨릭에서 기름을 바르며 하는 기도

전능하신 주 하나님, 주님 앞에 천군 천사들이 경이로움 가운데 서있고, 그들의 천국에서의 일을 저희가 알고 있습니다. 당신께서 당신의 능력으로 올리브 액으로부터 눌린 이 창조물 기름을 호의적으로 여겨 주시고 축복하시고 신성하게 하여 주실 것을 간청합니다. 당신께서 아픈 자에게 기름 붓기 위해 그것을 안수하시고, 그리하여 그들이 건강해졌을 때 그들은 당신, 살아계신 진실의 하나님께 감사할 것입니다. 우리가 기도하옵기는 우리가 당신의 이름으로 축복한 이 기름을 사용할 사람들이 모든 고통, 모든 허약 그리고 적의 간계로부터 구출될 수 있도록 부여하소서. 그것이 어떤 종류의 역경이던 당신의 형상으로 만들어 졌고 당신 아들의 귀한 피로 구원 받은 사람들을 피해 가게 하는 도구로 쓰시고 그리하여 그가 옛날 뱀의 독침을 결코 다시 경험하지 않게 하소서, 우리 주 그리스도를 통하여, 아멘

축귀 기도할 때 고통 받는 사람의 이마와 손과 코나 혹은 고통 받는 몸의 어떤 부분에 기름을 붓습니다. 저와 아내는 개인적으로 이와 같이 하나님의 말씀을 믿고 기름을 발라 치유함을 받은 체험이 많이 있습니다. 어느 교회 집회에 갔을 때 셀 리더들을 위해 기도할 때 기름을 발라 주었습니다. 그때 그들 안에 누르고 있었던 악한 것이 드러나는 모습을 보았습니다.
  또 저는 실제로 기름을 바르고 기도하였을 때 여러 질병으로부터 치유 받는 것과 악한 영으로부터 자유함을 받는 것을 수 없이 보았습니다. 그리고 성령의 강력한 능력이 역사 하는 것을 많이 체험하였습니다. 또한 제가 실제로 기름부음 사역을 하는 것을 보고 감동을 받아 적용하는 사람들의 간증을 들었습니다. 그들은 다른 사람에게 기름을 바르거나 부었을 때 여러 가지 질병으로부터의 치유와 악한 것으로부터 자유뿐만 아니라 성령의 능력이 함께 역사 하는 체험을 함으로 흥분하기도 하였습니다.
  오늘날에도 말씀대로 병든 사람에게 기름을 바르고 기도하여 치유된 사람은 너무나 많이 있습니다. 천주교나 성공회는 기름을 바르거나 뿌리는 것을 예전부터 사용하고 있습니다. 그러나 이 기름을 하나님의 말씀과 믿음으로 바르거나 부을 때 놀라운 성령님의 치유의 역사가 수없이 일어나고 있습니다.

11. 장례

장사를 할 때 기름을 시체에 바릅니다. 예수님을 사랑하고 함께 하였던 여인들이 예수님께서 돌아가신 후에 시체에 기름을 바르기 위

해 기름을 준비하여 무덤으로 찾아갔습니다.

> 갈릴리에서 예수와 함께 온 여자들이 뒤를 좇아 그 무덤과 그의 시체를 어떻게 둔 것을 보고 돌아가 향품과 향유를 예비하더라 계명을 좇아 안식일에 쉬더라(눅 24:25- 26).

12. 신부

신부가 기름을 바를 때에 기름에서 풍기는 향기로 신랑의 마음을 녹아지게 합니다.

> 왕이 상에 앉았을 때에 나의 나도 기름이 향기를 토하였구나 (아 1:12).
> 연기 기둥과도 같고 몰약과 유향과 장사의 여러 가지 향품으로 향기롭게도 하고 거친 들에서 오는 자가 누구인고(아 3:6).

13. 기도향

기름은 하나님이 받으시는 기도 향입니다. 기름에는 감미로운 향기가 납니다. 그래서 사도 요한은 참된 기도는 기름의 향 연기와 같이 하나님께 올라간다고 기록하였습니다.

> 책을 취하시매 네 생물과 이십사 장로들이 어린 양 앞에 엎드려 각각 거문고와 향이 가득한 금대접을 가졌으니 이 향은 성도의 기도들이라(계 5:8)
> 또 다른 천사가 와서 제단 곁에 서서 금향로를 가지고 많은 향을 받았으니 이는 모든 성도의 기도들과 합하여 보좌 앞 금단에 드리고자 함이라(계 8:3)
> 향연이 성도의 기도와 함께 천사의 손으로부터 하나님 앞으로

올라가는지라(계 8:4)

14. 예물
기름은 하나님께 제사를 드릴 예물로 사용합니다.

> 누구든지 소제의 예물을 여호와께 드리려거든 고운 가루로 예물을 삼아 그 위에 기름을 붓고 또 그 위에 유향을 놓아(레 2:1) 네가 화덕에 구운 것으로 소제의 예물을 드리려거든 고운 가루에 기름을 섞어 만든 무교병이나 기름을 바른 무교 전병을 드릴 것이요 번철에 부친 것으로 소제의 예물을 드리려거든 고운 가루에 누룩을 넣지 말고 기름을 섞어 조각으로 나누고 그 위에 기름을 부을지니 이는 소제니라 네가 솥에 삶은 것으로 소제를 드리려거든 고운 가루와 기름을 섞어 만들지니라(레 2:4-7).

하나님은 기름과 향을 우상에게 드리는 것을 싫어하십니다.

> 또 네 수놓은 옷으로 그 우상에게 입히고 나의 기름과 향으로 그 앞에 베풀며 또 내가 네게 주어 먹게 한 내 식물 곧 고운 밀가루와 기름과 꿀을 네가 그 앞에 베풀어 향기를 삼았나니 과연 그렇게 하였느니라 나 주 여호와의 말이니라(겔 16:18-19).

거룩한 기름을 함부로 사용하는 것을 금지하고 있습니다. 하나님께서 주시는 감동으로 성경에서 사용되는 말씀을 따라 사용해야 합니다. 거룩한 것을 개에게 주지 말라는 말씀처럼 순결한 것을 잘못 사용되지 않도록 유의해야 합니다.

15. 관유

기름은 거룩한 관유로 제사장 직분 위임으로 머리에 부어 바르거나, 정결 의식과 함께 제사드릴 때 뿌리거나 발랐습니다.

> 너는 그들에게 나를 섬길 제사장 직분을 위임하여 그들로 거룩하게 할 일이 이러하니 곧 젊은 수소 하나와 흠 없는 숫양 둘을 취하고(출 29:1)
> 관유를 가져다가 그 머리에 부어 바르고 그 아들들을 데려다가 그들에게 속옷을 입히고 아론과 그 아들들에게 띠를 띠우며 관을 씌워서 제사장의 직분을 그들에게 맡겨 영원한 규례가 되게 하라 너는 이같이 아론과 그 아들들에게 위임하여 거룩하게 할지니라(출 29:7-9).
> 여호와께서 모세에게 또 일러 가라사대 너는 상등 향품을 취하되 액체 몰약 오백 세겔과 그 반수의 향기로운 육계 이백오십 세겔과 향기로운 창포 이백오십 세겔과 계피 오백 세겔을 성소의 세겔대로 하고 감람기름 한 힌을 취하여 그것으로 거룩한 관유를 만들되 향을 제조하는 법대로 향기름을 만들지니 그것이 거룩한 관유가 될지라 너는 그것으로 회막과 증거 궤에 바르고 상과 그 모든 기구며 등대와 그 기구며 분향단과 및 번제단과 그 모든 기구와 물두멍과 그 받침에 발라 그것들을 지성물로 구별하라 무릇 이것에 접촉하는 것이 거룩하리라 너는 아론과 그 아들들에게 기름을 발라 그들을 거룩하게 하고 그들로 내게 제사장 직분을 행하게 하고(출 30:22-30)
> 너는 그 숫양을 잡고 그 피를 취하여 아론의 오른 귓부리와 그 아들들의 오른 귓부리에 바르고 그 오른손 엄지와 오른발 엄지에 바르고 그 피를 단 주위에 뿌리고 단 위의 피와 관유를 취하여 아론과 그 옷과 그 아들들과 그 아들들의 옷에 뿌리라 그와 그 옷과 그 아들들과 그 아들들의 옷이 거룩하리라(출

29:20-21)

제사장은 그 속건제 희생의 피를 취하여 정결함을 받을 자의 우편 귓부리와 우편 손 엄지가락과 우편 발 엄지가락에 바를 것이요 제사장은 또 그 한 록의 기름을 취하여 자기 좌편 손바닥에 따르고 우편 손가락으로 좌편 손의 기름을 찍어 그 손가락으로 그것을 여호와 앞에 일곱 번 뿌릴 것이요 손에 남은 기름은 제사장이 정결함을 받는 자의 우편 귓부리와 우편 손 엄지가락과 우편 발 엄지가락 곧 속건제 희생의 피 위에 바를 것이며 오히려 그 손에 남은 기름은 제사장이 그 정결함을 받는 자의 머리에 바르고 여호와 앞에서 제사장은 그를 위하여 속죄하고 또 제사장은 속죄제를 드려 그 부정함을 인하여 정결함을 받으려는 자를 위하여 속죄하고 그 후에 번제 희생을 잡을 것이요.(레 14:14-19)

제사장은 속건제 어린 양과 기름 한 록을 취하여 여호와 앞에 흔들어 요제를 삼고 속건제의 어린 양을 잡아서 제사장은 그 속건제 희생의 피를 취하여 정결함을 받을 자의 우편 귓부리와 우편 손 엄지가락과 우편 발 엄지가락에 바를 것이요 제사장은 그 기름을 자기 좌편 손바닥에 따르고 우편 손가락으로 좌편 손의 기름을 조금 찍어 여호와 앞에 일곱 번 뿌릴 것이요 그 손의 기름은 제사장이 정결함을 받을 자의 우편 귓부리와 우편 손 엄지가락과 우편 발 엄지가락 곧 속건제 희생의 피를 바른 곳에 바를 것이며 또 그 손에 남은 기름은 제사장이 그 정결함을 받는 자의 머리에 발라 여호와 앞에서 그를 위하여 속죄할 것이며(레 14:24-29)

한번은 기름부음 사역을 할 때 기름을 오른쪽 귓부리와 오른 손 엄지가락과 오른발 엄지가락에 바르고 손에서 기름을 조금 찍어 사람들에게 일곱 번 뿌렸습니다. 이 말씀대로 했을 때 성령의 권능이 역사 하는 것을 체험했습니다. 성령의 능력으로 사람들을 정결케 하신다는 것을 확신하게 되었습니다.

16. 영광
기름은 하나님과 사람을 영화롭게 하는데 사용됩니다.

> 하루는 나무들이 나가서 기름을 부어 왕을 삼으려 하여 감람나무에게 이르되 너는 우리 왕이 되라 하매 감람나무가 그들에게 이르되 나의 기름은 하나님과 사람을 영화롭게 하나니 내가 어찌 그것을 버리고 가서 나무들 위에 요동하리요 한지라(삿 9:8-9)

요담의 비유를 통하여 감람나무는 기름은 하나님과 사람을 영화롭게 한다고 가르쳐 주었습니다. 기름은 하나님과 사람을 영화롭게 하는 데 사용해야 합니다. 특별히 기름을 사용할 때 하나님을 영화롭게 해야 하며 성령의 기름부음을 받아 신실하게 충성해야 합니다.

17. 축복
기름을 얻는 것은 하나님으로부터 복을 얻는 것입니다. "그들이 와서 시온의 높은 곳에서 찬송하며 여호와의 복 곧 곡식과 새 포도주와 기름과 어린 양의 떼와 소의 떼를 얻고 크게 기뻐하리라 그 심령은 물댄 동산 같겠고 다시는 근심이 없으리로다 할지로다" 예31:21 (한글 개역 개정판)라며 기름 얻는 것이 '여호와 복' 이라고 번역하였습니다. 또 다른 한글 개역은 기름 얻는 것을 '여호와의 은사' 라고도 했습니다. "그들이 와서 시온의 높은 곳에서 찬송하며 여호와의 은사 곧 곡식과 새 포도주와 기름과 어린 양의 떼와 소의 떼에 모일

것이라 그 심령은 물댄 동산 같겠고 다시는 근심이 없으리로다 할 지어다"(한글 개역)

현대어 성경은 기름을 받는 것을 '선물'로 번역하였습니다. "그러면 그들이 고국으로 돌아와 시온산 꼭대기에서 환호성을 지르며 찬양할 것이다. 그때에 내가 그들에게 온갖 선물을 풍성하게 내려 주면 그들은 밀 곡식과 올리브기름과 햇포도주와 양 새끼와 송아지를 받고 기뻐할 것이다. 또 그들은 그 모든 선물을 향하여 온 세상에서 강물처럼 몰려갈 것이다. 그들은 거기서 물 댄 동산처럼 아름답게 번창하고, 다시는 시들거나 멸망하지 않을 것이다."(현대어 성경)

기름을 얻는 것이 여호와의 복, 여호와 은사. 선물로서 하나님의 축복인 것입니다. 일반적으로 볼 때 '기름'을 얻는다는 것은 하나님의 축복이요 선물입니다.

 # 기름의 종류와 상징과 사용시 유의 사항

1. 기름의 종류

백합향 기름(Lily of the Oil)

이 향유는 사랑스런 신부처럼 맑고 정결합니다. 백합(Lily)은 나리과(百合科)의 참나리 계통 풀의 총칭으로 백합꽃이라고도 합니다. 가을이 되면 부드러운 신록(新錄)을 흙에서 드러내어, 겨울비를 맞을 때 빨리 뻗어, 초봄이면 향기 높은 꽃이 핍니다. 성서 시대에는 팔레스티나에 많이 자생하고 있었습니다. 솔로몬 성전의 기둥인 보아스와 야긴의 꼭대기에는 백합화 형상의 의장(意匠)이 되어 있었습니다(왕상 7:22).

성경에서 백합화는 이스라엘의 회복에 대한 비유로도 사용했습니다. "저가 백합화같이 피겠고" 호14:5 는 이스라엘의 아름다움과 풍요로움을 의미하기도 합니다. 성경에서는 백합화를 주로 아름다움으로 표현합니다.

> 들의 백합화가 어떻게 자라는가 생각하여 보라(마 6:28)
> 나는 사론의 수선화요 골짜기의 백합화로구나(아 2:1)
> 여자들 중에 내 사랑은 가시나무 가운데 백합화 같구나(아 2:2).

> 나의 사랑하는 자는 내게 속하였고 나는 그에게 속하였구나 그가 백합화 가운데서 양 떼를 먹이는구나(아 2:16).
> 뺨은 향기로운 꽃밭 같고 향기로운 풀 언덕과도 같고 입술은 백합화 같고 몰약의 즙이 뚝뚝 떨어진다(아 5:13).

솔로몬의 아가서 2장에 보면 그리스도의 몸인 교회를 신부로 비유하여 기록하고 있는데 여기에서 신랑 예수님의 신부인 성도를 예수님께서는 가시밭 속에서조차 맑고 청순하고 청결한 향을 뿜어내는 백합이라고 묘사하십니다. "우리는 구원 얻는 자들에게나 망하는 자들에게나 하나님 앞에서 그리스도의 향기니" 고후2:15 처럼 우리의 기름 부음이 백합 향처럼 아름다운 그리스도의 향기로 풍겨나야 합니다.

장미향 기름(Rose of Sharon oil)

이 향유는 예수님의 신부처럼 가장 아름답게 퍼져 나갑니다. 수선화과의 다년초로 관상용으로 재배되기도 합니다. 일반적으로 과실은 결실치 않고 약용으로 사용하기도 했습니다. 수선화는 유대인이 좋아했던 것으로 알려집니다. 샤론은 갈멜산과 욥바 사이에 있는 들로 여기 수선화는 자생하는 그 지역 사람들이 사랑하는 꽃으로 되어 있었음이 말해집니다. RSV 성경에는 이것을 [장미](rose)로 번역하고 있습니다. I am a rose of Sharon, a lily of the valleys(아 2:1). 아가서 2장 1절에서 "나는 사론의 수선화요 골짜기의 백합화로구나" 술람미 여인이 자신의 아름다움을 얘기하고 있습니다. 솔로몬의 아가서 2장에는 또한 그리스도의 몸인 신부를 샤론의 장미로 기록하고 있습니다. 장미는 아름다움을 상징하며 신랑 되신 예수님은 그의 신부인 성도를 가장 아름다운 장미로 여기십니다. 우리는 그리스도의 가장 아름다운 신부의 기름 부으심을 받아 하나님의 속성인 아름다움을 본받는 사람들이 되어야 합니다. 장미향 기름을 사용하면 피부를 부드럽게 합니다.

나드향 기름(Spikenard, the Fragrance of the Bride)
이 향유는 기름 중 가장 순수한 기름입니다.

> 왕이 상에 앉았을 때에 나의 나도 기름이 향기를 토하였구나 (아 1:12).
> 나의 사랑 너는 순전히 어여뻐서 아무 흠이 없구나(아 4:7).

솔로몬의 아가서 1장 12절에 "왕이 상에 앉았을 때에 나의 나드 기름이 향기를 토하였구나"라고 기록하고 있습니다. 나드 향은 '나도 스타키 자카만시'라고 하는 감송나무의 털이 많은 줄기와 뿌리에서 추출한 향인데 감송나무는 본래 히말라야의 고산(高山)에서 자라는 진기한 나무입니다.

나드의 어원은 그리스어로서 '순수한' '진짜 순종의'라는 뜻입니다. 깨끗하고 흠없는 어린양 되신 예수님에게 죽으시고 장사되기 직전에 마리아는 매우 값비싼 나드 기름을 가지고 구별된 기름부음을 하였다고 성경은 기록합니다(요 12:3). 나드 향은 궁휼히 여기는 청순한 마음이라는 의미가 있으며, 점도 없고 흠도 없는 그리스도의 진정한 신부로 삼아주심에 대한 감사의 의미가 있습니다. "나의 사랑 너는 순전히 어여뻐서 아무 흠이 없구나" 아 4:7. 우리도 예수님처럼 가장 값비싼 기름부음을 받았습니다. 나드 향 기름처럼 가장 순수하고 정결한 영으로 기름 부으심을 받는 자로 순수하고 참된 그리스도인으로 살아야 하겠습니다. 순전한 나드 기름은 정신을 맑게 하는 효과가 있습니다.

유향(Frankincense)

향료의 일종으로 감람과의 고목(高木)으로서, 여름에 수피(樹皮)를 상처 내어 얻은 수지(樹脂)를 건조시킨 젖 빛깔의 방향물질입니다. 유향은 성경에서 여러 가지로 유용하게 쓰입니다. 유향은 향료로서 귀하게 여겨져 "여호와께서 모세에게 이르시되 너는 소합향과 나감향과 풍자향의 향품을 취하고 그 향품을 유향에 섞되 각기 동일한 중수로 하고" 출30:34 하나님이 모세에게 유향을 다른 향에 똑같이 섞게 하셨습니다. 유향은 제사장에게 부어지는 성유(聖油)의 4가지 향료 중의 하나입니다. 특히 예배의 희생 제사용으로 사용되었습니다.

> 누구든지 소제의 예물을 여호와께 드리려거든 고운 가루로 예물을 삼아 그 위에 기름을 붓고 또 그 위에 유향을 놓아 아론의 자손 제사장들에게로 가져올 것이요 제사장은 그 고운 기름 가루 한 줌과 그 모든 유향을 취하여 기념물로 단 위에 불사를지니 이는 화제라 여호와께 향기로운 냄새니라(레 2:1-2)
> 그 소제의 고운 기름 가루 한 움큼과 소제물 위의 유향을 다 취하여 기념물로 단 위에 불살라 여호와 앞에 향기로운 냄새가 되게 하고(레 6:15)
> 너는 또 정결한 유향을 그 매줄 위에 두어 기념물로 여호와께 화제를 삼을 것이며(레 24:7)

유향은 약효가 있는 것으로 알려져 있었습니다.

> 길르앗에는 유향이 있지 아니한가 그 곳에는 의사가 있지 아니한가 딸 내 백성이 치료를 받지 못함은 어찜인고(렘 8:22)
> 처녀 딸 애굽이여 길르앗으로 올라가서 유향을 취하라 네가 많은 의약을 쓸지라도 무효하여 낫지 못하리라(렘 46:11)
> 바벨론이 졸지에 넘어져 파멸되니 이로 인하여 울라 그 창상을

인하여 유향을 구하라 혹 나으리로다(렘 51:8)

유향은 예수 그리스도의 성도를 향한 중재의 기도를 상징합니다. 유향은 사람들을 구별할 때 사용하면 좋습니다. 제사장들에게는 유향은 중요한 것이었습니다. 필수적으로 유향을 가지고 다니면서 질병을 치유하는데 사역하는데 도움이 됩니다.

몰약(Myrrh)

머르나무(myrrh tree)에서 얻어지는 수지로서 줄기와 가지에서 스스로 방향의 고무질의 수액을 내는 향료의 일종입니다. 몰약은 값이 비싸며 팔레스티나의 주민에 있어서는 고가의 수입품이었습니다. 또한 "너는 상등 향품을 취하되 액체 몰약 오백 세겔과 그 반수의 향기로운 육계 이백오십 세겔과" 출30:23 로 만들어진 몰약은 성유의 한 부분으로서 아론과 그 아들들에게 부어진 기름입니다.

> 뺨은 향기로운 꽃밭 같고 향기로운 풀언덕과도 같고 입술은 백합화 같고 몰약의 즙이 뚝뚝 떨어진다(아 5:13).
> 연기 기둥과도 같고 몰약과 유향과 장사의 여러 가지 향품으로 향기롭게도 하고 거친 들에서 오는 자가 누구인고(아 3:6).

의복이나 침상을 향기롭게 하기 위해 사용하고, 부인들은 향주머니에 담아 품에 넣었습니다.

> 왕의 모든 옷은 몰약과 침향과 육계의 향기가 있으며 상아 궁에서 나오는 현악은 왕을 즐겁게 하도다(시 45:8).
> 몰약과 침향과 계피를 뿌렸노라(잠 7:17)
> 나의 사랑하는 자는 내 품 가운데 몰약 향낭이요(아 1:13)

에스더는 화장품으로도 사용하였습니다. 에스더는 왕 앞에 나아가기 전에 몰약을 6개월 동안 발랐습니다. 제가 아는 H 집사는 에스더가 왕 앞에 나아가기 전에 6개월 동안 기름 바른 것을 말씀으로 읽고 목욕하고 난 다음에 꼭 몰약을 바른다고 하였습니다. 이 기름을 바르고 자신의 삶에 놀라운 축복을 누린다고 간증하였습니다. 예수 그리스도께서 십자가에 못 박히실 때, 로마의 병사들은 "몰약을 탄 포도주(마취약으로)를 마시게" 막 15:23 하려 했습니다. 니고데모는 예수님의 장례 매장을 위해 몰약을 가져왔습니다. "일찍 예수께 밤에 나아왔던 니고데모도 몰약과 침향 섞은 것을 백 근쯤 가지고 온지라" 요 19:29. 이것은 방부제의 목적이었을 것으로 보고 있습니다.

그리스인 및 로마인은 이것을 포도주의 향료에 섞고, 또한 이 연고를 모발에 바르기도 하였다고 합니다. 머리가 많이 빠지고 가려운 학생에게 기도하며 꾸준히 몰약을 발랐을 때 치유 받는 사건이 있었습니다. 몇 년 전에 어느 교회를 집회를 갔는데 그 집사님이 톱질을 하다가 손바닥에 상처가 났습니다. 그때 그 집사님은 곧바로 그 부분에 몰약을 발랐다고 합니다. 그리고 얼마 지나지 않아 그 상처가 아물고 치유를 받았다고 알려 왔습니다. 몰약은 상처가 있거나 벌에 쏘이고 벌레에 물린 곳에 사용할 때 효과가 있습니다.

몰약과 유향은 섞어서 사용하기도 하였습니다. 솔로몬의 아가서 "연기 기둥과도 같고 몰약과 유향과 장사의 여러 가지 향품으로 향기롭게도 하고 거친 들에서 오는 자가 누구인고" 아3:6 이 구절은 메시야이신 예수 그리스도를 상징합니다. 몰약은 메시야의 고난과 죽음을 상징합니다. 유향과 몰약은 예수 그리스도의 십자가의 죽으심과 부활하신 주님의 중재기도를 상징합니다. 그러므로 유향과 몰약은 성도가 육신의 연약한 삶-질병, 옛사람을 장사지내고 부활하신 예수 그리스도의 제자로서 썩지 않을 영생을 얻는 것을 의미합니다. 동방의 현인들은 아기 예수께 황금, 유향, 몰약을 드렸습니다.

동방의 박사들이 아기 예수께 경배하면서 드린 예물 세 가지 중에 두 가지는 유향과 몰약이었습니다 마 2:11. 이런 의미에서 가장 좋은 선물 가운데 유향과 몰약이 있음을 알 수 있습니다.

백향목향(Oil of Cedars of Lebanon)
성서시대는 레바논의 산들이 백향목의 주요 공급처였습니다. 다윗 왕과 솔로몬 왕은 레바논으로부터 막대한 양의 백향목을 수입하였 습니다(삼하 5:11, 7:2, 7, 왕상 5-7장, 대상 14:1, 17:1, 6, 22:4, 대하 2장).

솔로몬왕의 건축물 중 하나는 그 건물에 각각 15개의 백향목 기둥 으로 이루어진 세 개의 열주가 있어 레바논의 나무 궁이라고 불리기 도 했습니다(왕상 7:2-5).기둥 외에도 지붕 이는데, 대들보를 받치 는, 조각까지 사용되었습니다(왕상 7:7, 2; 6:15, 6:15). 솔로몬은 백 합목을 평지의 뽕나무만큼 풍부하게 사용하였습니다(왕상 10:27). 백합목은 부요의 상징으로 사용하였습니다.

우리 집은 백향목 들보, 잣나무 석가래로구나(아 1:17) 백향목은 힘의 상징이며(시 29:5, 37:35, 사 2:13, 슥 11:2), 영광의 상징으로 사용되었습니다(시 80:10, 렘 22:7, 슥 11:1).

성전 건축에 쓰였던 레바논의 백향목은 향기롭고 강한 목재인데 성경은 솔로몬의 궁전과 변함없는 하나님의 약속의 말씀인 언약궤 와 향기로운 거처를 짓는데 사용되었다고 기록합니다. 백향목 향은 성령이 거하는 마음의 성전과 혼과 육체를 정화하는 능력이 있습니 다. 솔로몬 궁전의 기둥으로 백향목을 사용하고 심지어 지붕위에도 백합향을 사용하였습니다. 이런 의미에서 사람들의 뼈의 문제가 있 을 때 이 향유를 바르면서 기도할 때 효과가 있습니다.

2. 기름 사용 시 유의 사항

기름 향은 사람을 위한 것이 아닙니다.

> 여호와께서 모세에게 이르시되 너는 소합향과 나감 향과 풍자 향의 향품을 취하고 그 향품을 유향에 섞되 각기 동일한 중수로 하고 그것으로 향을 만들되 향 만드는 법대로 만들고 그것에 소금을 쳐서 성결하게 하고 그 향 얼마를 곱게 찧어 내가 너와 만날 회막 안 증거궤 앞에 두라 이 향은 너희에게 지극히 거룩하니라 네가 만들 향은 여호와를 위하여 거룩한 것이니 그 방법대로 너희를 위하여 만들지 말라 무릇 맡으려고 이 같은 것을 만드는 자는 그 백성 중에서 끊쳐지리라(출 30:34-38)

기름 향은 섞거나 희석하지 말아야 합니다.
향유의 향이 각기 독특함으로 사람의 취향에 따라 싫어할 수도 있습니다. 그러나 향유는 성도가 갈급함으로 하나님 앞에 나가 더욱 정결하고 성결해져서, 하나님 맡으시기에 합당한 향기가 되고자 하는 마음으로 사용하는 것입니다. 신랑 되신 예수 그리스도를 맞기 위해 더욱 깨끗한 예복을 준비하는 마음으로 사용하는 것입니다. 향유는 성도가 하나님께서 흠향 하시기에 합당한 향기가 되어서 거룩한 산 제사로 드리고자 하는 용도로 쓰이는 것입니다. 그러므로 내 마음대로 기름 향을 섞어 사용하는 것을 금해야 합니다.

기름 향은 믿음으로 사용하는 것입니다.
성경과 그 동안의 기름부음 사역 경험에 비추어 보면 모든 향은 함께 사용되는 기름과 함께 깊은 내면의 치유와 질병의 치료에 유용합니다. 모든 향은 기름부음 사역을 통하여 놀라운 성령의 임재 가운데로 인도하며 치유와 치료를 가져옵니다.

각기 다른 향유를 어느 때 사용하는 것이 유익한가를 종합적으로 설명하면 다음과 같습니다. 유향과 몰약 향과 나드 향의 기름을 치유 사역 시에 사용하였을 때, 강한 성령의 치유가 일어났습니다. 백향목향은 그 상징하는 것처럼 성도의 마음과 육신을 강건한 성전으로 지어 가는데 사용하여 외과적인 치유, 특히 뼈와 관련된 질병의 치유에 효과가 있습니다. 장미향과 백합 향은 피부과적인 치료에 도움을 줍니다.

그럼에도 불구하고 향은 기름과 함께 향기름으로서 기름부음과 치유 사역 시에 믿음으로 사용하면 제한 없는 성령의 역사가 나타납니다. 그러나 치유의 주체는 변함없이 성령님이신 것을 잊어서는 안 됩니다. 향과 기름은 결코 치료약, 만병통치나 묘약이 아님을 알아야 합니다. 다만 성경에서 말씀하고 있고 예수님의 제자들이 사용했던 것이므로 믿음으로 사용하면서 성령의 임재를 구하고 치유를 갈망할 때에 사용하면 우리가 예상치 못하는 역사를 체험할 것입니다. 그러므로 성경의 말씀에 따라 기름을 바르고 기도할 때 하나님의 임재와 능력, 몸과 마음의 치유, 성령 안에서의 자유를 체험하게 될 것입니다.

부산 집회를 인도할 때 기름부음 사역을 하였습니다. 그 이후에 C 집사님을 통해 받은 이메일입니다.

> 목사님 사모님~새해에 하나님의 축복 많이 받으시고 성령의 기름부음 사역으로 온 세계를 품으시는 복된 한 해 되세요. 저는 허철 목사님께서 사역하실 때 사랑이 흘러 모든 사람들의 심령을 적시는 것에 놀라고 감사하였습니다. 사모님께서 눈물로 각 사람을 위해 중보기도하심에 은혜가 많이 되었습니다. 또한 주은이를 바라보시는 사랑의 눈빛을 보며 주님께서

우리를 바라보실 때 그러한 사랑으로 바라보시겠구나 생각하였습니다. 엄마로서 아이를 사랑스러워하는 것이 얼마나 부족했나 회개하였습니다. 주은이는 심령이 많이 강건해지고 평안해져 손톱 깨무는 버릇이 완전히 없어지고 밤마다 기름 부어 기도할때 성령의 임재를 느끼며 곧바로 잠이 든답니다. 기름 부으심의 놀라운 권능-이 말씀의 의미를 여러모로 많이 체험하며 이 크신 은혜를 주신 하나님께 감사하며 이 사역을 여기까지 이르기에 헌신하며 달려오신 두 분께도 감사를 드립니다. 5월에 아름다운 계절에 다시 뵙기를 사모하며 저 개인적으로는 사랑의 은사가 무엇인지 알기를 소원합니다. 만남의 축복을 주시고 이렇게 글을 드리게 됨도 감사합니다. 하시는 모든 사역 위에 하나님의 임재와 권능이 늘 함께 하시길 기도드립니다.

교회사에서 나타난 기름 부음의 의미

 기름부음의 역사는 초대교회와 처음 3세기 동안 치유기도에 대한 확신을 가지고 활발하게 치유사역을 감당해 왔다고 합니다. 그러나 3세기와 4세기에 들어서면서 치유에 대한 믿음이 약화되었는데 여기에 대한 프란시스 맥너드 박사는 그의 책 '치유'에서 다음과 같이 설명하였습니다.
 이러한 쇠퇴는 제롬(JEROME, 주후 340-420)이 희랍어 성서를 라틴어로 번역할 때 불가타역을 사용하여 야고보서의 기름 바름을 모호하게 만들어 버림으로써 가속화되었습니다. 불행하게도 제롬은 우리가 "병을 낫게 하다"(heal)나 "일으켜 주다"(raise up)로 번역한 곳에 "구원하다"(save)란 라틴어로 사용하였습니다. 희랍어 본문에서 그 단어들의 의미는 "치료된, 병을 고친, 질병이나 죽음으로부터 구원된"인데 불가타역에서는 의학적인 치료나 병 고침을 뜻하는 라틴어 'curo'나 'sano'로 번역하지 않고 "구원하다"를 의미하는 'salvo'로만 번역한 것입니다. 그 이후로 육체적인 질병의 치유보다는 영혼구원에 더 강조점을 두게 되었습니다. 로마 카톨릭 교회에서는 제롬의 불가타역만이 공인된 번역본이었기 때문에, 병자에게 기름을 바르는 행위의 초점은 영적인 죽음으로부터 구원받는 일이 유익하다는 것에 맞추어졌습니다. 반면에 육체적 질병의 치유는 점차적으로 부차적인 관심사로 전락해 갔던 것입니다 그러나 위와 같은 공식적인 입장에도 불구하고 평신도 그리스도인은 여전히 기름부음의 의식은 영혼의 치유뿐만 아니라 육체적인 질병에도 도움을 주는 것으로 보았던 것입니다.

5세기경 한 주교는 치유의 목적으로 기름을 붓고 축복해 주었습니다. 그러면 사람들은 그 기름을 성유로 집으로 가져다가 오늘날 약품상자와 같은 곳에 보관했다가 집안에 있는 어떤 사람이 병에 걸리면 성유를 꺼내어 직접 그들이 기름을 부었던 것입니다. 그 당시에 두 가지 종류의 기름부음을 하였습니다. 하나는 병든 사람 자신이나 친척 혹은 친구들이 기름을 붓는 경우이고, 둘째는 주교나 신부에 의해 성유로 기름부음을 받는 경우입니다.

주후 815년경(프랑코 왕국시기)에는 평신도에 의한 기름부음의식은 금지되었습니다. 이는 약화된 사제들의 치유사역을 지원하고 활성화시키기 위한 일환으로 행해진 것입니다. 이후에 보다 많은 규정들이 생겨났는데 기름을 바르는 것이 죽음에 임박하여 죄를 회개하는 일과의 관계 속에서 행해지게 되었습니다. 서방교회의 경우 기름부음의 집전이 치유의 측면보다는 죽음에 대한 준비로서의 그 강조점이 변하기 시작했으며 이제 치유사역이 교회 성직자가 공식적으로 집례 하는 성례전으로 정착되기 시작한 것입니다. 점차적으로 기름부음은 의식인 "종부성사"를 의미하게 되었으며 종부성사의 목적은 주로 임종 직전의 사람으로 하여금 하나님을 만날 준비를 시키는 것으로 여기게 되었습니다.

13세기 말경에는 가장 영향력이 큰 신학자들조차도 병자의 죽음이 임박하고 회생할 가능성이 없을 때에만 기름부음의식이 행할 수 있다고 가르치기 시작한 것입니다 카톨릭 교회에서는 병자의 기름부음을 칠성례 중 하나로 간주하게 되었습니다. 종교 개혁시대는 관습에 변화를 가져왔습니다. 마틴 루터는 처음에는 치유의 은사를 부인하였지만 친구인 멜랑히톤이 기도를 통해 죽음의 순간에서 벗어나는 것을 목격한 후, 5년 후인 1545년 루터는 야고보서의 치유 의식을 인용하면서 자신이 그리스도의 이름으로 기도함으로써 치유된 사례를 소개하였습니다. 20세기 초에 일기 시작한 오순절 운동의 영적 각성과 1950년대와 1960년에 시작된 은사주의 갱신운동과 더불어 성령의 은사의 중요성과 치유사역과 기름부음의 가치를 극적으로 재발견하였습니다.

카톨릭에서도 1974년 1월 1일 발효된 제 2차 바티칸 공의회에서 개혁된 것 중 하나는 병자를 위한 기름부음을 강조하였습니다. 카톨릭 교회도 성서의 근원으로 돌아가기 시작하였습니다. 21세기에 들어서면서 기름부음의 사역은 더 활성화되고 있습니다. 영적갱신과 부흥을 통해 교회와 목회자들과 사역자들은 기름부음 사역을 거의 모두 행하고 있습니다. 병든 자에게 기름을 붓고 바름으로써 일어나는 일인 치유사역에 대한 관심은 폭발적인 증가 추세를 보입니다. 높아진 관심 속에는 성령의 기름부음으로 성도들은 성령 세례를 받고 모든 신자는 제사장이라는 신학적 이해를 중심으로 사역합니다. 우리가 여기서 주의해야 할 것은 기름부음을 마술적인 것으로 사용하는 것을 금해야 합니다. 그리고 기름을 바르는 것은 치유를 일어나게 하기 위해 필수적인 것이 아닙니다. 그러므로 기름부음을 통한 사역을 할 때 성령의 영감에 귀를 기울이고 순종해야 합니다.

5장 기름부음(Anointing)

기름 부음(anointing)은 unction(기름부음), 희랍어 '카리스마'(charisma)로 번역되었고 사전적 정의는 '연고제' 혹은 '기름을 사용하는 것'이라 말하고 있습니다.

1. 성경백과 사전에 나타난 기름부음에 대한 의미

히브리 성서에 나타난 용어

'다셴', '수크', '마퐈'의 세 개의 단어들을 가지고 있습니다. '다셴'은 [살찌우다]로 한번밖에 나오지 않습니다(시 23:5). '수크'는 [붓다](신 28:40, 룻 3:3)이며 연고일 경우에는 [바르다]입니다(주: 한글 개역 판은 '수크'가 [바르다]로 되어 있다). '마솨'는 원래 집일 경우는 붉은색으로 [칠하는 것]을 의미했으며(렘 22:14) 무교병과 같은 음식을 만들 때는 [기름을 바르는] 것을 뜻합니다(출 29:2).

희랍어 신약성서의 용어

'뮈리제인'이란 단어로 단 한번 사용하고 있습니다(막 14장). 그러나 '알레이페인'이란 단어는 보다 빈번하게 사용됩니다(마 6:17). '크레에인'이란 동사는 은유적으로 사용되어 그리스도의 기름부음을 언급할 때 사용됩니다(눅 4:18). 기름 부음(anointing, anointed)은 몸에 기름을 바른다는 히브리어로 '썩'이요, 성별하여 머리에 붓는다는 말은 '메샤(mashach, meshiach)' 입니다. 여기서 희랍어로 '메시아스(messias)'로 이것을 번역하면 '크리스토스(Christos)', 곧 '메시야(Messhiach)'가 되었으니 둘 다 거룩하게 기름 부었다는 뜻입니다.

2. 구약에 나타난 기름 부음의 5가지 의미

알티 켄달(Rt Kendeall) 목사는 그의 책 '기름부음'에서 다섯 가지로 기름부음의 의미를 정리하였습니다.

거룩함

기름 부음은 거룩함으로 나타납니다.

> 거룩한 관유를 만들되 향을 제조하는 법대로 향 기름을 만들지니 그것이 거룩한 관유가 될지라(출 30:25).

몰약, 계피, 사탕수수 그리고 육계와 같은 향신료와 섞어서 만들어지는 올리브 오일은 "너희는 그것으로 회막과 증거 궤에 바르고 상과 그 모든 기구며 등대와 그 기구며 분향 단과 및 번제 단과 그 모든 기구와 물두멍과 그 받침에 발라 그것들을 지성물로 구분하라 무릇 이것에 접촉하는 것이 거룩하게"출 30:26-29 하는 것으로 사용했습니다.

성별함

기름 부음은 제사장의 신성함을 성별하는 것으로 쓰였습니다. 성물에 부어졌던 오일이 아론과 그의 아들들의 머리에 부어졌습니다(레 8:10-13).

> 너는 그것들로 네 형 아론과 그와 함께 한 그 아들들에게 입히

> 고 그들에게 기름을 부어 위임하고 거룩하게 하여 그들로 제사
> 장 직분을 내게 행하게 할지며(출28:41)
> 관유를 가져다가 그 머리에 부어 바르고(출29:7)
> 또 관유로 아론의 머리에 부어 발라 거룩하게 하고 (레8:12)
> 자기 형제 중 관유로 부음을 받고 위임되어 예복을 입은 대제
> 사장은 그 머리를 풀지 말며 그 옷을 찢지 말며(레 21:10)
> 이는 아론의 아들들의 이름이며 그들은 기름을 발리우고 거룩
> 히 구별되어 제사장 직분을 위임받은 제사장들이라(민 3:3)

모세는 아론과 그의 아들들에게, 회막 입구를 떠나지 말라 그렇지 않으면 주의 기름 부음이 네게 있음으로 너는 죽을 것이다(레 10:7, 21:10-12) 라고 말했습니다.

신성함
기름 부음은 왕의 신성함을 의미합니다. 사무엘 선지자가 이스라엘 초대 왕을 세울 때 사울의 머리에 기름을 붓습니다.

> 이에 사무엘이 기름병을 취하여 사울의 머리에 붓고 입 맞추고
> 가로되 여호와께서 네게 기름을 부으사 그 기업의 지도자를 삼
> 지 아니하셨느냐(삼상 10:1)
> 사무엘이 사울에게 이르되 여호와께서 나를 보내어 왕에게 기
> 름을 부어 그 백성 이스라엘 위에 왕을 삼으셨은 즉 이제 왕은
> 여호와의 말씀을 들으소서(삼상 15:1).

성령의 임재함
기름 부음은 성령과 밀접한 관계가 있습니다. 사울이 기름 부음을 받은 직후 하나님의 영이 권능으로 그에게 임하였고(삼상10:6). 하

나님께서는 그의 마음을 바꾸셨으며(삼상 10:9) 그가 예언을 했습니다(삼상 10:10-11).

사무엘이 비밀리에 다윗에게 왕으로서의 기름을 부은 후에 하나님의 영은 다윗에게 임하였습니다. 사울이 아직 왕관을 쓰고 있었지만 사울은 하나님으로부터 왕위를 빼앗겼습니다.

사무엘은 왕관은 없지만 다윗에게 기름을 부었습니다. 그러자 다윗에게 즉시 성령이 임하셨습니다. "사무엘이 기름 뿔을 취하여 그 형제 중에서 그에게 부었더니 이 날 이후로 다윗이 여호와의 신에게 크게 감동되니라"삼상 16:13. 이것은 사울이 왕관을 가지고 있지만 기름 부음을 잃었다는 것을 말합니다. "여호와의 신이 사울에게서 떠나고 여호와의 부리신 악신이 그를 번뇌케 한지라"삼상16:14. 다윗은 왕관은 없지만 기름 부음을 받았습니다. 이것이 성령의 능력입니다. 목동 다윗에게 기름 뿔을 취하여 그에게 부었을 때 여호와의 신에게 크게 감동을 된 것을 보면 기름부음으로 인해 성령이 임하신 것입니다.

이 기름이 부어지는 곳에 자신의 권능을 나타내시는 한, 기름을 붓는 것은 성령의 상징 이상인 것입니다. 이것은 예수께서 열 두 제자를 보내시며 그들에게 악한 영을 이길 권세를 주실 때 더욱 분명해졌습니다. "많은 귀신을 쫓아내며 많은 병인에게 기름을 발라 고치더라" 막 6:13. 에서처럼 기름은 상징 이상의 의미가 있습니다.

선지자
선지자에게 기름 부음을 한 것입니다. 선지자들은 기름 부음을 받았다고 했습니다. "이르시기를 나의 기름 부은 자를 만지지 말며 나의 선지자를 상하지 말라 하셨도다"시 105:15. 아브라함은 선지자라 불렸습니다(창 20:7). 그리고 아비멜렉은 아브라함을 해하지 않도록 경고를 받았습니다. 이것은 아브라함이 기름 부음을 받았기 때문이지만 기름이 그에게 부어졌다는 증거는 없습니다. 이사야서의 말씀에 같은 사실이 있으며 이것은 예언자적 위탁에 대한 기름부음을 말씀합니다.

> 주 여호와의 신이 내게 임하셨으니 이는 여호와께서 내게 기름을 부으사 가난한 자에게 아름다운 소식을 전하게 하려 하심이라 나를 보내사 마음이 상한 자를 고치며 포로 된 자에게 자유를 갇힌 자에게 놓임을 전파하며(사 61:1)

이것은 하나님의 메시아, 주 예수 그리스도의 기름 부음을 가리키고 있습니다. '예수'(Christ)라는 말의 뜻은 그리스어로는 '크리스토스'(Christos) 히브리어로는 '메시야'(Messiah)로 '기름부음 받은 자' 라는 뜻입니다. 예수님은 왕으로, 제사장으로, 선지자로 기름부음을 받으셨습니다.

예수 그리스도 이름의 뜻은 '기름부음을 입은 자' 입니다. 예수님은 메시야의 기름부음을 받으셨습니다. 베드로는 예수님을 "주님은 그리스도시며 살아계신 하나님의 아들이십니다."마16:16 라고 고백했습니다.

3. 기름부음이란 무엇인가?

기름을 부음은 "사람 혹은 물건 위에 기름을 붓는 것"으로 성령을 상징하는 기름을 어떤 사람이나 물건에 부음으로써 '봉헌' 하는 혹은 '정결' 케 하는 것입니다. 영적인 기름부음의 능력은 기름 그 자체에 있는 것이 아니라 '기름을 붓는 사람' 혹은 '기름부음을 받는 사람' 에게 있는 것입니다. 기름부음의 권능은 하나님 아버지로부터 흘러오는 것입니다. 사도 바울은 "… 우리에게 기름을 부으신 이는 하나님이시니"고후 1:21 라고 말하였습니다.

사람들은 상징적으로 기름을 붓지만 실제적인 기름부음은 하나님께서 하신 것입니다. 사무엘 선지자가 다윗에게 기름을 부었지만 하나님께서는 "내가 내 종 다윗을 찾아 나의 거룩한 기름으로 부었도다"시 89:20 고 말씀하셨습니다.

기름 부음은 성령입니다.

그것은 성령에 대한 또 다른 특별한 단어들 중에 하나입니다. 당신은 거룩한 분으로부터 기름 부음을 받았습니다. 그 분으로부터 받은 기름 부음은 당신 안에 남아 있고 당신은 당신을 가르칠 그 누구도 필요하지 않습니다(요일 2:20,27). 성령께서 우리의 선생이시기 때문에 그 분은 우리에게 모든 것을 가르치실 것이며(요 14:26), 우리를 진리로 인도하실 것입니다(요 16:13).

기름 부음은 성령의 권능입니다.

엘리야 선지자는 기름 부음으로 갈멜 산에서 두려움 없이 바알의 선지자들과 싸울 수 있었습니다. "너희가 어느 때까지 두 사이에서 머뭇머뭇 하려느냐 여호와가 만일 하나님이면 그를 좇고 바알이 만일 하나님이면 그를 좇을지니라."왕상18:21

엘리야는 그가 성령에 의해 이 가짜 선지자들과 우선 싸우도록 인도되었음으로 이러한 질문을 쉽게 할 수 있었습니다. 그는 쉽게 그들을 공개적으로 조롱할 수 있었습니다.

바알의 선지자들은 바알이여 대답하소서!라고 외쳤습니다. 엘리야는 그들을 힐책했습니다. 마침내 엘리야는 "와 보라!" 라고 말하고 주의 제단을 고쳤습니다. 그리고 엘리야는 "오 주여, 아브라함, 이삭 그리고 이스라엘의 하나님, 당신이 이스라엘의 하나님이시며 나는 당신의 종이며 당신의 명령하시는 모든 것을 했다는 것을 저들이 알게 하소서," 왕상18:36 라고 간단히 기도했습니다. 그때 불이 내려왔습니다. 사람들이 이것을 보았을 때 두려워 소리쳤습니다. "주, 그는 하나님이시다. 주, 그는 하나님이시다" 왕상 18:39.

오직 기름 부음으로 인해 성령의 권능, 하나님의 능력으로 엘리야는 승리했습니다.

예수님께서도 성령의 기름 부음을 받고 놀라운 능력으로 사역하였습니다.

> 선지자 이사야의 글을 드리거늘 책을 펴서 이렇게 기록한 데를 찾으시니 곧 주의 성령이 내게 임하셨으니 이는 가난한 자에게 복음을 전하게 하시려고 내게 기름을 부으시고 나를 보내사 포로 된 자에게 자유를, 눈먼 자에게 다시 보게 함을 전파하며 눌린 자를 자유케 하고 주의 은혜의 해를 전파하게 하려 하심이라 하였더라(눅 4:17-19).
> 하나님이 나사렛 예수에게 성령과 능력을 기름 붓듯 하셨으매 저가 두루 다니시며 착한 일을 행하시고 마귀에게 눌린 모든 자를 고치셨으니 이는 하나님이 함께 하셨음이라(행 10:38)

예수님은 기름부음을 받고 능력 있는 복음을 전파하고, 질병과 마음이 상한 자를 고치고 묶인 자를 자유롭게 하시고 감옥에 갇힌 자를 풀어 주었습니다. 예수님의 제자들도 오순절 날 성령의 기름부음을 충만하게 받았습니다.

> 오순절 날이 이미 이르매 저희가 다 같이 한 곳에 모였더니 홀연히 하늘로부터 급하고 강한 바람 같은 소리가 있어 저희 앉은 온 집에 가득하며 불의 혀같이 갈라지는 것이 저희에게 보여 각 사람 위에 임하여 있더니 저희가 다 성령의 충만함을 받

고 성령이 말하게 하심을 따라 다른 방언으로 말하기를 시작하
니라(행 2:1-4)

기름부음을 받은 스데반과 베드로, 바울은 성령의 권능과 충만함으로 설교를 하였습니다.

스데반이 박해를 받으면서 얼굴이 천사처럼 빛났던 것과 유대인들이 그가 지혜와 성령으로 말하는 것을 당치 못했던 이유는 기름부음에 있습니다.

스데반이 지혜와 성령으로 말함을 저희가 능히 당치 못하여…
공회 중에 앉은 사람들이 다 스데반을 주목하여 보니 그 얼굴
이 천사의 얼굴과 같더라(행 6:10,15).

예수님이 잡혀갔을 때 계집종 앞에서 그리스도를 부정했던 베드로가 오순절 날에 수천의 유대인에게 설교하여 3000명을 급히 회심시킬 수 있었던 것과 선천적 앉은뱅이를 일으킨 것도 성령의 권능인 기름 부음으로 인한 것입니다.

저희가 이 말을 듣고 마음에 찔려 베드로와 다른 사도들에게 물어 가로되 형제들아 우리가 어찌할꼬 하거늘 베드로가 가로되 너희가 회개하여 각각 예수 그리스도의 이름으로 세례를 받고 죄 사함을 얻으라 그리하면 성령을 선물로 받으리니 약속은 너희와 너희 자녀와 모든 먼 데 사람 곧 주 우리 하나님이 얼마든지 부르시는 자들에게 하신 것이라 하고 또 여러 말로 확증하며 권하여 가로되 너희가 이 패역한 세대에서 구원을 받으라 하니 그 말을 받는 사람들은 세례를 받으매 이 날에 제자

의 수가 삼천이나 더하더라(행 2:37-41).
제 구 시 기도 시간에 베드로와 요한이 성전에 올라갈 새 나면서 앉은뱅이 된 자를 사람들이 메고 오니 이는 성전에 들어가는 사람들에게 구걸하기 위하여 날마다 미문이라는 성전 문에 두는 자라 그가 베드로와 요한이 성전에 들어가려 함을 보고 구걸하거늘 베드로가 요한으로 더불어 주목하여 가로되 우리를 보라 하니 그가 저희에게 무엇을 얻을까 하여 바라보거늘 베드로가 가로되 은과 금은 내게 없거니와 내게 있는 것으로 네게 주노니 곧 나사렛 예수 그리스도의 이름으로 걸으라 하고 오른손을 잡아 일으키니 발과 발목이 곧 힘을 얻고 뛰어 서서 걸으며 그들과 함께 성전으로 들어가면서 걷기도 하고 뛰기도 하며 하나님을 찬미하니(행 3:1-8)

바울이 점하는 귀신 들린 여종을 고친 것과 바울의 손으로 신비한 능력을 행하였습니다. 그리고 죽음을 두려워하지 않고 담대하게 복음을 전합니다.

우리가 기도하는 곳에 가다가 점하는 귀신들린 여종 하나를 만나니 점으로 그 주인들을 크게 이하게 하는 자라 바울과 우리를 좇아와서 소리 질러 가로되 이 사람들은 지극히 높은 하나님의 종으로 구원의 길을 너희에게 전하는 자라며 이같이 여러 날을 하는지라 바울이 심히 괴로워하여 돌이켜 그 귀신에게 이르되 예수 그리스도의 이름으로 내가 네게 명하노니 그에게서 나오라 하니 귀신이 즉시 나오니라(행16:16-18)
하나님이 바울의 손으로 희한한 능을 행하게 하시니 심지어 사람들이 바울의 몸에서 손수건이나 앞치마를 가져다가 병든 사람에게 얹으면 그 병이 떠나고 악귀도 나가더라(행 19:11-12).

기름 부음을 가장 잘 정확하게 표현한 것은 하나님의 능력입니다.

> 내가 너희에게 뱀과 전갈을 밟으며 원수의 모든 능력을 제어할 권세를 주었으니 너희를 해할 자가 결단코 없으리라(눅 10:19).

기름 부음은 공로 없이 받은 선물이며 진정한 은혜입니다.
사도 바울은 기름부음을 고린도전서 12장 4절부터 11절에서 은사라 불렀습니다. 희랍어로 chrismata는 실제는 은혜로운 선물을 의미합니다. 그것은 하나님께서 받을 자격이 되지 않는 사람들에게 은혜로 주시는 하나님의 선물입니다. 예수님은 "이는 하나님이 그 해를 악인과 선인에게 비취게 하시며 비를 의로운 자나 불의한 자에게 내리우심이라"마5:45 고 말씀하셨습니다. 야고보는 "각양 좋은 은사와 온전한 선물이 다 위로부터 빛들의 아버지께 로서 내려오나니 그는 변함도 없으시고 회전하는 그림자도 없으시리라"약1:17 고 말했습니다.

■ 알티 캔달의 기름부음과 은사의 정의

"기름 부음이 임할 때 우리의 은사는 우리가 친구와 이야기하는 것과 같이 쉽고 자연스럽게 작용한다. 은사는 항상 있지만 그것이 언제나 쉽게 작용하는 것은 아니다. 은사에 대한 기름 부음은 은사가 쉽게 기능을 발휘 할 수 있게 한다. 기름 부음은 성령이시고 성부 하나님은 인격체이시다. 성자 하나님 예수 그리스도도 인격체이시다. 마찬가지로 성령께서도 그분의 인격을 가지고 계시다. 그러므로 성령님은 우리가 그 분을 기대하는 한, 어떤 때는 우리가 그분을 존중하는 한도의 의지로 움직이실 것이다. 기도하는 많은 사람들은 그 분과 함께 해야 할 일이 있다는 것을 의심하지 않는다. 그러나 내가 해야만 하는 만큼 기도하지 않을 때 성령께서 독단적으로 하시는 때도 있다. 기름 부음은 공 없이 받은 선물이고 진정한 은혜이다… 최대로 기름 부음의 기능이 이행되기 위해서는 은사와 함께 해야 한다."

기름부음으로 하나님의 임재를 체험합니다.
초대교회 그리스도인들은 기름부음이 임하여 하나님의 말씀을 불처럼 뜨겁게 전했습니다. 기름부음은 하나님의 능력을 체험할 뿐 아니라 능력 있는 예수님의 증인이 됩니다.

■ 베니 힌에게 역사한 하나님 임재의 실례

"디트로이트의 호텔 방 침대에 누워 쉬면서 조용히 하나님께 경배드리고 있었다. 곧 바로 하나님의 임재 하심이 방안에 아주 강하게 나타났기에 눈물이 뺨으로 흘러내리기 시작했으며 나는 그분의 영광 속에 사로잡히기 시작했다. 새벽 2시가 넘도록 시간 가는 줄 모르고 기도에 열중하고 있었다. 다음날 아침 서둘러 일어났지만 그는 충분히 휴식을 취했다고 느꼈다. 주일은 아침과 저녁 예배 때 설교하기로 되어 있었다. 예배에 나아가기 전 다시 한번 기도를 드렸다. 전날 밤과 같은 느낌은 아니었지만 성령님께서 함께 하시고 계신 것을 알고 있었다. 예배 시간에 순서가 되어 그는 설교하기 시작했다. 입을 열어 첫마디를 시작할 때에 영광의 구름이 그 건물 안으로 들어오고 있었다. 하나님의 영광이 임하셨던 것이다. 그것은 전능하신 하나님의 위엄과 거룩한 임재하심이었다. 그 영광은 강하였고 너무나 강하였기에 움직이지 못하였고 사람들은 울먹이기 시작했고 설교하고 있을 때 어떤 사람은 의자에서 마루로 떨어지기도 했다. 그는 예수님! 우-! 하나님의 임재하심과 능력은 전보다 훨씬 더 강하게 사람들이 도처에서 느끼고 있었다. 예배 중에 그렇게 강하게 성령님의 임재하심과 기름 부으심을 느껴 본적은 없었다."

■ 찰스 피니에게 임한 하나님의 임재

19세기 전도자 찰스 피니의 삶에도 놀라운 하나님의 임재가 역사하였습니다. 그의 자서전에서 "1826년 뉴욕 공단에 간 피니는 친척이 감독으로 있던 면 제조 공장을 방문하게 되었다. 많은 여공들이 베틀과 방적기에서 일하고 있는 커다란 방을 지날 때였다. 여자들 몇몇이 피니를 보며 뭐라고 서로 얘기를 주고받았다. 피니가 다가가자 그들은 더 심하게 동요했다. 피니가 3m 앞으로 다가가자 한 여자가 바닥에 털썩 주저앉아 울음을 터뜨렸다. 곧 다른 사람들도 흐느끼기 시작했는데 자신들의 죄가 마음을 찔렀기 때문이다. 성령의 역사가 순식간에 건물 전체로 퍼져 온 공장이 하나님의 임재를 깊이 느꼈다. 불신자인 사장도 하나님이 역사하고 계심을 깨닫고 잠시 공장 문을 닫았다. 영혼의 평안을 찾는 법을 말해 달라는 것이었다. 누구에게 말을 걸지도 않았고 그저 공장 안으로 들어갔을 뿐인데도 피니의 삶 속에 거하신 하나님의 임재가 너무 강해서 주변을 압도하며 사람들을 뒤흔든 것이다"라고 기록되었습니다.

하나님의 임재로 사람들의 삶이 변화되고 성령의 능력의 기름 부으심이 새로운 차원으로 하나님을 경험하게 됩니다. 그리고 참으로 성령의 강한 기름 부으심이 임하면 다음 단계로 더 깊은 하나님의 임재로 나아가게 됩니다.

 # 6장 기름 부음 받은 사람의 축복

1. 하나님께서 기름 부음 받은 사람에게 인자를 베푸십니다.
하나님께서는 다윗에게 인자함을 베풀어 주었습니다. 다윗은 우리야의 아내 밧세바와 간음함으로 충실한 부하를 죽였습니다. 그런 다윗에게 인자함을 베풀어 그가 회개할 때 용서하셨습니다. 그리고 다윗의 계보에서 메시야이신 예수님이 탄생합니다.

> 여호와께서 그 왕에게 큰 구원을 주시며 기름 부음 받은 자에게 인자를 베푸심이여 영영토록 다윗과 그 후손에게로다(시 18:50).

2. 하나님은 기름 부음 받은 사람을 구원하십니다.
하나님께 기름부음 받은 다윗은 사울 왕으로부터 여러 번의 위험에서 구원을 받았습니다. 그리고 그의 아들 압살롬의 반역에서도 생명을 잃지 않고 적군인 블레셋에게 도움을 받아 산적도 있었습니다.

> 여호와는 저희의 힘이시요 그 기름 부음 받은 자의 구원의 산성이시로다(시 28:8)
> 여호와께서 자기에게 속한 바 기름 부음 받은 자를 구원하시는 줄 이제 내가 아노니 그 오른손에 구원하는 힘으로 그 거룩한

하늘에서 저에게 응락 하시리로다(시 20:6)

하박국 선지자는 하나님께서 친히 기름부음 받은 자를 구원하시고 악인은 죽임을 당한다고 하였습니다. "주께서 주의 백성을 구원하시려고, 기름 받은 자를 구원하시려고 나오사 악인의 집머리를 치시며 그 기초를 끝까지 드러내셨나이다"(셀라)(합 3:13).

3. 하나님은 주의 기름 부으신 자의 얼굴을 살펴보십니다.

여호와 하나님이여 주의 기름 부음 받은 자에게서 얼굴을 돌이키지 마옵시고 주의 종 다윗에게 베푸신 은총을 기억하옵소서(대하 6:42).

우리 방패이신 하나님이여 주의 기름 부으신 자의 얼굴을 살펴보옵소서(시 84:9).

주의 종 다윗을 위하여 주의 기름 받은 자의 얼굴을 물리치지 마옵소서(시 132:10).

다윗이 낙망하여 부르짖을 때 하나님은 그의 얼굴을 살펴 주십니다. 다윗은 도움을 받은 은혜를 생각하며 하나님을 찬양하였습니다.

내 영혼아 네가 어찌하여 낙망하며 어찌하여 내 속에서 불안하여 하는고 너는 하나님을 바라라 그 얼굴의 도우심을 인하여 내가 오히려 찬송하리로다(시 42:5).

내 하나님이여 내 영혼이 내 속에서 낙망이 되므로 내가 요단 땅과 헤르몬과 미살 산에서 주를 기억하나이다(시 42:6).

내 영혼아 네가 어찌하여 낙망하며 어찌하여 내 속에서 불안하여 하는고 너는 하나님을 바라라 나는 내 얼굴을 도우시는 내 하나님을 오히려 찬송하리로다(시 42:11).

> 내 영혼아 네가 어찌하여 낙망하며 어찌하여 내 속에서 불안하여 하는고 너는 하나님을 바라라 나는 내 얼굴을 도우시는 내 하나님을 오히려 찬송하리로다(시 43:5).

하나님은 기름부음을 받은 사람들이 낙망하고 있을 때 그들의 얼굴을 외면하지 않으십니다. 그리고 그의 기도를 들어 주시는 분이십니다. 하나님은 기름부음을 받은 사람들을 도우시는 분이십니다.

4. 하나님은 기름부음을 받은 자를 만지지도 말고 상하지도 못하게 하셨습니다.

우리는 기름부음을 받는 것이 얼마나 중요한가를 알아야 합니다. 하나님께서 기름부음을 받은 사람은 죽이지도 말며 해하지 말라고 명령하셨습니다.

> 이르시기를 나의 기름 부은 자를 만지지 말며 나의 선지자를 상하지 말라 하셨도다(대상 16:22).

현대어 성경은 '내가 기름부어 세운 종들을 죽이지 말며 내가 세운 예언자들을 해하지 말아라.'

> 이르시기를 나의 기름 부은 자를 만지지 말며 나의 선지자를 상하지 말라 하셨도다(시105:15).

다윗은 사울을 죽일 수 있는 기회가 여러 번 있었음에도 하나님께 기름부음 받은 자를 상하게 하지 않았습니다.

> 자기 사람들에게 이르되 내가 손을 들어 여호와의 기름 부음을

받은 내 주를 치는 것은 여호와의 금하시는 것이니 그는 여호와의 기름 부음을 받은 자가 됨이니라 하고(삼상 24:6)
여호와께서는 나와 왕 사이를 판단하사 나를 위하여 왕에게 보복하시려니와 내 손으로는 왕을 해하지 않겠나이다(삼상 24:12).
아비새가 다윗에게 이르되 하나님이 오늘날 당신의 원수를 당신의 손에 붙이셨나이다. 그러므로 청하오니 나로 창으로 그를 찔러서 단번에 땅에 꽂게 하소서. 내가 그를 두 번 찌를 것이 없으리이다. 다윗이 아비새에게 이르되 죽이지 말라. 누구든지 손을 들어 여호와의 기름 부음을 받은 자를 치면 죄가 없겠느냐 또 가로되 여호와께서 사시거니와 여호와께서 그를 치시리니 혹 죽을 날이 이르거나 혹 전장에 들어가서 망하리라. 내가 손을 들어 여호와의 기름 부음을 받은 자를 치는 것을 여호와께서 금하시나니 너는 그의 머리 곁에 있는 창과 물병만 가지고 가자 하고(삼상 26:8-11)

다윗은 사울왕의 전사 소식을 아말렉인에게 듣습니다. 이 사람은 상급을 받을 줄 알았는데 오히려 다윗은 슬퍼하고 그를 죽입니다.

사울의 죽은 후라 다윗이 아말렉 사람을 도륙하고 돌아와서 시글락에서 이틀을 유하더니 제 삼 일에 한 사람이 사울의 진에서 나왔는데 그 옷은 찢어졌고 머리에는 흙이 있더라. 저가 다윗에게 나아와 땅에 엎드려 절하매 다윗이 저에게 묻되 너는 어디서 왔느냐 대답하되 이스라엘 진에서 도망하여 왔나이다. 다윗이 가로되 일이 어떻게 되었느뇨 너는 내게 고하라. 저가 대답하되 군사가 전쟁 중에서 도망하기도 하였고 무리 중에 엎드려 죽은 자도 많았고 사울과 그 아들 요나단도 죽었나이다. 다윗이 자기에게 고하는 소년에게 묻되 사울과 그 아들 요나단의 죽은 줄을 네가 어떻게 아느냐 그에게 고하는 소년이 가로되 내가 우연히 길보아 산에 올라보니 사울이 자기 창을 의지하였고 병거와 기병은 저를 촉급히 따르는데 사울이 뒤로 돌이켜 나를 보고 부르시기로 내가 대답하되 내가 여기 있나이다 한즉 내게 이르되 너는 누구냐 하시기로 내가 대답하되 나는 아말렉 사람이니이다 한즉 또 내게 이르되 내 목숨이 아직 내게 완전히 있으므로 내가 고통에 들었나니 너는 내 곁에 서서 나를 죽이라 하시기로 저가 엎드러진 후에는 살 수 없는 줄을 내가 알고 그 곁에 서서 죽이고 그 머리에 있는 면류관과 팔에 있는 고리를 벗겨서 내 주께로 가져왔나이다. 이에 다윗이 자기 옷을 잡아 찢으매 함께 있는 모든 사람도 그리하고 사울과 그 아들 요나단과 여호와의 백성과 이스라엘 족속이 칼에 죽음을 인하여 저녁때까지 슬퍼하여 울며 금식 하니라(삼하 1:1-12)

다윗은 심지어 자기의 적과 같은 사울 왕을 죽이는 것을 용서하지 않았습니다. 그 이유는 사울 왕이 기름 부음 받은 자이기 때문입니다.

다윗이 저에게 이르되 네가 어찌하여 손을 들어 여호와의 기름 부음 받은 자 죽이기를 두려워하지 아니하였느냐 하고(삼하 1:14)
다윗이 저에게 이르기를 네 피가 네 머리로 돌아갈지어다 네 입이 네게 대하여 증거하기를 내가 여호와의 기름 부음 받은 자를 죽였노라 함이니라 하였더라(삼하 1:16).

이 말씀들이 우리에게 주시는 교훈은 우리는 함부로 목회자, 지도

자들을 비판하거나 험담하거나, 불평하거나, 정죄하거나, 미워함으로 죽이는 것을 금해야 함을 가르쳐 주십니다.

5. 기름부음을 받은 사람은 승진하게 하고 높여 주십니다.

사무엘의 어머니 한나는 기도할 때 하나님의 기름부음을 받는 자를 높이신다고 찬양하였습니다

> "여호와를 대적하는 자는 산산이 깨어질 것이라 하늘 우레로 그들을 치시리로다 여호와께서 땅 끝까지 심판을 베푸시고 자기 왕께 힘을 주시며 자기의 기름 부음을 받는 자의 뿔을 높이시리로다 하니라"(삼상 2:10)

시편 저자도 기름부음을 받은 자을 높이신다고 하였습니다.

> "내가 거기서 다윗에게 뿔이 나게 할 것이라 내가 내 기름 부은 자를 위하여 등을 예비하였도다"(시 132:17).
> 머리에 있는 보배로운 기름이 수염 곧 아론의 수염에 흘러서 그 옷깃까지 내림 같고(시 133:2)

히브리서 기자도 즐거운 기름을 부어 다른 동료들보다 승진하게 하신다고 하였습니다.

> "네가 의를 사랑하고 불법을 미워하였으니 그러므로 하나님 곧 너의 하나님이 즐거움의 기름을 네게 주어 네 동류들보다 승하게 하셨도다 하였고"(히 1:9).

표준 새 번역 성경은 "주께서는 정의를 사랑하시고, 불법을 미워하

셨습니다. 그러므로 하나님, 곧 주님의 하나님께서는 주님께 즐거움의 기름을 부으셔서 주님을 주님의 동료들 위에 높이 올리셨습니다."히1:9 라고 번역하였습니다. 신약 히브리서 저자는 구약의 "임금께서는 정의를 사랑하시는 분. 못된 짓 일삼는 것들을 미워하시는 분. 그 까닭에 하나님, 임금님의 하나님께서 복 받아 살아라 기름 부어 주셨지요. 다른 임금, 다른 이가 아닌 임금께 기름 부어 주셨지요."시46:7 (현대어 성경)을 인용하셨습니다.

왕의 하나님께서 축복의 기름을 다윗 왕에게 부어 주셨습니다(시편 46:8).

하나님은 기름 부음을 받는 자는 높이십니다. 다윗은 기름 부음 받을 때마다 승진되었으며 지경이 넓혀지는 축복을 받았습니다. 오늘날도 기름 부음을 받은 사람을 높이고 쓰임받게 함으로써 하나님께 영광을 돌리게 합니다.

 # 기름부음으로 축복받는 대표적인 인물들

1. 요셉

요셉은 성령의 기름부음 가운데 예언의 은사와 하나님의 신에 감동을 받아 하나님의 축복을 받는 사람입니다.

성경에서 제가 좋아하는 인물 가운데 한 사람은 요셉입니다. 성경에는 요셉의 관한 이야기가 무려 13장이나 수록되어 있습니다(창 37-50장). 요셉은 아버지 야곱이 가장 사랑하는 아들이었고 아버지로부터 장식이 많이 달린 화려한 채색 옷을 선물로 받았습니다. 야곱의 특별한 사랑 때문에 그는 형제들의 시기심을 불러 일으켰습니다. 그리고 요셉이 시기와 미움의 대상이 된 것은 하나님께 받은 예언의 은사 기운데 하나인 꿈을 꾸는 것 때문이었습니다. 그 꿈은 앞으로 요셉에게 일어날 일에 관한 것입니다. 요셉은 앞으로 될 예언적인 꿈을 꾸고 형들에게 말했습니다.

> 요셉이 꿈을 꾸고 자기 형들에게 고하매 그들이 그를 더욱 미워하였더라 요셉이 그들에게 이르되 청컨대 나의 꾼 꿈을 들으시오. 우리가 밭에서 곡식을 묶더니 내 단은 일어서고 당신들의 단은 내 단을 둘러서서 절하더이다(창37:5-7).

이 꿈 이야기로 인해 그의 형제들은 요셉을 더 미워하게 되었습니다. 그러나 요셉은 미움에 개의치 않고 또 다른 꿈 이야기를 형제들에게 합니다. "고하여 가로되 내가 또 꿈을 꾼즉 해와 달과 열별이 내게 절하더이다"창37:9.

하나님이 주신 꿈을 포기하지 않고 그 주신 비전으로 계속 나아가는 것이 필요합니다. 요셉은 17세의 소년으로 그의 꿈을 통해 예언적인 은사를 받았습니다. 요셉은 예언적인 기름부음을 받았지만 그것이 성취되기까지 여러 연단과 13년 훈련의 과정이 있었습니다. 요셉의 형들이 요셉을 죽이기로 생각하고 아비인 야곱에게 할 거짓말까지도 모의했습니다.

> 요셉이 그들에게 가까이 오기 전에 그들이 요셉을 멀리서 보고 죽이기를 꾀하여 서로 이르되 꿈꾸는 자가 오는 도다 자, 그를 죽여 한 구덩이에 던지고 우리가 말하기를 악한 짐승이 그를 잡아먹었다 하자 그 꿈이 어떻게 되는 것을 우리가 볼 것이니라 하는지라(창 37:22-23).

하지만 요셉이 처한 위험한 상황에서 르우벤을 통해 구덩이에서 구원함을 받았습니다. "르우벤이 듣고 요셉을 그들의 손에서 구원하려 하여 가로되 우리가 그 생명은 상하지 말자 르우벤이 또 그들에게 이르되 피를 흘리지 말라 그를 광야 그 구덩이에 던지고 손을 그에게 대지 말라 하니 이는 그가 요셉을 그들의 손에서 구원하여 그 아비에게로 돌리려 함이었더라"창:22-23.

하나님이 주시는 꿈을 가진 사람은 그 꿈이 이루어질 수 있도록 하나님의 손으로 구원하십니다." 너의 하나님 여호와가 너의 가운데 계시니 그는 구원을 베푸실 전능 자시라 그가 너로 인하여 기쁨을 이기지 못하여 하시며 너를 잠잠히 사랑하시며 너로 인하여 즐거이 부르며 기뻐하시리라 하리라"슥 3:17.

오히려 꿈이 없는 사람이 망하게 됩니다. "묵시가 없으면 백성이 방자히 행하거니와 율법을 지키는 자는 복이 있느니라"잠 29:18.

요셉의 형제들이 그를 제거하기 위해 이스마엘 사람들에게 판 후에, 요셉은 이집트의 장군 보디발의 노예가 되었지만 하나님께서 함께하심으로 형통한 자가 됩니다.

> 요셉이 이끌려 애굽에 내려가매 바로의 신하 시위대장 애굽 사람 보디발이 그를 그리로 데려간 이스마엘 사람의 손에서 그를 사니라 여호와께서 요셉과 함께 하시므로 그가 형통한 자가 되어 그 주인 애굽 사람의 집에 있으니 그 주인이 여호와께서 그와 함께 하심을 보며 또 여호와께서 그의 범사에 형통케 하심을 보았더라(창 39:1-3).

하나님과 함께 하는 사람은 형통한 사람이 됩니다. 요셉의 주인인 보디발은 하나님께서 함께 하시는 요셉을 보며 자신도 범사에 형통케 하시는 하나님을 보았습니다. 우리도 요셉처럼 하나님께서 함께 하심으로 다른 사람에게 하나님을 증거하는 자가 되야 합니다.

노예의 신분인 요셉은 주인의 신뢰를 얻고 집안의 모든 일을 관리하였고 그로 인하여 보디발 집에 하나님의 복이 임하였습니다. 하나님께서 요셉이 보디발의 총무가 된 후에 요셉을 위해 모든 일이 형통하도록 이방인 보디발의 집에도 복을 주십니다. 하나님께서 요셉을 위하는 것처럼 '하나님께서 나(이름)를 위하여 여호와 복이 내가 가는 곳마다 임하는 축복'을 받아야 합니다.

> 요셉이 그 주인에게 은혜를 입어 섬기매 그가 요셉으로 가정 총무를 삼고 자기 소유를 다 그 손에 위임하니 그가 요셉에게

> 자기 집과 그 모든 소유물을 주관하게 한 때부터 여호와께서 요셉을 위하여 그 애굽 사람의 집에 복을 내리시므로 여호와의 복이 그의 집과 밭에 있는 모든 소유에 미친지라 주인이 그 소유를 다 요셉의 손에 위임하고 자기 식료 외에는 간섭하지 아니하였더라 요셉은 용모가 준수하고 아담하였더라(창 39:4-6).

하지만 신실하며 하나님과 함께 하는 요셉일지라도 시험을 당합니다.

> 그 후에 그 주인의 처가 요셉에게 눈짓하다가 동침하기를 청하니 요셉이 거절하며 자기 주인의 처에게 이르되 나의 주인이 가중 제반 소유를 간섭치 아니하고 다 내 손에 위임하였으니 이 집에는 나보다 큰 이가 없으며 주인이 아무것도 내게 금하지 아니하였어도 금한 것은 당신뿐이니 당신은 자기 아내임이라 그런즉 내가 어찌 이 큰 악을 행하여 하나님께 득죄하리이까 여인이 날마다 요셉에게 청하였으나 요셉이 듣지 아니하여 동침하지 아니할뿐더러 함께 있지도 아니하니라(창 39:7-10).

보디발의 아내는 요셉에게 음행한 마음을 가지고 그를 자기의 침실로 유혹하려 했습니다. 그러나 요셉이 계속해 거절하며 같이 있으려고도 하지 않음으로써 그녀는 화가 나서 요셉이 자신을 강간하려 했다고 거짓말을 합니다. 그 결과 보디발은 요셉을 감옥에 가둡니다(창 39:11-20).

    요셉은 완전 범죄의 기회를 가졌으나 하나님께 범죄하지 않고 남자로서 육체의 정욕과 마귀의 시험을 이겼습니다. 하나님께서 요셉과 계속 함께하시고 인자를 더하셔서 비록 감옥일지라도 그 주변 사람들의 신뢰를 받았습니다. 하나님께서 함께 하시면 감옥이나 산이나 들판이나 궁궐 어느 곳에서도 모든 일을 형통케 하십니다.

> 여호와께서 요셉과 함께 하시고 그에게 인자를 더하사 전옥에게 은혜를 받게 하시매 전옥이 옥중 죄수를 다 요셉의 손에 맡기므로 그 제반 사무를 요셉이 처리하고 전옥은 그의 손에 맡긴 것을 무엇이든지 돌아보지 아니하였으니 이는 여호와께서 요셉과 함께 하심이라 여호와께서 그의 범사에 형통케 하셨더라(창 39:21-23).

하지만 그 감옥은 왕의 감옥이어서 애굽의 높은 위치에 있는 관원들도 죄가 밝혀지기 전까지 수감되는 곳이었습니다. 옥에 갇힌 사람중 애굽 왕의 술과 떡 굽는 일을 맡은 관원장으로 꿈을 꾸었고 해석하지 못해서 근심하고 있었습니다. 그들이 근심하고 있는 것을 안 요셉이 풀이를 해 주겠다고 하자 두 관원 장은 요셉에게 꿈 이야기를 합니다.

> 술 맡은 관원장이 그 꿈을 요셉에게 말하여 가로되 내가 꿈에 보니 내 앞에 포도나무가 있는데 그 나무에 세 가지가 있고 싹이 나서 꽃이 피고 포도송이가 익었고 내 손에 바로의 잔이 있기로 내가 포도를 따서 그 즙을 바로의 잔에 짜서 그 잔을 바로의 손에 드렸노라 요셉이 그에게 이르되 그 해석이 이러하니 세 가지는 사흘이라 지금부터 사흘 안에 바로가 당신의 머리를 들고 당신의 전직을 회복하리니 당신이 이왕에 술 맡은 자가 되었을 때에 하던 것같이 바로의 잔을 그 손에 받들게 되리이다 당신이 득의하거든 나를 생각하고 내게 은혜를 베풀어서 내 사정을 바로에게 고하여 이 집에서 나를 건져내소서 나는 히브

> 리 땅에서 끌려온 자요 여기서도 옥에 갇힐 일은 행치 아니하
> 였나이다 떡 굽는 관원장이 그 해석이 길함을 보고 요셉에게
> 이르되 나도 꿈에 보니 흰 떡 세 광주리가 내 머리에 있고 그
> 윗광주리에 바로를 위하여 만든 각종 구운 식물이 있는데 새들
> 이 내 머리의 광주리에서 그것을 먹더라 요셉이 대답하여 가로
> 되 그 해석은 이러하니 세 광주리는 사흘이라 지금부터 사흘
> 안에 바로가 당신의 머리를 끊고 당신을 나무에 달리니 새들이
> 당신의 고기를 뜯어 먹으리이다 하더니(창 40:9-19)

꿈 이야기를 들은 요셉은 말하길 해석은 하나님께서 있다고 했습니다(창 40:6). 요셉은 하나님으로부터 꿈을 해석하는 은사를 받아 정확하게 풀어줍니다.

> 바로의 술 맡은 관원장은 전직을 회복하매 그가 잔을 바로의
> 손에 받들어 드렸고 떡 굽는 관원장은 매여 달리니 요셉이 그
> 들에게 해석함과 같이 되었으나 술 맡은 관원장이 요셉을 기억
> 치 않고 잊었더라(창 40:21-23).

바로의 술 맡은 자와 빵 굽는 자인 두 죄수들에게 요셉이 꿈 해석한 그대로 모든 일이 이루어졌습니다. 그리고 요셉은 술 맡은 관원이 삼 일 뒤에 자신의 자리로 돌아가리라는 예언을 하고 그에게 "나를 기억해 달라… 바로에게 나에 대해 말해 달라… 나는 감옥에 갇힐 일을 하지 않았다"라고 부탁을 했지만 궁으로 돌아간 관원은 기억하지 못했습니다(창 40:13-15).

   얼마의 시간이 흐른 뒤 요셉은 그 은사로 신임 받을 수 있었습니다. 요셉의 기름 부음 또는 은사는 단련 된 후에 빛을 보게 되고 열매를 거두는 시기로 다가왔습니다.

요셉은 예언의 기름부음의 은사를 두 번째 사용하게 되었습니다. 애굽의 바로가 꾼 꿈을 아무도 풀이 할 수 없었고 오직 하나님께서 요셉을 통해서만 풀이하게 하셨습니다(창 40:14-36). 마침내 예언적인 꿈의 은사가 열매를 맺게 된 것입니다(창 41:37-43).

바로는 요셉에게 "바로가 그 신하들에게 이르되 이와 같이 하나님의 신에 감동한 사람을 우리가 어찌 얻을 수 있으리오. 하고 요셉에게 이르되 하나님이 이 모든 것을 네게 보이셨으니 너와 같이 명철하고 지혜 있는 자가 없도다"창 41:38-39 라며 하나님이 기름 부으신 요셉을 인정하였습니다. 요셉은 하나님의 신에 감동한 사람이었고 성령이 임할 때 지혜롭고 총명해집니다.

> 여호와의 신 곧 지혜와 총명의 신이요 모략과 재능의 신이요 지식과 여호와를 경외하는 신이 그 위에 강림하시리니(사 11:2).

우리가 성령의 기름부음을 받으면 가까운 사람들뿐 아니라 지도자들이 알게 됩니다. 기름부음이 있을 때 하나님께서 높여 주십니다. 요셉은 마침내 13년 만에 예언적인 꿈이 이뤄지고 가장 높임을 받았습니다.

> 너는 내 집을 치리하라 내 백성이 다 네 명을 복종하리니 나는 너보다 높음이 보좌뿐이니라 바로가 또 요셉에게 이르되 내가 너로 애굽 온 땅을 총리하게 하노라 하고 자기의 인장 반지를 빼어 요셉의 손에 끼우고 그에게 세마포 옷을 입히고 금사슬을 목에 걸고 자기에게 있는 버금 수레에 그를 태우매 무리가 그 앞에서 소리 지르기를 엎드리라 하더라 바로가 그로 애굽 전국을 총리하게 하였더라(창 41:40-43).

하나님이 함께한 사람인 요셉에게 약속하신 예언은 마침내 이루어졌습니다. 요셉의 꿈 해석대로 7년 풍년과 7년 흉년이 들었습니다. 애굽의 총리가 된 요셉은 7년 동안 풍년에 각 성과 성읍 주위에 곡식을 쌓아 많이 저장하였다가 7년 흉년이 들었을 때 애굽 백성들과 각국 백성에게 양식을 팔았습니다.

> 요셉이 애굽 왕 바로 앞에 설 때에 삼십 세라 그가 바로 앞을 떠나 애굽 온 땅을 순찰하니 일곱 해 풍년에 토지 소출이 심히 많은지라 요셉이 애굽 땅에 있는 그 칠 년 곡물을 거두어 각 성에 저축하되 각 성 주위의 밭의 곡물을 그 성중에 저장하매 저장한 곡식이 바다 모래 같이 심히 많아 세기를 그쳤으니 그 수가 한이 없음이었더라(창 41:46-49).

요셉이 17세때 꾼 꿈이 30세가 되었을 때 현실로 나타났습니다. 요셉 자신도 그 꿈이 애굽의 총리 대신이 될 것이라는 의미라고는 알지 못했을 것입니다. 그 꿈은 하나님의 예언적 기름부음이었습니다.

> 요셉이 그들에게 이르되 청컨대 나의 꾼 꿈을 들으시오 우리가 밭에서 곡식을 묶더니 내 단은 일어서고 당신들의 단은 내 단을 둘러서서 절하더이다(창 37:6-7).
>
> 애굽 땅에 일곱 해 풍년이 그치고 요셉의 말과 같이 일곱 해 흉년이 들기 시작하매 각국에는 기근이 있으나 애굽 온 땅에는 식물이 있더니 애굽 온 땅이 주리매 백성이 바로에게 부르짖어 양식을 구하는지라 바로가 애굽 모든 백성에게 이르되 요셉에게 가서 그가 너희에게 이르는 대로 하라 하니라 온 지면에 기근이 있으매 요셉이 모든 창고를 열고 애굽 백성에게 팔새 애굽 땅에 기근이 심하며 각국 백성도 양식을 사려고 애굽으로

들어와 요셉에게 이르렀으니 기근이 온 세상에 심함이었더라
(창 41:53-57).

요셉은 그의 형제들을 온전히 용서하였습니다.

> 요셉의 형제들이 그 아비가 죽었음을 보고 말하되 요셉이 혹시 우리를 미워하여 우리가 그에게 행한 모든 악을 다 갚지나 아니할까 하고 요셉에게 말을 전하여 가로되 당신의 아버지가 돌아가시기 전에 명하여 이르시기를 너희는 이같이 요셉에게 이르라 네 형들이 네게 악을 행하였을지라도 이제 바라건대 그 허물과 죄를 용서하라 하셨다 하라 하셨나니 당신의 아버지의 하나님의 종들의 죄를 이제 용서하소서 하매 요셉이 그 말을 들을 때에 울었더라 그 형들이 또 친히 와서 요셉의 앞에 엎드려 가로되 우리는 당신의 종이니 이다 요셉이 그들에게 이르되 두려워 마소서 내가 하나님을 대신하리이까 당신들은 나를 해하려 하였으나 하나님은 그것을 선으로 바꾸사 오늘과 같이 만민의 생명을 구원하게 하시려 하셨나니 당신들은 두려워 마소서 내가 당신들과 당신들의 자녀를 기르리 이다 하고 그들을 간곡한 말로 위로하였더라(창 50:15-21).

기름부음을 받은 사람들이 해야 할 것 가운데 하나는 예수님의 말씀처럼 과실을 용서해 주는 것입니다.

> 너희가 사람의 과실을 용서하면 너희 천부께서도 너희 과실을 용서하시려니와 너희가 사람의 과실을 용서하지 아니하면 너희 아버지께서도 너희 과실을 용서하지 아니하시리라(마 6:14-15).

요셉은 하나님의 신에 감동된 사람으로 하나님께 예언적 기름 부음을 받아 잘 사용했습니다. 그 결과 요셉 자신은 물론 애굽을 기근에서 구원할 뿐만 아니라 바로와 백성들, 주변 각국 백성들, 요셉의 가족과 미래의 민족까지 살리는 놀라운 사역을 하였습니다.

요셉의 꿈이 이루어지까지는 여러 가지 시험을 통과해야 했습니다. 체안(Che Ahn) 목사님은 팔복교회 부흥집회에서 요셉이 꿈을 이루는 과정 중 다섯 가지 시험에 대해 이렇게 설교하였습니다. 첫째 교만의 시험, 둘째 보디발의 시험, 셋째 순결성의 시험, 넷째는 감옥의 시험 그리고 다섯 째 성공의 시험입니다.

오늘 날도 요셉의 기름부음을 받는 것이 얼마나 중요한지요! 최근 미국 미주리 주 캔사스에서 요셉의 기름부음을 회복하는 운동이 일어나고 있습니다. 그 집회의 목적은 그리스도인 사업가들이 요셉의 예언적 기름 부으심을 받아 하나님의 나라 확장으로 하나님께 영광을 돌리게 하는 것입니다. 저는 그 집회를 사모하여 참석하고 여러 가지 많은 은혜를 받았습니다. 그 중 하나는 예언자로 널리 알려진 폴 케인 목사님과 릭 조이너 목사님에게 기도를 받았습니다. 그 집회는 여러 나라와 미국의 여러 주에서 천여 명이 넘는 사람들이 참석하였습니다.

■ **요셉 무리의 모임**

요셉 무리란, 예수님께서 세상 끝 날이 되어질 징조를 말씀하신 것처럼 지금 우리가 살고 있는 시대는 전쟁과 자연 재해, 소란이 점점 증가됨을 목격하고 살아가고 있습니다. 나름대로 평화와 안전이 있다는 나라들이 있지만 그렇지 못한 피로 얼룩진 학살과 기근, 억압으로부터 억눌려 살아가는 나라들을 보게 됩니다. 이런 어려움이 있는 때마다 요셉과 같은 사람이 준비되길 원하고 있습니다.

예수님께서 오시기 1800년 전에 그 시대를 위해 특별하게 준비하셨던 야곱의 가문에서 요셉은 하나님께 쓰임 받았습니다. 하나님께서 요셉을 선택한 이유는 하나님이 선택한 가문의 가족들의 생명을 보존하여 메시야의 탄생을 위한 준비였습니다. 요셉은 하나님의 특별하신 계획과 인도하심으로 얻게 된 그 당시에 가장 높은 지위와 부를 축척할 수 있는 권위자가 되었습니다. 하나님께서 그분의 계획대로 요셉을 사용하여 그가 얻은 부를 결국 하나님을 앙모하는 이스라엘 백성을 위해 쓰이는 힘과 물질이 되었습니다.

요셉은 성실한 사람이었고 탁월한 사업가였으며 하나님의 불과 같은 시험을 통과함으로써 깊은 겸손을 갖추게 된 사람이었습니다. 또한 요셉은 잇사갈의 아들처럼(대상 12:32) 이스라엘 백성으로 해야 할 일을 알뿐만 아니라 시세(때)를 꿰고 있던 사람이었습니다.

요셉 무리는 하나님의 뜻을 깨닫고 가르쳐 주시는 대로 미리 알므로 부와 힘이 움직여져서 많은 사람들의 생명을 보존하기 위하여 준비된-요셉의 심장과 성품과 기름부음을 갖고 하나님의 뜻을 이루고자 하는-형제자매들의 모임입니다.

세계를 보면 아프가니스탄, 아르헨티나, 브라질의 재정적인 실패와 기근으로, 중국과 쿠바처럼 억압에 묶여 있는 많은 나라에 하나님께서는 무슨 일을 하시며 또한 그의 백성인 우리들은 어떤 역할을 하고 있습니까? 비록 우리는 이런 상황을 잘 알고 있으나 아무것도 할 수 없음을 고백합니다. 그러나 하나님께서는 당신의 자녀들이 힘겹게 간신히 살아가지 않고 모든 기회를 잘 잡아 풍성한 삶을 통해 먹고 마시기를 원하고 계십니다.

'요셉의 무리'는 지금 이 시대에 하나님께서 요셉과 같이, 사명을 가진 자들을 하나님의 예언적 뜻으로 초대하여 하나님의 계획에 부응하는 모임입니다. 그러므로 요셉과 같은 비전과 기름부음을 받을 수 있게 하며 그 비전을 확장하게 하는 것입니다.

■ 요셉 무리의 비전

a. 이 땅에 임한 전례 없는 심판에서 해방시키는 것입니다. 하나님께서는 인간을 멸하거나 고통을 가중시키려하심이 아니라 오히려 하나님의 사랑을 방해하는 것을 제거하시고자 합니다.

b. 요셉과 같은 인물들을 준비시켜 해방하게 할 것입니다. 하나님께서는 예전과 같이 요셉과 같은 인물들을 준비시키고 그들을 통하여 인간들이 상상할 수 없는 방법으로 식량과 피난처와 도움을 공급하실 것입니다.

c. 심판 때에 예수님의 신부로서의 역할을 감당하며 거룩한 장소의 진원지로 만드는 것입니다. 심판 때에는 하나님께서 예수 그리스도의 신부로 모든 유혹을 이길 수 있도록 준비시키시며 거룩한 장소로 만드실 것입니다.

d. 다가올 시대에 요셉과 같은 사람을 세우는 것입니다. 하나님께서는 요셉과 같이 하나님의 마음을 갖고 예언적 시야로 다가오는 시대의 어려움과 때를 분별하여 부와 영향력을 줄 수 있는 많은 성도들을 준비시키셨습니다.

e. 잇사갈의 아들처럼 준비하는 것입니다. "잇사갈의 아들처럼 시세를 알고 마땅히 이스라엘 민족으로 해야 할 일을 아는 자들"대상 12:32 같이 하나님께서는 전략적인 예언자들을 많이 준비 시키셨습니다.

f. 민족들에게 자비를 베푸는 것입니다. 요셉은 기근 기간동안 수백만의 사람들을 굶주림에서 구원했습니다. 오늘도 요셉과 같은 준

비된 사람들을 통해 하나님께서 지휘하셔서 우리들의 생명을 보존하기 위해 쓰고 계십니다.

　g. 세상 지도자들에게 영향을 주는 것입니다. 오늘날 하나님의 능력과 지혜를 갖고 움직이는 요셉과 같은 사람들을 통해 세상에 하나님의 지혜와 능력을 전파하고 깨닫게 합니다.

　h. 사업장을 하나님의 왕국으로 되찾는 것입니다. 오늘날 믿는 사람들마저도 시장 즉 상업의 현장이 하나님의 왕국으로서 귀하고 중요한 부분임을 인식하지 않고 있습니다. 요셉은 자신의 가족, 즉 하나님께서 선택한 백성들을 위해 미리 자신을 통해 준비하시고, 소유케 한 부와 힘을 누리는 애굽으로 이주시키셨습니다. 마찬가지로 오늘날의 요셉과 같은 사람들이 교회를 상업의 중심지로, 가게로, 사업체로 확장되게 해야 합니다. 또한 사업체와 상업 중심지의 현장을 하나님의 왕국과 추수와 관련이 있는 주님과의 사귐이 있는 곳으로 하나님의 임재와 기름부음이 임하시도록 준비해야 하며, 영적인 열정이 가득 찬 곳으로, 거룩한 목적이 있는 곳으로, 하나님과 친밀함이 있는 장소로 만들어 가야 합니다.

　i. 도시의 피난민을 위해 주거지를 마련하는 것입니다. 하나님께서는 도시의 피난민들을 모을 것입니다. 또한 그들을 위해 주거지를 마련하실 것입니다. 많은 집 없는 자들과 거리의 사람들을 위해 집을 마련하실 것입니다. 도시들이 예배드리는 장소, 치유와 예배드리는 곳으로 보존해 주실 것입니다.
　이와 같은 비전을 갖고 예비된 요셉과 같은 인물을 성령의 도움으로 양육하고 실제로 사업과 상업의 중심지에서 얼마든지 성령의 도움으로 일하여 하나님의 임박한 때와 뜻을 예비하기 위한 집회와 사역자 반과 양육하는 학교를 준비하는 것입니다.

이것은 요셉의 기름 부으심을 그리스도인들의 삶과 사업에 적용하여 추수하고자 하는 이 때에 또 하나의 새롭고 놀라운 영적 부흥 운동이라고 볼 수 있습니다.

2. 다니엘

다니엘(Daniel)의 이름의 뜻은 '하나님은 나의 심판자' 입니다. 바벨론에서 환관장은 다니엘을 벨드사살'(그의 생명을 보호하라)이라 불렀습니다. 그는 바벨론에서 네 왕 느부갓네살왕, 벨사살왕, 다리오왕, 고레스왕 시대에 형통한 사람입니다.

출신

다니엘은 유대 왕족과 귀족으로서, BC 605년 바벨론 왕 느부갓네살에게 사로잡혀 간 청년 중의 한 사람입니다.

> 왕이 환관장 아스부나스에게 명하여 이스라엘 자손 중에서 왕족과 귀족의 몇 사람 곧 흠이 없고 아름다우며 모든 재주를 통달하며 지식이 구비하며 학문에 익숙하여 왕궁에 모실 만한 소년을 데려오게 하였고 그들에게 갈대아 사람의 학문과 방언을 가르치게 하였고(단1:3-4).

다니엘은 이스라엘 자손 중 왕족과 귀족으로서 흠이 없고, 아름다우며, 모든 재주를 통달하며, 지식이 있으며, 학문에 익숙하여 왕궁에 모실만한 소년 몇 사람을 뽑으라는 왕명에 따라 환관장 아스부나스에 의해 하나냐, 미사엘, 아사랴와 더불어 뽑혔습니다. 하나님께서 다니엘에게 많은 소년들 가운데 특별한 은혜를 베풀었습니다. 하나님의 은혜를 받은 사람은 '하나님의 은혜를 무엇으로 보답할

꼬' 하는 마음으로 그 은혜를 잊지 않아야 합니다.

의지와 성결
다니엘은 뜻을 정하고 자신이 정결하게 살려고 했습니다.

> 다니엘은 뜻을 정하여 왕의 진미와 그의 마시는 포도주로 자기를 더럽히지 아니하리라 하고 자기를 더럽히지 않게 하기를 환관 장에게 구하니 하나님이 다니엘로 환관 장에게 은혜와 긍휼을 얻게 하신지라(단 1:8-9).
> 열흘 후에 그들의 얼굴이 더욱 아름답고 살이 더욱 윤택하여 왕의 진미를 먹는 모든 소년보다 나아 보인지라 이러므로 감독하는 자가 그들에게 분정된 진미와 마실 포도주를 제하고 채식을 주니라(단 1:15-16).

왕은 다니엘과 이들 세 소년들에게 바벨론 왕궁에서 교육을 받고 왕의 진미와 포도주를 먹게 했으나, 그들은 모세의 율법에 따라 이를 거절하고 채식을 했습니다. 그 당시 다니엘이 이렇게 결단하는 것은 놀라운 일입니다. 다니엘이 하나님의 선한 뜻을 이루려고 할 때 하나님이 도와주십니다. 우리도 하나님의 선한 뜻을 포기하거나 적당히 살려고 하는 것을 멀리하고 하나님의 의를 이루는 것을 가장 우선으로 해야 합니다. 포스트모더니즘 시대를 살아가는 그리스도인에게 가장 필요한 것은 정결한 신부로서 사는 삶입니다.

예언적인 이상과 꿈의 해석
다니엘에게 하나님은 특별하게 모든 이상과 꿈을 해석하는 예언적인 은사를 주셨습니다.

> 하나님이 이 네 소년에게 지식을 얻게 하시며 모든 학문과 재주에 명철하게 하신 외에 다니엘은 또 모든 이상과 몽조를 깨달아 알더라(단 1:17).
> 왕이 그들에게 모든 일을 묻는 중에 그 지혜와 총명이 온 나라 박수와 술객보다 십 배나 나은 줄을 아니라(단 1:20)

다니엘과 세 소년은 하나님의 축복을 받아 지식을 얻고 학문과 재주가 명철하게 되었습니다. 3년간의 준비 기한이 차서 그들이 왕 앞에 설 때, 그 지혜와 총명이 온 나라 박수나 술객보다 10배나 더하였습니다 다니엘은 학문과 재주, 지혜와 총명 이외에 모든 이상과 몽조를 깨달아 알게 되었습니다(단 1:17).

왕의 꿈
첫 번째 꿈의 해석은 바벨론 왕 느부갓네살 제2년에 꿈을 해석해 주었습니다(단 2:1-49).

그는 다른 박수와 술객, 그리고 점쟁이들이 풀지 못하는 왕의 잊어버린 신상(神像)의 꿈을 해석했습니다. 즉, 우상의 정금 머리는 바벨론과 그의 권세와 능력과 영광을 뜻하며, 은 가슴과 팔은 메데 바사와 그의 연합국을 뜻하며, 놋 배와 넓적다리는 헬라와 헬라의 통일, 그리고 그 후에 애굽과 수리아의 분립을 가리키고, 철 종아리는 로마와 그의 군사 정치를, 양 다리는 동서 로마의 분립을 가리키고, 뜨인 돌은 크신 하나님의 장래 일(그리스도의 왕국)을 뜻한다고 해석해 주었더니, 왕은 다니엘에게 엎드려 절하고 예물과 향품을 드리라고 명하는 한편, "너희 하나님은 참으로 모든 신의 신이시요 모든 왕의 주재시로다" 단 2:47 라고 말하면서, 그를 높여 바벨론의 박사장(博士長)과 총독을 삼고, 그의 세 친구들도 바벨론 도를 다스리게 하였습니다.

하나님께서 다니엘에게 장래 일을 알게 하셨습니다. 그리고 은밀한 것을 나타내시는 분이십니다. 하나님께서 이렇게 하신 것은 다니엘과 그이 친구들을 죽임을 당하지 않게 하며 다니엘이 하늘에 계신 하나님을 찬송하게 하기 위함입니다. 또한 지혜와 권능이 하나님께 있음을 알리기 위함입니다.

두 번째는 다니엘은 그 후 느부갓네살왕의 미치광이를 예고하는 큰 나무 꿈을 해석했습니다(단 4:1-37).
　다니엘은 다음과 같이 해석하였습니다. 즉, 나무는 느부갓네살왕이요, 견고함은 바벨론의 창대함이요, 높이가 하늘에 닿음은 왕의 교만이요, 땅 끝에서도 보인다 함은 왕의 명성이 천하에 퍼짐이요, 잎사귀는 바벨론의 부강이요, 열매는 만방인에게 그 은택을 입힌다는 것이요, 순찰자는 천사요, 베는 것은 심판이요, 그루터기를 남겨둔다는 것은 회개하면 회복시켜 주신다는 뜻이라고 풀고, 왕에게 회개할 기간을 1년간 주었습니다. 만일 회개 안하면 들짐승과 같이 일곱 때(7년)를 지나게 될 것이라고 경고했습니다. 다니엘이 느부갓네살왕의 꿈을 해석하게 한 것은 하늘의 하나님을 찬양함과 교만한 자를 낮추게 하기 위함이었습니다.

> "그러므로 지금 나 느부갓네살이 하늘의 왕을 찬양하며 칭송하며 존경하노니 그의 일이 다 진실하고 그의 행하심이 의로우시므로 무릇 교만하게 행하는 자를 그가 능히 낮추심이니라"(단 4:37).

세 번째 바벨론 벨사살왕이 베푼 큰 잔치 주에 사람의 손가락이 나타나 쓴 글자를 해석해 주었습니다(단 5:1-28).
　벨사살왕(느부갓네살의 아들)이 큰 술잔치를 배설하여 고관 1천명을 초청하여 예루살렘 성전에서 가져간 금은 기명으로 마시게 하며 우상을 찬양할 때, 사람의 손가락이 나타나 왕궁 촛대 맞은 편 분벽에 글자를 쓰는데, 바벨론 박사나 술객들이 이를 읽고 해석을 못했습니다. 이때 임금의 어머니가 방책을 제시하는데 다니엘을 소개하여 해석하게 합니다.

> 왕의 나라에 거룩한 신들의 영이 있는 사람이 있으니 곧 왕의 부친 때에 있던 자로서 명철과 총명과 지혜가 있어 신들의 지혜와 같은 자라 왕의 부친 느부갓네살 왕이 그를 세워 박수와 술객과 갈대아 술사와 점쟁이의 어른을 삼으셨으니 왕이 벨드사살이라 이름한 이 다니엘의 마음이 민첩하고 지식과 총명이 있어 능히 꿈을 해석하며 은밀한 말을 밝히며 의문을 파할 수 있었음이라 이제 다니엘을 부르소서 그리하시면 그가 그 해석을 알려 드리리이다(단 5:11-12).

다니엘이 왕의 불림을 받아 왕에게 나아갑니다. 왕은 해석을 잘하면 셋째 치리 자를 삼는다고 약속하고 예물을 주었습니다. 다니엘은 예물을 거절하고 느부갓네살의 역사적 죄를 책망함과 동시에, 벨사살의 죄(음주, 성전 기병 더럽힘, 우상숭배 등)를 책망하고, 글자를 읽고 해석했습니다. 그 글자는 "메네 메네 데겔 우바르신"이었는데, '메네'는 "하나님이 이미 왕의 나라의 시대를 세어서 그것을 끝나게 하셨다" 함이요, '데겔'은 "왕이 저울에 달려서 부족함이 뵈었다" 함이요, '베레스'는 "왕의 나라가 나뉘어서 메대와 바사 사람에게 준 바 되었다"고 해석하였습니다. 다니엘의 글자의 해석을 듣고 벨사살은 다니엘에게 자주 옷을 입히게 하며, 금사슬을 목에 드리우게 하고, 총리로 삼았습니다(단 5:25-29).

　그날 밤 벨사살은 죽임을 당하고, 메대 사람 다리오가 나라를 차지하고, 방백 120명을 세워 통치케하고, 다니엘을 그 위에 세운 총리 셋 중의 하나로 임명했습니다(단 6:1, 2).

다니엘로 벨사살이 본 글자를 해석하게 한 것은 벨사살이 지극히 높으신 하나님에 대해 알게 하시고, 거룩한 성령이 있는 다니엘을 다시 생각나게 하여 다니엘을 높여주기 위함이었습니다. 또한 하나님은 죄와 우상을 심판하실 뿐만 아니라 하나님만이 역사의 주관자가 되셔서 왕을 세우기도 하고 폐하기도 합니다.

다니엘은 하나님을 섬기며 하루에 세 번씩 기도하는 것을 어떤 상황에서도 포기하지 않았습니다.
다니엘은 이 세 총리 중에서 제일 뛰어나므로 왕이 그를 전국을 다스리게 하고자 하니 다른 총독과 방백들이 이를 시기 질투하여 고소할 책을 잡으려고 했으나, 틈과 허물을 찾지 못하여 이를 얻고자 왕에게 권하여 향후 30일 동안 누구든지 왕 외에 다른 신이나 사람에게 무엇을 구하면 사자 굴에 던진다는 조서를 내리게 했습니다. 그럼에도 불구하고 다니엘은 하루에 세 번씩 자기 방에서 예루살렘을 향하여 무릎을 꿇고 기도하며 하나님께 감사했습니다. 그 무리들이 이를 발견하고 왕에게 보고하고, 그를 사자 굴에 던졌습니다. 평소에 그를 사랑했던 왕은 밤새 금식하며 자지 않고 슬퍼하다가 이튿날 새벽 사자 굴에 이르러 비장한 소리로 다니엘을 부를 때 천만 뜻밖에도 그는 건재한 다니엘을 발견했습니다. 왕은 천사가 사자의 입을 봉하여 다니엘을 해치지 않게 한 것으로 인해 그의 무죄함을 확실히 깨닫고, 참소한 무리들을 사자 굴에 던지니 이들은 사자의 밥이 되었습니다.

사자들의 굴에서 구원받은 다니엘은 왕에게 이렇게 고합니다.

왕이여 원컨대 왕은 만세수를 하옵소서 나의 하나님이 이미 그

> 천사를 보내 사자들의 입을 봉하셨으므로 사자들이 나를 상해
> 치 아니하였사오니 이는 나의 무죄함이 그 앞에 명백함이오며
> 또 왕이여 나는 왕의 앞에도 해를 끼치지 아니하였나이다(단
> 6:21-22).

난해한 글자와 꿈의 해석을 명쾌하게 한 다니엘을 시기하는 자들이 함정을 만들어 사자 굴에서 죽이려 했음에도 불구하고 구원을 받은 것은 놀라운 하나님의 선한 뜻이 있습니다. 그것은 하나님을 섬기며 하루에 세 번씩 자기 방에서 기도하고 감사생활을 하는 것을 많은 사람에게 모범을 보여 주기 위함입니다. 그리고 하나님을 섬기는 신실한 사람을 시기하는 자들은 심판을 받게 할뿐만 아니라 하나님의 위대함을 알리기 위함입니다. 또한 다니엘을 형통하게 하신 것처럼 하나님을 경외하고 진실하게 섬기는 사람에게 형통하게 하신다는 교훈을 가르쳐 주기 위함입니다.

> 이에 다리오 왕이 온 땅에 있는 모든 백성과 나라들과 각 방언
> 하는 자들에게 조서를 내려 가로되 원컨대 많은 평강이 너희에
> 게 있을지어다 내가 이제 조서를 내리노라 내 나라 관할 아래
> 있는 사람들은 다 다니엘의 하나님 앞에서 떨며 두려워할지니
> 그는 사시는 하나님이시요 영원히 변치 않으실 자시며 그 나라
> 는 망하지 아니할 것이요 그 권세는 무궁할 것이며 그는 구원
> 도 하시며 건져내기도 하시며 하늘에서든지 땅에서든지 이적과
> 기사를 행하시는 자로서 다니엘을 구원하여 사자의 입에서 벗
> 어나게 하셨음이니라 하였더라 이 다니엘이 다리오 왕의 시대
> 와 바사 사람 고레스 왕의 시대에 형통하였더라(단 6:25-28).

다니엘의 여러 가지 환상

특이한 것은 다니엘이 받은 계시 중에는 사도 요한이 받은 것과 비슷한 것이 많습니다.

   a. 하늘의 네 바람이 큰 바다로 몰려 부는 것과 네 짐승의 꿈

      다니엘이 진술하여 가로되 내가 밤에 이상을 보았는데 하늘의 네 바람이 큰 바다로 몰려 불더니 큰 짐승 넷이 바다에서 나왔는데 그 모양이 각각 다르니 첫째는 사자와 같은데 독수리의 날개가 있더니 내가 볼 사이에 그 날개가 뽑혔고 또 땅에서 들려서 사람처럼 두 발로 서게 함을 입었으며 또 사람의 마음을 받았으며 다른 짐승 곧 둘째는 곰과 같은데 그것이 몸 한편을 들었고 그 입의 잇사이에는 세 갈빗대가 물렸는데 그에게 말하는 자가 있어 이르기를 일어나서 많은 고기를 먹으라 하였으며 그 후에 내가 또 본즉 다른 짐승 곧 표범과 같은 것이 있는데 그 등에는 새의 날개 넷이 있고 그 짐승에게 또 머리 넷이 있으며 또 권세를 받았으며(단 7:2-6).

벨사살 원년(BC 558)다니엘이 사자 굴에 던지운 사건보다 약 20년 전에 그는 네 짐승의 꿈(4 제국의 흥망) 즉, 네 짐승의 꿈에 있어서 (1) 사자 같은 짐승은 바벨론의 강함이요,(2) 곰과 같은 짐승은 메대 바사의 열국 탈취를 의미하고, 잇사이에 있는 갈빗대는 갈대아 루디아 애굽을 바사가 합병할 것을, 많은 고기를 먹음은 바사가 250만의 대군으로서 많은 국가와 백성을 해친다는 것을 각각 의미하며, (3) 표범 같은 짐승은 헬라의 알렉산더 대왕이요, 네 날개와 네 머리는 대왕의 네 대장이 대왕의 사후에 분할 점령할 것을 뜻하며, (4) 무서운 짐승은 로마요, 열 뿔은 구라파 열 나라를 뜻합니다. 다니엘이 본 바람의 환상은 요한 계시록에 나옵니다.

이 일 후에 내가 네 천사가 땅 네 모퉁이에 선 것을 보니 땅의 사방의 바람을 붙잡아 바람으로 하여금 땅에나 바다에나 각종 나무에 불지 못하게 하더라(계 7:1).

b. 뿔가진 짐승과 말의 환상

내가 밤 이상 가운데 그 다음에 본 넷째 짐승은 무섭고 놀라우며 또 극히 강하며 또 큰 철 이가 있어서 먹고 부서뜨리고 그 나머지를 발로 밟았으며 이 짐승은 전의 모든 짐승과 다르고 또 열 뿔이 있으므로 내가 그 뿔을 유심히 보는 중 다른 작은 뿔이 그 사이에서 나더니 먼저 뿔 중에 셋이 그 앞에 뿌리까지 뽑혔으며 이 작은 뿔에는 사람의 눈 같은 눈이 있고 또 입이 있어 큰 말을 하였느니라(단 7:7-8).

요한계시록에는 큰 붉은 용의 뿔과 말에 관한 것이 계시되어 있습니다.

하늘에 또 다른 이적이 보이니 보라 한 큰 붉은 용이 있어 머리가 일곱이요 뿔이 열이라 그 여러 머리에 일곱 면류관이 있는데(계 12:3)
내가 본 짐승은 표범과 비슷하고 그 발은 곰의 발 같고 그 입은 사자의 입 같은데 용이 자기의 능력과 보좌와 큰 권세를 그에게 주었더라(계 13:2).

c. 보좌에서 왕좌에 항상 계신 이와 수종자, 심판책

내가 보았는데 왕좌가 놓이고 옛적부터 항상 계신 이가 좌정하셨는데 그 옷은 희기가 눈 같고 그 머리털은 깨끗한 양의 털 같고 그 보좌는 불꽃이요 그 바퀴는 붙는 불이며 불이 강처럼 흘러 그 앞에서 나오며 그에게 수종하는 자는 천천이요 그 앞에 시위한 자는 만만이며 심판을 베푸는데 책들이 펴 놓였더라 (단 7:9-10).

사도 요한은 다음과 같이 계시를 보았습니다.
또 내가 보좌들을 보니 거기 앉은 자들이 있어 심판하는 권세를 받았더라 또 내가 보니 예수의 증거와 하나님의 말씀을 인하여 목 베임을 받은 자의 영혼들과 또 짐승과 그의 우상에게 경배하지도 아니하고 이마와 손에 그의 표를 받지도 아니한 자들이 살아서 그리스도로 더불어 천 년 동안 왕 노릇 하니(계 20:4)

내가 또 보고 들으매 보좌와 생물들과 장로들을 둘러선 많은 천사의 음성이 있으니 그 수가 만만이요 천천이라(계 5:11)

또 내가 보니 죽은 자들이 무론 대소하고 그 보좌 앞에 섰는데 책들이 펴 있고 또 다른 책이 펴졌으니 곧 생명책이라 죽은 자들이 자기 행위를 따라 책들에 기록된 대로 심판을 받으니(계 20:12)

d. 짐승이 죽임을 당함

그 때에 내가 그 큰 말하는 작은 뿔의 목소리로 인하여 주목하여 보는 사이에 짐승이 죽임을 당하고 그 시체가 상한 바 되어 붙는 불에 던진 바 되었으며(단 7:11)

짐승이 잡히고 그 앞에서 이적을 행하던 거짓 선지자도 함께 잡혔으니 이는 짐승의 표를 받고 그의 우상에게 경배하던 자들을 이적으로 미혹하던 자라 이 둘이 산 채로 유황불 붙는 못에 던지우고(계 19:20)

e. 인자의 재림의 이상

내가 또 밤 이상 중에 보았는데 인자 같은 이가 하늘 구름을
타고 와서 옛적부터 항상 계신 자에게 나아와 그 앞에 인도되
매(단 7:13)

볼지어다 구름을 타고 오시리라 각인의 눈이 그를 보겠고 그를
찌른 자들도 볼 터이요 땅에 있는 모든 족속이 그를 인하여 애
곡하리니 그러하리라 아멘(계 1:7)

f. 때의 기간을 계시

그가 장차 말로 지극히 높으신 자를 대적하며 또 지극히 높으
신 자의 성도를 괴롭게 할 것이며 그가 또 때와 법을 변개코자
할 것이며 성도는 그의 손에 붙인 바 되어 한 때와 두 때와 반
때를 지내리라(단 7:25)

그 여자가 큰 독수리의 두 날개를 받아 광야 자기 곳으로 날아
가 거기서 그 뱀의 낯을 피하여 한 때와 두 때와 반 때를 양육
받으매(계 12:14)

g. 띠와 구리 발

그 때에 내가 눈을 들어 바라본즉 한 사람이 세마포 옷을 입었
고 허리에는 우바스 정금 띠를 띠었고 그 몸은 황옥 같고 그
얼굴은 번갯빛 같고 그 눈은 횃불 같고 그 팔과 발은 빛난 놋
과 같고 그 말소리는 무리의 소리와 같더라(단 10:5-6).

요한계시록은 "촛대 사이에 인자 같은 이가 발에 끌리는 옷을 입고
가슴에 금띠를 띠고"계 1:13와 "그의 발은 풀무에 단련한 빛난 주석 같
고 그의 음성은 많은 물소리와 같으며"계 1:15말씀하십니다.

h. 세상 세력과 하나님 나라의 최후의 싸움에 대한 환상

그런데 바사국 군이 이십일 일 동안 나를 막았으므로 내가 거기 바사국 왕들과 함께 머물러 있더니 군장 중 하나 미가엘이 와서 나를 도와주므로 이제 내가 말일에 네 백성의 당할 일을 네게 깨닫게 하러 왔노라 대저 이 이상은 오래 후의 일이니라 그가 이런 말로 내게 이를 때에 내가 곧 얼굴을 땅에 향하고 벙벙하였더니 인자와 같은 이가 있어 내 입술을 만진지라 내가 곧 입을 열어 내 앞에 섰는 자에게 말하여 가로되 내 주여 이 이상을 인하여 근심이 내게 더하므로 내가 힘이 없어졌나이다내 몸에 힘이 없어졌고 호흡이 남지 아니하였사오니 내 주의 이 종이 어찌 능히 내 주로 더불어 말씀할 수 있으리이까 또 사람의 모양 같은 것 하나가 나를 만지며 나로 강건케 하여 가로되 은총을 크게 받은 사람이여 두려워하지 말라 평안하라 강건하라 강건하라 그가 이같이 내게 말하매 내가 곧 힘이 나서 가로되 내 주께서 나로 힘이 나게 하셨사오니 말씀하옵소서(단 10:13-19).

힛데겔이라는 큰 강에서 홀로 이상을 보고 영적 싸움 중에 천사 미가엘의 도움으로 승리하였습니다.

요한계시록에서는 미가엘이 마귀인 용들과 싸워 승리합니다.

하늘에 전쟁이 있으니 미가엘과 그의 사자들이 용으로 더불어 싸울 새 용과 그의 사자들도 싸우나 이기지 못하여 다시 하늘에서 저희의 있을 곳을 얻지 못한지라 큰 용이 내어 쫓기니 옛 뱀 곧 마귀라고도 하고 사단이라고도 하는 온 천하를 꾀는 자라 땅으로 내어 쫓기니 그의 사자들도 저와 함께 내어 쫓기니라 내가 또 들으니 하늘에 큰 음성이 있어 가로되 이제 우리 하나님의 구원과 능력과 나라와 또 그의 그리스도의 권세가 이루었으니 우리 형제들을 참소하던 자 곧 우리 하나님 앞에서 밤낮 참소하던 자가 쫓겨났고 또 여러 형제가 어린 양의 피와 자기의 증거 하는 말을 인하여 저를 이기었으니 그들은 죽기까지 자기 생명을 아끼지 아니하였도다(계 12:7-11).

다니엘은 온전히 하나님을 섬기는 것과 하나님으로부터 예언의 은사를 받아 정확하게 꿈 해석을 함으로써 하나님의 위대하심을 왕과 백성들에게 증거 했습니다. 그 결과 하나님과 이방 왕들의 높임을 받아 형통하게 살도록 합니다. 마지막으로 하나님으로부터 받은 많은 놀라운 환상을 보고 고난과 최후의 승리 등을 계시 받았습니다. 우리가 배워야 교훈은 다니엘의 정결한 삶과 기도생활 그리고 하나님께서 주시는 예언의 은사를 사모하는 것입니다.

3. 룻

룻은 첫 번째 남편을 잃은 과부였지만 기름부으심을 받아 성경에서 가장 축복 받은 여인이 되었습니다. 룻은 남편을 여원 여인이지만 하나님을 경외하는 시어머니를 따라 이스라엘에 가서 시어머니의 말씀에 순종하여 기름을 바르고 기업 무를자인 보아스의 발치에 누웠습니다. 그런후 보아스와 결혼하여 오벳이라는 아들을 낳아 다윗 왕의 증조모가 될뿐만 아니라 예수님의 족보에 들어가는 놀라운 축복을 받았습니다. 룻기를 보면서 우리에게 주시는 영적인 계시와 은혜를 받아야 하겠습니다.

하나님의 사람들은 주님의 인도하심을 따라 가야 합니다.
유다 베들레헴에 흉년이 있을 때 한 가족이 모압 지방에 거주하였습니다

사사들의 치리하던 때에 그 땅에 흉년이 드니라 유다 베들레헴

에 한 사람이 그 아내와 두 아들을 데리고 모압 지방에 가서 우거하였는데 그 사람의 이름은 엘리멜렉이요 그 아내의 이름은 나오미요 그 두 아들의 이름은 말론과 기룐이니 유다 베들레헴 에브랏 사람들이더라 그들이 모압 지방에 들어가서 거기 유하더니(룻 1:1-2).

엘리멜렉과 나오미의 실수는 흉년이 들었을 때 하나님의 음성을 듣지 않는 것과 하나님께 묻지 않고 하나님의 뜻을 따라 살지 않는 것입니다. 하나님의 뜻을 따르지 않을 때 반드시 실패가 있습니다. 그 이유는 하나님의 길과 사람의 길이 다르기 때문에 하나님의 인도하심을 받지 않고 자신의 뜻대로 조급하게 결정할 때 그 결과는 반드시 실패하게 됩니다.

아브라함도 이런 실수를 하였습니다. 아브라함도 가나안에 가뭄이 들었을 때 그 문제를 자기의 힘으로 해결하기 위해 애굽으로 내려갔습니다. 애굽으로 떠날 때 하나님의 인도함을 받지 않고 애굽으로 갔습니다. 그 결과 애굽왕이 자기를 죽이고 아내를 빼앗을 것이 두려워 아내에게 거짓말을 시켰습니다. 이때 하나님의 특별하신 은혜를 받고 애굽왕이 알게 되어 아내는 빼앗기지 않았습니다. 그러나 이 거짓말이 아브라함과 그 후손에게 뼈아픈 대가를 치르게 합니다. 이삭도 아버지와 비슷한 상황에 처하자 거짓말을 합니다. 그리고 손자 야곱은 형과 아버지를 속이게 됩니다.

우리가 여기서 얻은 교훈은 하나님께 묻는 것과 하나님의 때를 따라 움직여야 한다는 것입니다. 그렇지 않고 사람의 길을 따를 때 불행한 일을 경험하게 됩니다. 그러므로 하나님이 뜻을 이루실 때까지 충분한 기다림이 있어야 합니다. "여호와 말씀에 내 생각은 너희 생각과 다르며 내 길은 너희 길과 달라서 하늘이 땅보다 높음같이 내 길은 너희 길보다 높으며 내 생각은 너희 생각보다 높으니라"

사 55:8-9.

하나님과 바른 관계를 가지면서 믿음으로 순종할 때 형통합니다. 그러나 내 뜻과 사람의 생각으로 행할 때 하나님의 생각과 다르기 때문에 실수를 경험하게 됩니다.

하나님께서 축복하시는 지역에 사는 것이 중요합니다.
성경에서 모압에 관한 것을 알 때 여러 가지 영적인 교훈을 얻을 수 있습니다.

a.모압의 출생과 기원: 아브라함의 조카 롯의 아내가 소금기둥이 되어 죽었습니다. 롯이 늙었는데 집안에 후사가 없게 되었습니다. 이때 두 딸이 아버지에게 술을 마시게 하여 그 아비와 동침하여 아들을 낳는 계획을 세우고 두 딸이 동침하여 잉태하였습니다. 큰 딸은 아들을 낳아 이름을 모압이라 하여 모압 족속의 조상이 되었습니다(창세기 19:30-38). 모압은 롯이 아브라함의 조카이므로 이스라엘 민족과는 친척 관계였습니다. 모압은 이스라엘과 친척이지만 근본은 좋치 않습니다. 모압은 출애굽 때부터 예루살렘 함락 때까지 관계가 깊은 나라입니다.

모압은 이스라엘과 좋지 않는 때가 있어 모압 사람을 여호와 총회에 들어오지 못하게 하였습니다. "암몬 사람과 모압 사람은 여호와의 총회에 들어오지 못하리니 그들에게 속한자는 십대 뿐 아니라 영원히 여호와의 총회에 들어오지 못하리니"신 23:3 이런 까닭은 이스라엘 백성이 출애굽했을 때, 모압인들이 떡과 물로 영접하지 않았으며, 또 모압 왕 발락이 발람 선지자에게 뇌물을 주어 이스라엘을 저주하게 했기 때문입니다(신 23:4, 수 24:9).

모압과 이스라엘과 아모리 사람을 격파했다는 것을 들었으므로 전전긍긍하여 유브라데 강 연안의 브돌에서 발람을 불러다가 이스라엘을 저주하게 했으나, 발람은 이스라엘을 저주하기는 커녕 그들을 축복해 주었습니다(민 22장-24장).

b.모압 지역: 사해의 동쪽, 세겜 골짜기와 그 남쪽 경계로 에돔을 접하고 있습니다. 동쪽은 건조한 지대로 아르논 강 또는 그 북쪽까지입니다. 모압 땅은 상당한 고지대인데, 좋은 곡식을 생산하며 목축이 성하였습니다.

c.모압의 종교: 사사기 10장6절을 보면 이스라엘 백성이 이방신들을 섬기고 미혹되어 있는 것이 기록되어 있는데, 시돈 · 암돈 · 아람 · 블레셋 등의 신들과 섞어 모압의 신들을 이스라엘이 섬겼다는 것을 알 수 있습니다. 모압의 종교는 이스라엘의 여호와 종교에 대해서는 가나안 종교와 마찬가지로 여호와의 진노를 일으킬 부정한 것이었습니다.

> 솔로몬와이 바로의 딸 외에 이방의 많은 여인을 사랑하였으니 곧 모압과 암몬과 에돔과 시돈과 헷 여인이라 여호와께서 일찍이 이 여러 국민에게 대하여 이스라엘 자손에게 말씀하시기를 너희는 저희와 서로 통하지 말며 저희도 너희와 서로 통하게 말라 저희가 정녕코 너희의 마음을 돌리켜 저희의 신들을 좇게 하리라 하셨으니 솔로몬이 저희를 연애하였더라(왕상 11:1-8)
> 모압의 가증한 그모스를 위하여 예루살렘 앞 산에 산당을 지었고 또 암몬 자손의 가증한 몰록을 위하여 그와 같이 하였으며 (왕상 11:1-2, 7)

우리가 성경에서 모압에 대하여 볼 때 모압은 하나님의 축복을 받은 곳이 아니었습니다. 나오미는 남편뿐만 아니라 두 아들도 죽고 모압 여인인 두 며느리만 남게 되었습니다.

> 나오미의 남편 엘리멜렉이 죽고 나오미와 그 두 아들이 남았으며 그들은 모압 여자 중에서 아내를 취하였는데 하나의 이름은 오르바요 하나의 이름은 룻이더라 거기 거한 지 십 년 즈음에 말론과 기룐 두 사람이 다 죽고 그 여인은 두 아들과 남편의 뒤에 남았더라(룻1:3-5)

나오미의 가족의 이름은 예언적인 메시지가 있습니다.
나오미 가족의 이름에서 예언적인 메시지가 있어 이들의 각각 뜻에 깊은 의미를 지니고 있습니다. 즉 엘리멜렉은 '나의 하나님은 왕이시다', 나오미는 '사랑스러운 여인·하나님은 사랑이 많으시도다·즐거운'이란 의미가 있습니다. 그리고 두 아들 중 말론은 '병약함과 약함'이고 기룐은 '죽음·멸망·소모·소모병'의 뜻입니다. 며느리인 오르바는 '반항적인·빨리 도망가다'라는 의미로 룻은 '친절한·따뜻한·환영하는 자'라는 뜻을 갖고 있습니다.

이들의 삶을 보면서 이름의 의미가 참 중요한 역할을 한 것을 봅니다. 말론과 기룐은 그 이름의 뜻대로 젊은 나이에 죽었습니다. 며느리 오르바는 빠르게 하나님을 반항하여 떠나고, 룻은 '환영하는 자'란 이름 뜻대로 주님과 성령님을 환영하였습니다.

위에 있는 이름의 뜻과 의미를 보면서 특별히 자녀들의 이름을 어떻게 지어줘야 하는지 유념해야 합니다. 우리는 하나님께서 주신 이름과 그 분의 자녀답게 하나님의 뜻대로 살아야겠습니다.

하나님의 돌보심이 있는 곳으로 가야 합니다.
나오미는 하나님의 음성을 듣고 순종하여 두 자부와 함께 빵의 집인 베들레헴으로 돌아갑니다.

> 그가 모압 지방에 있어서 여호와께서 자기 백성을 권고하사 그들에게 양식을 주셨다함을 들었으므로 이에 두 자부와 함께 일어나 모압 지방에서 돌아오려 하여(룻 1:6)

하나님께서는 자기 백성을 돌보십니다. "여호와께서 자기 백성을 권고하사"룻1:6라고 하셨습니다. 우리가 흔히 권고 하면 "어떤 일을 하도록 권함"이라는 말로 이해할 때가 많습니다. 그러나 '권고'(眷顧) 라는 다른 뜻은 '관심을 가지고 보살핌' '돌보다' 라는 뜻이 있습니다. 본문에서는 '돌보시다' 라는 뜻으로 보는 것이 더 정확합니다. 한글 개역 성경에는 '돌보시다' 라고 표현했습니다.

> 그 무렵 여호와께서 당신 백성을 돌보시어 유다 땅에 풍년이 들었다는 소문이 들려왔다. 나오미는 모압에서 이 소문을 듣고 두 며느리와 함께 그곳을 떠나 고향으로 돌아가기로 하였다. [현대어성경]
> 그 무렵 야훼께서 당신의 백성을 돌보시어 풍년이 들었다는 소식이 모압 시골에 들려 왔다. 나오미는 그 소식을 듣고 두 며느리와 함께 모압 시골을 떠나 고향으로 돌아 가기로 하였다.[공동번역]
> 그후 그녀가 두 며느리와 함께 일어나 모압 지방으로부터 돌아오려 하였으니, 이는 주께서 어떻게 그 분의 백성을 찾아 보시어 그들에게 양식을 주셨는지를 그녀가 모압 지방에서 들었음이더라.[한글 킹제임스]

영어 성경에서는 '하나님이 그의 백성을 방문하셨다' (LORD had

visited his people, Jehovah had visited his people)와 '하나님이 그의 백성을 돌보시었다' (LORD had come to the aid of his people) 의 두 가지로 번역하였습니다.

> Then she arose with her daughters in law, that she might return from the country of Moab: for she had heard in the country of Moab how that the LORD had visited his people in giving them bread.[KJV]

> Then she arose with her daughters-in-law, that she might return from the country of Moab: for she had heard in the country of Moab how that Jehovah had visited his people in giving them bread.[ASV]

> Then she arose with her daughters-in-law that she might return from the land of Moab, for she had heard in the land of Moab that the LORD had visited His people in giving them food.[NASV]

> When she heard in Moab that the LORD had come to the aid of his people by providing food for them, Naomi and her daughters-in-law prepared to return home from there.[NIV]

가장 중요한 것은 하나님께서 자기 백성을 돌보셔야 합니다. 그리고 하나님께서 방문하셔야 백성들은 살 수 있습니다. 우리는 하나님께서 돌보시는 곳, 하나님의 말씀이 있는 곳으로 가야 육신의 양식과 영의 양식을 먹을 수 있습니다.

　나오미는 모압 지방에서 베들레헴으로 돌아가려고 합니다. 모압이란 이름의 뜻은 "아비의 소생"이란 뜻이고 베드레헴은 "하나님의 떡"이란 뜻이 있습니다. 그러므로 하나님이 돌보시지 않는 곳에서 하나님께서 돌보시는 곳으로 가야 하나님의 도움을 받을 수 있습니다. 그리고 세상의 소리를 듣는 곳에서 하나님의 말씀을 들을 수 있는 곳으로 가야 합니다.

　　주의 말씀은 내 발에 등이요 내 길에 빛이니이다(시119:105)
　　주의 말씀을 열므로 우둔한 자에게 비취어 깨닫게 하나이다(시119:130)

우리의 인생의 여정에는 테스트(시험)와 유혹이 있습니다.
나오미가 두 자부를 대하는 하는 모습을 영적으로 볼 때 테스트를 하는 것처럼 보입니다.

　　나오미가 두 자부에게 이르되 너희는 각각 어미의 집으로 돌아가라 너희가 죽은 자와 나를 선대한 것같이 여호와께서 너희를 선대하시기를 원하며 여호와께서 너희로 각각 남편의 집에서 평안함을 얻게 하시기를 원하노라 하고 그들에게 입맞추매 그들이 소리를 높여 울며 나오미에게 이르되 아니니이다 우리는 어머니와 함께 어머니의 백성에게로 돌아가겠나이다 나오미가 가로되 내 딸들아 돌아가라 너희가 어찌 나와 함께 가려느냐 나의 태중에 너희 남편 될 아들들이 오히려 있느냐 내 딸들아 돌이켜 너희 길로 가라 나는 늙었으니 남편을 두지 못할지라 가령 내가 소망이 있다고 말한다든지 오늘 밤에 남편을 두어서 아들들을 생산한다 하자 너희가 어찌 그것을 인하여 그들의 자라기를 기다리겠느냐 어찌 그것을 인하여 남편 두기를 멈추겠느냐 내 딸들아 그렇지 아니하니라 여호와의 손이 나를 치셨으므로 나는 너희로 인하여 더욱 마음이 아프도다(룻1:12-13)

나오미는 베들레헴으로 돌아오는 도중에 두 자부에게 "너희는 각각 어미의 집으로 돌아가라… 남편의 집에서 평안함을 얻게 하시기를 원하노라"라고 친정인 고향으로 돌아가라고 권면하였습니다.

우리에게 이런 상황이 올 때 어디로 가는 것이 진리인가 분별하여 올바른 길로 가야함을 가르쳐 주십니다.

첫 째는 하나님으로부터 오지 않는 사람의 권면은 듣고 따라가서는 안됩니다.

둘 째는 육신적인 어미의 집이나, 남편의 집에서 평안함을 누리려고 가서도 안됩니다. 왜냐하면 안일함과 육신적인 평안함은 참 평안이 아니며 그 평안함도 보장할 수 없기 때문입니다.

셋 째는 하나님의 권속으로 들어가야 합니다. 예수님은 하나님의 뜻대로 사는 사람들이 예수님의 형제요 친척이라 하셨습니다. 하나님은 하나님의 권속을 축복하십니다.

넷 째 하나님께서 함께 하시는 어머니의 백성과 함께 가야 합니다. 왜냐하면 하나님은 나오미를 회복시키시려고 베들레헴으로 돌아가게 하셨기 때문입니다.

하나님께서 축복하시는 올바른 선택

a. 오르바의 잘못된 선택을 하였습니다.

그들이 소리를 높여 다시 울더니 오르바는 그 시모에게 입맞추되 룻은 그를 붙좇았더라(룻1:14)

오르바와 룻은 똑같은 상황에서 처음에는 나오미와 하나가 되었습니다. "나오미에게 이르되 아니니이다 우리는 어머니와 함께 어머니의 백성에게로 돌아가겠나이다."라고 하였습니다.

이렇게 고백하는 나오미는 며느리들에게 다시 어미의 집으로 돌아가라고 합니다. "내 딸들아 돌아가라 너희가 어찌 나와 함께 가려느냐 나의 태중에 너희 남편될 아들들이 오히려 있느냐 내 딸들아 돌이켜 너희 길로 가라 나는 늙었으니 남편을 두지 못할찌라..."룻 1:11-12

이 말을 들은 오르바는 그의 이름대로 "빨리 도망가다"라는 뜻과 같이 시어머니 나오미와 헤어지는 입맞춤을 작별 인사로 드리고 모압의 백성들과 그 우상에게로 돌아갔습니다. 결국 하나님의 백성에게로 돌아가지 않고 도중에 중단하고 말았습니다. 즉 자기 백성과 그 신에게로 돌아가므로 그의 인생은 더 이상 성경에 등장하지 못하고 맙니다. 즉 하나님의 백성으로 축복을 누리지 못하고 불행한 인생을 마감하였을 것입니다. 우리는 천국으로 들어가는 길과 의롭게 사는 길이 힘들더라도 중간에 포기하지 말고 인내하며 끝까지 나가야 합니다. 예수님께서는 좁은 문으로 들어가길 힘쓰라고 하셨습니다. "좁은 문으로 들어가기를 힘쓰라 내가 너희에게 이르노니 들어가기를 구하여도 못하는 자가 많으리라"눅 13:24 좁은 문으로 들어가는 사람이 하늘나라 연회장에 참여하는 축복을 누릴 수 있습니다. 지혜로운 처녀는 기름과 등을 미리 준비하여 신랑을 맞이하는 축복을 받았습니다.

b. 룻의 지혜로운 선택

오르바는 그 시모에게 입맞추되 룻은 그를 붙좇았더라(룻1:14)

표준새번역 개정판에는 이렇게 번역하였습니다. "마침내 오르바는 시어미니에게 입맞추면서 작별 인사를 드리고 떠났으나 룻은 오히려 시어머니 곁에 더 달라 붙었다."
　룻은 계속된 시어머니의 권면에도 불구하고 나오미와 함께 가는 것을 포기하지 않습니다. 룻은 절대로 오르바가 가는 길, 다른 신을 섬기는 길로 돌아가지 않고 하나님을 섬기기로 결심하였습니다.

> 나오미가 또 가로되 보라 네 동서는 그 백성과 그 신에게로 돌아가나니 너도 동서를 따라 돌아가라 룻이 가로되 나로 어머니를 떠나며 어머니를 따르지 말고 돌아가라 강권하지 마옵소서 어머니께서 가시는 곳에 나도 가고 어머니께서 유숙하시는 곳에서 나도 유숙하겠나이다 어머니의 백성이 나의 백성이 되고 어머니의 하나님이 나의 하나님이 되시리니(룻1:15-16)

　룻은 놀라운 고백을 하였습니다. "어머니께서 가시는 곳에 나도 가고, 어머니께서 유숙하는 곳에서 나도 유숙하겠나이다. 어머니의 백성이 나의 백성이 되고 어머니의 하나님이 나의 하나님이 되시리니"룻 1:16
　바비 코너(Bobby Conner)는 룻기에서 다음과 같이 상징적인 표현을 하였습니다. "룻은 교회를 나타내고, 나오미는 성령님을 나타내고, 보아스는 예수님을 나타낸다" 이 말의 의미에 동의한다면 어머니는 상징적으로 성령님으로 볼 때 룻은 전적으로 성령님과 함께 동행하겠다는 확고한 믿음의 고백입니다. 우리는 성령님의 인도하심을 따라가야 합니다.
　룻은 지혜로운 선택을 하고 오르바는 극히 서투른 잘못된 선택을 하였습니다. 우리의 인생에서 선택의 능력은 매우 중요합니다. 이것은 성령님의 인도하심을 따르느냐, 미혹하는 악한 영을 따르느냐와 하나님이냐, 이방신이냐 중 하나를 선택할 때 그 결과는 축복과 저주입니다.
우리는 축복을 주시는 하나님을 선택하여야 합니다.

> 내가 오늘날 복과 저주를 너희 앞에 두나니 너희가 만일 내가 오늘날 너희에게 명하는 너희 하나님 여호와의 명령을 들으면 복이 될 것이요 너희가 만일 내가 오늘날 너희에게 명하는 도에서 돌이켜 떠나 너희 하나님 여호와의 명령을 듣지 아니하고 본래 알지 못하던 다른 신들을 좇으면 저주를 받으리라 네 하나님 여호와께서 네가 가서 얻을 땅으로 너를 인도하여 들이실 때에 너는 그리심 산에서 축복을 선포하고 에발 산에서 저주를 선포하라 이 두 산은 요단 강 저편 곧 해지는 편으로 가는 길 뒤 길갈 맞은편 모레 상수리나무 곁의 아라바에 거하는 가나안 족속의 땅에 있지 아니하냐 너희가 요단을 건너 너희 하나님 여호와께서 너희에게 주시는 땅에 들어가서 얻으려 하나니 반드시 그것을 얻어 거기 거할지라 내가 오늘날 너희 앞에 베푸는 모든 규례와 법도를 너희는 지켜 행할지니라(신11:26-32)
> 만일 여호와를 섬기는 것이 너희에게 좋지 않게 보이거든 너희 열조가 강 저편에서 섬기던 신이든지 혹 너희의 거하는 땅 아모리 사람의 신이든지 너희 섬길 자를 오늘날 택하라 오직 나와 내 집은 여호와를 섬기겠노라(수24:15)

이 말씀이 진리입니다. 여러분은 선택의 기회가 주어졌을 때 극히 서투른, 진짜나쁜 삶을 선택해서는 안됩니다. 만약 우리가 하나님의 인도함을 받지 않는 잘못된 것을 선택했다면 의의 길인 올바른 방향으로 빨리 돌아가야 합니다.

축복받는 비결은 하나님을 떠나지 않는 것입니다.

우리가 축복을 받는 방법은 진리와 복의 근원이신 하나님을 떠나지 않고 끝까지 따라가야 합니다. 이방 남자나 이방 여인이 축복받는 비결은 나오미의 하나님이 나의 하나님이 되셔야 합니다.

룻은 모압으로 돌아가라는 시어머니 나오미의 권유에도 불구하고 모압을 떠나 시어머니와 함께 유다 베들레헴으로 가는 것을 포기하지 않았습니다.

> 어머니께서 죽으시는 곳에서 나도 죽어 거기 장사될 것이라 만일 내가 죽는 일 외에 어머니와 떠나면 여호와께서 내게 벌을 내리시고 더 내리시기를 원하나이다 나오미가 룻의 자기와 함께 가기로 굳게 결심함을 보고 그에게 말하기를 그치니라(룻 1:17-18)

나오미는 룻이 자기와 함께 베들레헴으로 가는 것을 포기하지 않을 것을 확인하였습니다. 여기서 우리에게 주는 말씀은 성령 하나님을 떠나는 것을 포기하지 말하야 합니다. 하나님의 축복을 받기 위해서는 하나님의 음성을 순종하는 사람, 하나님과 함께 하는 사람. 임재 진리의 성령님의 인도하심을 받는 사람을 포기하지 말고 끝까지 따라 가는 사람에게는 반드시 상급과 축복이 예비되어 있습니다.

하나님의 때에 맞춰 추수하는 밭에 임하는 축복
나오미와 룻이 함께 베들레헴으로 돌아오는데 그 때가 추수를 시작할 때였습니다.

우리는 하나님께서 인도하시는 예비된 때를 잘 사용하여야 합니다. 그때를 놓치지 않고 붙잡아야 합니다.

룻이 추수 때에 추수하는 장소로 간 것은 중요한 의미가 있습니다. 하나님은 하나님의 백성을 추수꾼으로 부르셨습니다. 추수하는 곳에 가서 추수하는 일을 신실하게 해야 합니다. 우리는 추수하는 곳을 찾아가야 합니다.

룻은 베들레헴에 도착하여 보리 이삭 줍는 것을 자청하여 보아스의 밭에 보리 이삭을 주으러 갔습니다.

> 나오미의 남편 엘리멜렉의 친족 중 유력한 자가 있으니 이름은 보아스더라 모압 여인 룻이 나오미에게 이르되 나로 밭에 가게 하소서 내가 뉘게 은혜를 입으면 그를 따라서 이삭을 줍겠나이다 나오미가 그에게 이르되 내 딸아 갈지어다 하매 (룻2:1-2)

룻은 나오미에게 추수하는 밭에가서 이삭을 줍는 일을 하겠다고 하였습니다. 그 당시 율법은 가난한 사람들을 위하여 떨어진 이삭은 줍지 않고 남겼습니다.

> "너희 땅의 곡물을 벨 때에 너는 밭 모퉁이까지 다 거두지 말고 너의 떨어진 이삭도 줍니 말며 너의 포도원의 열매를 다 따지 말며 너의 포도원에 떨어진 열매도 줍지 말고 가난한 사람과 타국인을 위하여 버려 두라 나는 너희 하나님 여호와니라" (레 19:9-10).

여러분 가운데 이삭을 줍는 해 본 경험이 있습니까? 저는 어렸을 때 이삭 줍는 일을 하였기 때문에 룻이 이삭 줍는 것을 조금은 이해할 수 있습니다. 지금은 우리 나라에서 이삭 줍는 일이 흔치 않을 것입니다. 제가 어렸을 때는 이삭을 줍는 것은 몇 가지 이유가 있었습니다.

하나는 추수하는 주인이 낟알 한톨이라도 더 추수하기 위해서입니다.
　다른 이유는 이삭을 줍는 사람들은 논과 밭이 없는 가난한 사람입니다. 가난한 사람이 이삭이라도 주어서 자신과 가족을 먹여 배고픔을 해결하기 위해서입니다.
　세 번째는 이삭을 주어서 그것을 모아 학교에 가져가면 함께 모아서 불쌍한 사람들에게 구제하기 위해서입니다.
　저의 어린 시절에 이삭 줍는 경험은 즐겁지 않았습니다. 그 이유는 세 가지 입니다. 하나는 저의 집에서 농사를 짓고 추수를 하고 난 다음 다시 밭에 나가서 이삭을 줍는 것이 일이기 때문에 또 다시 일하는 것이 싫었습니다. 둘 째는 우리 집이 가난하여 남의 밭에 가서 이삭을 줍는 것이 부끄럽고 창피스러워 이삭 주우러 가는 것이 싫었습니다. 세 째는 이런 상황에도 부모님께 순종하기 위해 이삭을 주우러 가야한다는 것이 보통 고역이 아니었습니다.
　그러나 룻이 이삭을 줍겠다고 자원하는 것은 특별한 마음의 소유자이며 하나님의 축복을 받을 수 밖에 없습니다. 룻이 이삭을 줍겠다는 것에 여러 가지 아름다운 모습을 보면 중요한 교훈을 얻을 수 있습니다.
　첫 째는 룻은 시어머니와 자신의 양식을 해결하기 위해 처한 상황에서 최선을 다하여 일하는 것입니다.
　둘 째는 이삭을 줍는 것은 가난한 사람들이 하는 것입니다. 룻은 가난함 그 자체의 연민에 빠지거나 안주하지 않고 일어나 일터로 나아가는 것입니다. 그리고 가난한 것에 대한 수치심, 체면을 감수하면서도 일을 하겠다는 것입니다.
　세 째는 룻은 실제로 이삭을 줍는 데도 부지런히 성실하게 하였습니다. 일꾼들을 감독하는 젊은이가 대답하였습니다. "저 젊은 여인은 나오미와 함께 모압 지방에서 돌아온 모압 사람입니다. 일꾼들의 뒤를 따라다니면서 곡식단 사이에서 떨어진 이삭을 줍도록 허락해 달라고 하더니 아침부터 와서 지금까지 저렇게 서 있습니다. 아까 여기 밭집에서 잠깐 쉬었을 뿐입니다."룻 2:6-7.
네 째는 룻은 이삭을 줍는 작은 일에도 신실하게 했다는 것입니다. 지극히 작은 것과 작은 일에도 신실하게 해야 합니다. 하나님은 작은 것과 작은 자에 대하여 소중하게 여기고, 작은 일에서부터 충성하는 사람을 축복하십니다.

> 그러므로 누구든지 이 계명 중에 지극히 작은 것 하나라도 버리고 또 그같이 사람을 가르치는 자는 천국에서 지극히 작다 일컬음을 받을 것이요 누구든지 이를 행하며 가르치는 자는 천국에서 크다 일컬음을 받으리라(마5:19)
> 이는 모든 씨보다 작은 것이로되 자란 후에는 나물보다 커서 나무가 되매 공중의 새들이 와서 그 가지에 깃들이느니라(마13:32)
> 예수께서 가라사대 너희에게 떡이 몇 개나 있느냐 가로되 일곱 개와 작은 생선 두어 마리가 있나이다 하거늘(마15:34)
> 저가 이 작은 자 중에 하나를 실족케 할진대 차라리 연자 맷돌을 그 목에 매이우고 바다에 던지우는 것이 나으리라(누17:2)
> 그 주인이 이르되 잘 하였도다 착하고 충성된 종아 네가 작은 일에 충성하였으매 내가 많은 것으로 네게 맡기리니 네 주인의 즐거움에 참여할지어다 하고(마25:21)
> 지극히 작은 것에 충성된 자는 큰 것에도 충성되고 지극히 작은 것에 불의한 자는 큰 것에도 불의하니라(눅16:10)
> 주인이 이르되 잘 하였다 착한 종이여 네가 지극히 작은 것에 충성하였으니 열 고을 권세를 차지하라 하고(눅19:17)
> 임금이 대답하여 가라사대 내가 진실로 너희에게 이르노니 너희가 여기 내 형제 중에 지극히 작은 자 하나에게 한 것이 곧

내게 한 것이니라 하시고(마25:40)
이에 임금이 대답하여 가라사대 내가 진실로 너희에게 이르노니 이 지극히 작은 자 하나에게 하지 아니한 것이 곧 내게 하지 아니한 것이니라 하시리니(마25:45)

a. 룻이 큰 축복을 받게 된 것은 보아스의 밭에 가서 보아스를 만난 것입니다.
룻이 이삭을 줍고 있는데 그 밭이 기업 부를 자인 보아스의 밭입니다. 거기서 보아스의 눈에 돋보여 특별한 호의를 받았습니다.

> 룻이 가서 베는 자를 따라 밭에서 이삭을 줍는데 우연히 엘리멜렉의 친족 보아스에게 속한 밭에 이르렀더라 마침 보아스가 베들레헴에서부터 와서 베는 자들에게 이르되 여호와께서 너희와 함께 하시기를 원하노라 그들이 대답하되 여호와께서 당신에게 복 주시기를 원하나이다 보아스가 베는 자들을 거느린 사환에게 이르되 이는 뉘 소녀냐 베는 자를 거느린 사환이 대답하여 가로되 이는 나오미와 함께 모압 지방에서 돌아온 모압 소녀인데 그의 말이 나로 베는 자를 따라 단 사이에서 이삭을 줍게 하소서 하였고 아침부터 와서는 잠시 집에서 쉰 외에 지금까지 계속하는 중이니이다 보아스가 룻에게 이르되 내 딸아 들으라 이삭을 주우러 다른 밭으로 가지 말며 여기서 떠나지 말고 나의 소녀들과 함께 있으라 그들의 베는 밭을 보고 그들을 따르라 내가 그 소년들에게 명하여 너를 건드리지 말라 하였느니라 목이 마르거든 그릇에 가서 소년들의 길어 온 것을 마실지니라 룻이 땅에 엎드려 절하며 그에게 이르되 나는 이방 여인이어늘 당신이 어찌하여 내게 은혜를 베푸시며 나를 돌아보시나이까 보아스가 그에게 대답하여 가로되 네 남편이 죽은

후로 네가 시모에게 행한 모든 것과 네 부모와 고국을 떠나 전에 알지 못하던 백성에게로 온 일이 내게 분명히 들렸느니라 여호와께서 네 행한 일을 보응하시기를 원하며 이스라엘의 하나님 여호와께서 그 날개 아래 보호를 받으러 온 네게 온전한 상 주시기를 원하노라(룻2:3-12)

b. 하나님의 은총을 받은 룻

룻이 보아스 밭에 간 것은 우연히 아니라 하나님의 인도하심이 있었습니다. "룻이 가서 베는 자를 따라 밭에서 이삭을 줍는데 우연히 엘리멜렉의 친족 보아스에게 속한 밭에 이르렀더라" 여기서는 하나님의 자녀에게는 우연이 아니라 보이지 않는 성령 하나님의 인도하심이 있었습니다.

첫 째는 보아스가 룻에게 자기 밭에서 이삭을 줍게하고 자기 소녀들과 함께 있게 하였습니다.
둘 째로 추수하는 소년들에게 명하여 건드리지 말게 하였습니다.
세 째는 목마를 때 물을 마시게 하였습니다.
네 째는 식사할 때 보아스가 룻을 초청하여 함께 떡을 먹었습니다.
다섯 째는 볶은 곡식을 받고 배불리 먹고 남았습니다.

우리는 예비된 곳, 하나님의 밭으로 가야 합니다. 하나님의 밭은 옥토와 같은 밭입니다. 하나님의 밭으로 갈 때 좋은 곡식과 양식을 구할 수 있습니다. 또한 하나님의 사람을 만날 수 있으며, 하나님의 사람을 만나 하나님의 축복을 받을 수 있게 됩니다. 룻이 보아스를 만나는 것처럼 우리가 예수님을 만날 때 가장 축복을 받게 됩니다.

c. 서로가 친절하며 축복할때 가정과 사업에 임하는 축복

보아스와 곡식 베는 자들은 서로 친절하고 경건한 인사를 나누었습니다. 보아스는 그들에게 "여호와께서 너희와 함께 하시기를 원하노라"고 했으며 그들은 보아스에게 "여호와께서 당신에게 복 주시기를 원하나이다"룻 2:4 하고 답례했습니다. 그들은 여기서 상호간에 존경을 표했습니다. 주인과 종의 사이가 이처럼 호의적인 집에서는 일이 다 잘 될 수밖에 없습니다. 여기서 우리에게 주는 교훈은 서로를 위해 기도하고 서로에게 호의를 표하는 것입니다. 그리고 서로 진심으로 인사하고 하나님의 은총을 바라는 것입니다.

d. 부지런함과 과거와 현재에 선한 일에 대한 보상

> 나오미와 함께 모압 지방에서 돌아온 모압 소녀인데 그의 말이 나로 베는 자를 따라 단 사이에서 이삭을 줍게 하소서 하였고 아침부터 와서는 잠시 집에서 쉰 외에 지금까지 계속하는 중이니이다(룻 2:7)
> 네 남편이 죽은 후로 네가 시모에게 행한 모든 것과 네 부모와 고국을 떠나 전에 알지 못하던 백성에게로 온 일이 내게 분명히 들렸느니라 여호와께서 네 행한 일을 보응하시기를 원하며 이스라엘의 하나님 여호와께서 그 날개 아래 보호를 받으러 온 네게 온전한 상 주시기를 원하노라(룻 2:11-12)

보아스는 룻이 시어머니의 하나님을 따르는 것과 시어머니에게 효도 행한 것을 분명히 들었다고 하면서 "여호와께서 그 날개 아래 보호를 받으러 온 네게 온전한 상을 주시기를 원하노라"고 하였습니다. 룻은 나중에 하나님이 주시는 온전한 상을 받았습니다. 하나님은 심는대로 거두게 하십니다.

> 스스로 속이지 말라 하나님은 만홀히 여김을 받지 아니하시나

> 니 사람이 무엇으로 심든지 그대로 거두리 자기의 육체를 위하여 심는 자는 육체로부터 썩어진 것을 거두고 성령을 위하여 심는 자는 성령으로부터 영생을 거두리라 우리가 선을 행하되 낙심하지 말지니 피곤하지 아니하면 때가 이르매 거두리라(갈 6:7-9)

우리는 성령을 위하여 심고 선을 행하는데 낙심하지 않고 계속 행하여야 합니다. 그래서 성령님께서 인도하시는 것에 전적으로 순종하여 성령의 열매를 거두는 축복을 받아야 하겠습니다.

축복받는 비결은 하나님의 은혜와 겸손입니다.

> 룻이 땅에 엎드려 절하며 그에게 이르되 나는 이방 여인이어늘 당신이 어찌하여 내게 은혜를 베푸시며 나를 돌아보시나이까 (룻 2:10)
> 룻이 가로되 내 주여 내가 당신께 은혜 입기를 원하나이다 나는 당신의 시녀의 하나와 같지 못하오나 당신이 이 시녀를 위로하시고 마음을 기쁘게 하는 말씀을 하셨나이다 식사할 때에 보아스가 룻에게 이르되 이리로 와서 떡을 먹으며 네 떡 조각을 초에 찍으라 룻이 곡식 베는 자 곁에 앉으니 그가 볶은 곡식을 주매 룻이 배불리 먹고 남았더라(룻 2:13-14)

룻은 보아스에게 칭찬을 받고 겸손한 고백을 합니다. 그리고 룻은 보아스의 초대를 받아 영광의 식사와 친절을 받습니다
　우리는 항상 잊지 않아야 할 것은 겸손한 태도와 겸손한 말을 해야 합니다. 왜냐하면 하나님은 겸손한 자에게 은혜를 베프십니다. 그리고 그 사람을 높여 주시기 때문입니다.

a. 우리는 하나님께 아뢰고 하나님의 말씀을 들어야 합니다.
룻은 많은 이삭을 주워 가지고 시어머니에게 보이며 밭에서 있었던 일을 알려주었습니다.

> 그것을 가지고 성읍에 들어가서 시모에게 그 주운 것을 보이고 그 배불리 먹고 남긴 것을 내어 시모에게 드리매 시모가 그에게 이르되 오늘 어디서 주웠느냐 어디서 일을 하였느냐 너를 돌아본 자에게 복이 있기를 원하노라 룻이 누구에게서 일한 것을 시모에게 알게 하여 가로되 오늘 일하게 한 사람의 이름은 보아스니이다(룻 2:18-19)

우리는 성령 하나님께 나아가 있는 그대로 아뢸뿐만 아니라 하나님이 주신 물질과 은사들까지도 그분에 드려야 합니다.

b. 우리는 다른 사람을 사랑하고 축복을 해 주어야 합니다.
> 나오미가 자부에게 이르되 여호와의 복이 그에게 있기를 원하노라 그가 생존한 자와 사망한 자에게 은혜 베풀기를 그치지 아니하도다 나오미가 또 그에게 이르되 그 사람은 우리의 근족이니 우리 기업을 무를 자 중 하나이니라(룻 2:20)

시어머니가 며느리를 축복해 주는 것은 참으로 아름다운 모습입니다. 그리고 축복을 빌어주고 축복을 나누는 것이 중요합니다. 우리는 다른 사람을 축복해 주는 말을 해야 합니다. 제사장은 이스라엘 자손을 위하여 이렇게 축복하였습니다. "여호와는 네게 복을 주시고 너를 지키시기를 원하며 여호와는 그 얼굴로 네게 비취사 은혜 베푸시기를 원하며 여호와는 그 얼굴을 네게로 향하여 드사 평강 주시기를 원하노라 할찌니라 하라 그들은 이같이 내 이름으

로 이스라엘 자손에게 축복할찌니 내가 그들에게 복을 주리라"민 6:24-27

c. 하나님의 은혜를 소원하는 것입니다.
룻이 축복 받는 비결은 은혜를 받기를 원했다는 것입니다. "룻이 나오미에게 이르되 나로 밭에 가게 하소서 내가 뉘게 은혜를 입으면 그를 따라서 이삭을 줍겠나이다"룻2:2 했을 때 나오미는 룻에게 "내 딸아 갈지어다" 라고 허락하자 룻이 가서 베는 자를 따라 밭에서 이삭을 줍는데 엘리멜렉의 친족 보아스의 밭으로 가게 되었습니다.

룻의 소원의 말대로 보아스가 은혜를 베풀었습니다. "보아스가 룻에게 이르되 내 딸아 들으라 이삭을 주우러 다른 밭으로 가지 말며 여기서 떠나지 말고 나의 소녀들과 함께 있으라 그들의 베는 밭을 보고 그들을 따르라 내가 그 소년들에게 명하여 너를 건드리지 말라 하였느니라 목이 마르거든 그릇에 가서 소년들의 길어 온 것을 마실지니라"룻2:8-9 라고 하였습니다.

보아스의 은혜를 받은 룻은 은혜 베푸신 것에 대하여 응답하였습니다. "룻이 땅에 엎드려 절하며 그에게 이르되 나는 이방 여인이어늘 당신이 어찌하여 내게 은혜를 베푸시며 나를 돌아보시나이까"룻2:10 라며 룻이 묻습니다.

자신이 은혜 베푼 자가 되었을 때 하나님이 더 풍성한 은혜를 베풀어 주십니다.

> 보아스가 그에게 대답하여 가로되 네 남편이 죽은 후로 네가 시모에게 행한 모든 것과 네 부모와 고국을 떠나 전에 알지 못하던 백성에게로 온 일이 내게 분명히 들렸느니라 여호와께서 네 행한 일을 보응하시기를 원하며 이스라엘의 하나님 여호와께서 그 날개 아래 보호를 받으러 온 네게 온전한 상 주시기를

원하노라(룻2:11)

룻의 은혜를 입기를 원하는 것이 이루졌습니다.
첫 째는 보아스가 은혜를 베풀어 주었습니다.

> 식사할 때에 보아스가 룻에게 이르되 이리로 와서 떡을 먹으며 네 떡 조각을 초에 찍으라 룻이 곡식 베는 자 곁에 앉으니 그가 볶은 곡식을 주매 룻이 배불리 먹고 남았더라 룻이 이삭을 주우러 일어날 때에 보아스가 자기 소년들에게 명하여 가로되 그로 곡식 단 사이에서 줍게 하고 책망하지 말며 또 그를 위하여 줌에서 조금씩 뽑아 버려서 그로 줍게 하고 꾸짖지 말라 하니라 룻이 밭에서 저녁까지 줍고 그 주운 것을 떠니 보리가 한 에바쯤 되는지라(룻2:14-17)

둘 째는 보아스를 통해 축복의 선언을 받았습니다.

> 나오미가 자부에게 이르되 여호와의 복이 그에게 있기를 원하노라 그가 생존한 자와 사망한 자에게 은혜 베풀기를 그치지 아니하도다 나오미가 또 그에게 이르되 그 사람은 우리의 근족이니 우리 기업을 무를 자 중 하나이니라(룻 2:20)

d. 축복 받은 비결은 하나님께 전적으로 순종하여야 합니다.
룻이 축복받은 것을 보면 성령님의 말씀에 온전히 순종한 것입니다. 룻은 시어머니 나오미의 말에 온전히 순종하였습니다.

> 나오미가 자부 룻에게 이르되 내 딸아 너는 그 소녀들과 함께 나가고 다른 밭에서 사람을 만나지 아니하는 것이 좋으니라 이에 룻이 보아스의 소녀들에게 가까이 있어서 보리 추수와 밀

추수를 마치기까지 이삭을 주우며 그 시모와 함께 거하니라(룻 2:22-23)

룻은 시모 나오미의 말을 거부하지 않고 작은 부분에서도 계속 순종함으로써 어머니의 말씀과 명령대로 모두 행합니다

> 룻의 시모 나오미가 그에게 이르되 내 딸아 내가 너를 위하여 안식할 곳을 구하여 너로 복되게 하여야 하지 않겠느냐 네가 함께 하던 시녀들을 둔 보아스는 우리의 친족이 아니냐 그가 오늘 밤에 타작 마당에서 보리를 까불리라 그런즉 너는 목욕하고 기름을 바르고 의복을 입고 타작 마당에 내려가서 그 사람이 먹고 마시기를 다하기까지는 그에게 보이지 말고 그가 누울 때에 너는 그 눕는 곳을 알았다가 들어가서 그 발치 이불을 들고 거기 누우라 그가 너의 할 일을 네게 고하리라 룻이 시모에게 이르되 어머니의 말씀대로 내가 다 행하리이다 하니라 그가 타작 마당으로 내려가서 시모의 명대로 다 하니라(룻3:1-6)

나오미는 예언의 은사를 가진 사람입니다." 그가 너의 할일을 네게 고하리라" 나오미는 룻에게 가장 올바른 권면을 하였습니다. "오늘 밤에 타작 마당에 보리를 까불릴 때 가라." 우리는 하나님께서 지시하는 시간에 가야 합니다. "목욕하고 기름을 바르고 의복을 입고"

신랑되신 주님께 나아갈 때 내면과 외모을 깨끗이 하고 아름답게 준비하고 나가야 합니다. 기름을 바른다는 것은 특별한 의미가 있습니다.

기름을 바르면 좋은 냄새가 납니다. 좋은 냄새는 사람의 마음을 움직입니다. 좋은 향기를 풍기는 사람을 첫 째는 하나님이 사랑하

고 둘 째는 사람이 사랑합니다.

　아가서를 살펴보면 기름에 대한 향기가 잘 표현되어 있습니다.

> 나의 누이 나의 신부야 네 사랑이 어찌 그리 아름다운지 네 사랑은 포도주에 지나고 네 기름의 향기는 각양 향품보다 승하구나 내 신부야 네 입술에서는 꿀 방울이 떨어지고 네 혀 밑에는 꿀과 젖이 있고 네 의복의 향기는 레바논의 향기 같구나 나의 누이, 나의 신부는 잠근 동산이요 덮은 우물이요 봉한 샘이로구나 네게서 나는 것은 석류나무와 각종 아름다운 과수와 고벨화와 나도초와 나도와 번홍화와 창포와 계수와 각종 유향목과 몰약과 침향과 모든 귀한 향품이요(아4:10-14)
>
> 일어나서 나의 사랑하는 자 위하여 문을 열 때 몰약이 내 손에서, 몰약의 즙이 내 손가락에서 문빗장에 듣는구나(아5:5)
>
> 뺨은 향기로운 꽃밭 같고 향기로운 풀언덕과도 같고 입술은 백합화 같고 몰약의 즙이 뚝뚝 떨어진다 손은 황옥을 물린 황금 노리개 같고 몸은 아로새긴 상아에 청옥을 입힌 듯하구나 다리는 정금 받침에 세운 화반석 기둥 같고 형상은 레바논 같고 백향목처럼 보기 좋고 입은 심히 다니 그 전체가 사랑스럽구나 예루살렘 여자들아 이는 나의 사랑하는 자요 나의 친구이다(아 5:13-16)

기름을 바르면 하나님께서 보호하십니다.

> 이르시기를 나의 기름 부은 자를 만지지 말며 나의 선지자를 상하게 말라 하셨도다.(대상 16: 22)
>
> 이르시기를 나의 기름 부은 자를 만지지 말며 나의 선지자를 강하지 말라 하셨도다. (시 105:15)

우리가 다시 더 유의하여 볼 것은 룻이 기름을 바르고 나간 것입니다. 몸을 깨끗하게 하고 기름을 바르고 의복을 입는 것이 참 중요합니다. 주님앞에 나아갈 때 정결케 하고, 기름을 바르면 하나님의 은총을 더 받게 됩니다. 에스더가 기름을 바르고 왕 앞에 나간 것처럼 아름답고 향기롭게 나아가야 합니다. 기름을 바르는 것은 성령님과 함께 하는 것과 같습니다. 기름은 성령님을 표현함으로써 성령께서 기름을 바른 룻과 함께 하시며 그녀 안에 성령의 능력이 있었습니다. 그 결과 과부 룻을 보아스가 사랑하게 됩니다. 몸에 기름을 바르고 고운 옷을 입는 것은 중요합니다.

표준새번역은 "너는 목욕을 하고 향수를 바르고 고운 옷으로 단장하고서 타작 마당으로 내려가거라" 룻3:3 고 번역하였습니다.

마음도, 몸도, 겉모습도 깨끗케 하는 것은 하나님과 사람의 사랑을 받을 수 밖에 없습니다. 이렇게 준비된 룻은 보아스로부터 사랑을 받습니다.

"타작 마당에 내려가서 보아스가 먹고 마시기를 다하기까지 보이지 말고."

하나님의 시간표에 맞추어서 자신을 드러내야 합니다. 하나님께만 보여 드리려고 하는 마음이 있어야 합니다. 히스기야왕의 실수는 바빌로니아에서 온 사절단에게 보물 창고를 다 열어 보여준 것입니다. 히스기야는 들추지 않아야 되는 것을 다 드러내었기에 나중에 그것들이 남김없이 바베론으로 가게 되었습니다.

> 그 때에 발라단의 아들 바벨론 왕 부로닥 발라단이 히스기야가 병들었다 함을 듣고 편지와 예물을 저에게 보낸지라 히스기야가 사자의 말을 듣고 자기 보물고의 금은과 향품과 보배로운 기름과 그 군기고와 내탕고의 모든 것을 다 사자에게 보였는데 무릇 왕궁과 그 나라 안에 있는 것을 저에게 보이지 아니한 것

기름부음으로 축복받는 대표적인 인물들

이 없으니라 선지자 이사야가 히스기야 왕에게 나아와서 이르
되 이 사람들이 무슨 말을 하였으며 어디서부터 왕에게 왔나이
까 히스기야가 가로되 먼 지방 바벨론에서 왔나이다 이사야가
가로되 저희가 왕궁에서 무엇을 보았나이까 히스기야가 대답
하되 내 궁에 있는 것을 저희가 다 보았나니 나의 내탕고에서
하나도 보이지 아니한 것이 없나이다 이사야가 히스기야에게
이르되 여호와의 말씀을 들으소서 여호와의 말씀이 날이 이르
리니 무릇 왕궁의 모든 것과 왕의 열조가 오늘까지 쌓아 두었
던 것을 바벨론으로 옮긴 바 되고 하나도 남지 아니할 것이요
또 왕의 몸에서 날 아들 중에서 사로잡혀 바벨론 왕궁의 환관
이 되리라 하셨나이다
히스기야가 이사야에게 이르되 당신의 전한 바 여호와의 말씀
이 선하니이다 하고 또 가로되 만일 나의 사는 날에 태평과 진
실이 있을진대 어찌 선하지 아니하리요 하니라 히스기야의 남
은 사적과 그 모든 권력과 못과 수도를 만들어 물을 성중으로
인도하여 들인 일은 유다 왕 역대지략에 기록되지 아니하였느
냐 히스기야가 그 열조와 함께 자고 그 아들 므낫세가 대신하
여 왕이 되니라(왕하20:12-21)

우리의 아름다움을 사람들에게 드러내어 부끄러운 수치를 당하지
않도록 해야 합니다. 오히려 숨길 때 더 비밀스러움과 신비가 있습
니다.

"보아스가 누울 때에 그 눕는 곳을 알았다가 들어가서 그 발치 이
불을 들고 거기 누우라."

하나님의 사람, 하나님이 짝지어 주신 사람을 만나야 합니다. 그
사람이 있는 곳으로 가야 됩니다. 신랑되신 예수님이 계시는 곳에
가야 합니다. 하나님의 임재와 영광이 있는 곳에 가야 하나님의 축

복을 받을 수 있습니다.

룻은 시모 나오미의 말을 들은대로 모두 그대로 행하였습니다. 즉 목욕을 하고 기름을 바르고 의복을 입고 보아스의 타작 마당에 가서 보아스 발치에 누웠습니다. 룻의 순종은 온전하고 전적인 순종이었습니다. 왜냐하면 추수때 이렇게 나아가는 것은 인간적인 방법으로는 이해가 되지 않는 것입니다. 그럼에도 전적인 순종을 했던 것입니다.

여러분 지금 무슨 문제가 풀리지 않습니까? 문제를 회복하기를 원하십니까? 그 해결 방법은 하나님의 말씀에 전적으로 순종하는 것입니다. 하나님의 말씀을 읽고 듣고 지키는 것입니다.

> 오직 너는 마음을 강하게 하고 극히 담대히 하여 나의 종 모세가 네게 명한 율법을 다 지켜 행하고 좌로나 우로나 치우치지 말라 그리하면 어디로 가든지 형통하리니 이 율법책을 네 입에서 떠나지 말게 하며 주야로 그것을 묵상하여 그 가운데 기록한 대로 다 지켜 행하라 그리하면 네 길이 평탄하게 될 것이라 네가 형통하리라(여1:7-8)
>
> 이 예언의 말씀을 읽는 자와 듣는 자들과 그 가운데 기록한 것을 지키는 자들이 복이 있나니 때가 가까움이라(계1:3)

우리는 성경에 있는 말씀과 더불어 성령 하나님의 음성을 듣고 그분의 지시를 받아 그대로 순종하여야 합니다. "순종이 제사보다 낫고 수양의 기름보다 낫다"는 말씀처럼 순종을 우선으로 하여야 합니다. 하나님께서 말씀하실 때 구체적이고 세세한 부분까지도 다 순종하여야 합니다. 그래야 평탄하고 형통하는 축복이 있습니다.

룻이 시모 나오미의 명령대로 한 것처럼 우리는 성령님의 말씀에 철저하게 순종할때 놀라운 축복을 받게 됩니다.

룻은 보아스로부터 사랑과 축복의 선언을 받았습니다.

> 보아스가 먹고 마시고 마음이 즐거워서 가서 노적가리 곁에 눕는지라 룻이 가만히 가서 그 발치 이불을 들고 거기 누웠더라 밤중에 그 사람이 놀라 몸을 돌이켜 본즉 한 여인이 자기 발치에 누웠는지라 가로되 네가 누구뇨 대답하되 나는 당신의 시녀 룻이오니 당신의 옷자락으로 시녀를 덮으소서 당신은 우리 기업을 무를 자가 됨이니이다 가로되 내 딸아 여호와께서 네게 복 주시기를 원하노라 네가 빈부를 물론하고 연소한 자를 좇지 아니하였으니 너의 베푼 인애가 처음보다 나중이 더 하도다 내 딸아 두려워 말라 내가 네 말대로 네게 다 행하리라 네가 현숙한 여자인 줄 나의 성읍 백성이 다 아느니라(룻3:7-11)

하나님은 보아스의 마음을 즐겁게 준비하고 룻과 사랑에 빠지게 합니다.그리고 놀라운 축복을 받게 됩니다. 보아스는 룻에게 축복을 선포합니다"내 딸아 여호와께서 네게 복 주시기를 원하노라"
하나님의 마음에 합한 사람인 다윗을 축복하신 것처럼 우리가 하나님의 마음에 합할 때 축복하십니다. 하나님께서 나에게 주시는 복을 받아야 합니다. 가장 큰 축복은 하나님께서 주시는 복입니다. 복의 근원이 되신 하나님이 복을 주시는 것이 가장 좋은 것입니다.

하나님 룻에게 주시는 가장 큰 축복
a. 룻이 보아스의 사랑을 받아 결혼한 것입니다.
룻은 마침내 기업을 무를자인 보아스와 결혼하여 아내가 되었습니다.

> 또 말론의 아내 모압 여인 룻을 사서 나의 아내로 취하고 그 죽은 자의 기업을 그 이름으로 잇게 하여 그 이름이 그 형제 중과 그 곳 성문에서 끊어지지 않게 함에 너희가 오늘날 증인이 되었느니라 성문에 있는 모든 백성과 장로들이 가로되 우리가 증인이 되노니 여호와께서 네 집에 들어가는 여인으로 이스라엘 집을 세운 라헬, 레아 두 사람과 같게 하시고 너로 에브랏에서 유력하고 베들레헴에서 유명케 하시기를 원하며 여호와께서 이 소년 여자로 네게 후사를 주사 네 집으로 다말이 유다에게 낳아준 베레스의 집과 같게 하시기를 원하노라(룻4:10-12)

우리에게 영적으로 최고의 축복은 우리가 신부가 되어 신랑되신 예수님의 사랑을 받아 친밀함으로 하나가 되는 것입니다.

b. 룻이 보아스와 결혼하여 아들을 낳은 것입니다.
> 이에 보아스가 룻을 취하여 아내를 삼고 그와 동침하였더니 여호와께서 그로 잉태케 하시므로 그가 아들을 낳은지라 여인들이 나오미에게 이르되 찬송할지로다 여호와께서 오늘날 네게 기업 무를 자가 없게 아니하셨도다 이 아이의 이름이 이스라엘 중에 유명하게 되기를 원하노라(룻4:13-14)

그 당시 사회에서는 여자가 결혼하여 아이를 낳는 것이 큰 축복입니다. 성경에도 아이를 낳지 못하여 사래는 하갈에게 멸시를 받은 적(창15:4-5)이 있고, 부닌나는 한나를 심히 격동케 하였습니다(삼상 1:6). 결혼한 여자가 아이를 낳지 못하는 것은 마음에 큰 짐을 지고 있는 것과 같습니다. 그러므로 아이를 아직 갖지 못한 사람들에게 상처를 주지 않도록 조심해야 합니다.

룻의 최고 축복의 절정은 보아스와 결혼한 것과 그로 말미암아 아들을 낳고 기업을 얻게 하신 것입니다. 자식은 하나님이 주신 기업중 가장 귀한 것입니다. 기업을 주신 하나님께 영광을 돌려야 합니다. 기업을 무를 자가 없는 환경에서도 하나님께서는 기업을 무를 수 있게 하시고 은혜롭고 인자가 풍성하신 축복하시는 분이십니다.

c. 예수님의 조상
세 째로는 룻과 보아스 사이에서 낳은 아들 오벳이 다윗왕의 아버지, 이새의 아비가 되고 룻은 다윗왕의 고조 할머니가 될뿐만 아니라 예수님의 조상 가운데 들어가게 된 것입니다.

> 이는 네 생명의 회복자며 네 노년의 봉양자라 곧 너를 사랑하며 일곱 아들보다 귀한 자부가 낳은 자로다 나오미가 아기를 취하여 품에 품고 그의 양육자가 되니 그 이웃 여인들이 그에게 이름을 주되 나오미가 아들을 낳았다 하여 그 이름을 오벳이라 하였는데 그는 다윗의 아비인 이새의 아비였더라 베레스의 세계는 이러하니라 베레스는 헤스론을 낳았고 헤스론은 람을 낳았고 람은 암미나답을 낳았고 암미나답은 나손을 낳았고 나손은 살몬을 낳았고 살몬은 보아스를 낳았고 보아스는 오벳을 낳았고 오벳은 이새를 낳았고 이새는 다윗을 낳았더라(룻 4:15-22)
> 살몬은 라합에게서 보아스를 낳고 보아스는 룻에게서 오벳을 낳고 오벳은 이새를 낳고(마1:5)

룻은 이방여자요. 과부였지만 하나님을 믿는 시어머니를 따라 하나님의 백성으로 살기로 결심함으로, 시모의 말씀을 따라 기름을 바르고 기업을 무를 수 있는 보아스와 결혼하여 다윗 왕가의 족속이 되고 예수님의 족보에 들어가는 놀라운 축복을 받았습니다. 오늘 우리는 룻과 같은 교회로서 나오미와 같은 성령님을 음성을 듣고 따라 가며 보아스와 같은 예수님과 결혼하여 행복한 삶을 살아야 하겠습니다.

4. 다윗

목동 출신인 다윗은 사무엘이 기름 뿔로 기름 부음으로 높임 받는 축복을 받아 왕이 되었습니다. 다윗의 삶 속에서 기름부음이 세 번이나 있습니다. 성경에서 세 번이나 기름부음을 받는 사람은 오직 다윗 한 사람밖에 없습니다. 성경을 통해 다윗이 기름부음을 받는 것을 보면서 하나님께서 오늘 우리에게 계시는 하는 것을 볼 뿐만 아니라 우리의 삶에도 놀라운 기름부음의 역사가 있길 바랍니다.

사무엘 선지자를 통해 목동 다윗에게 기름을 붓는 과정은 우리에게 귀한 하나님의 진리와 계시를 가르쳐 줍니다.

사울을 버린 하나님

하나님께서 사울을 이미 버린 이유는 하나님의 말씀을 청종하지 않았기 때문입니다.

> 사무엘이 사울에게 이른즉 사울이 그에게 이르되 원컨대 당신은 여호와께 복을 받으소서 내가 여호와의 명령을 행하였나이다 사무엘이 가로되 그러면 내 귀에 들어오는 이 양의 소리와 내게 들리는 소의 소리는 어찜이니이까 사울이 가로되 그것은 무리가 아말렉 사람에게서 끌어온 것인데 백성이 당신의 하나님 여호와께 제사하려 하여 양과 소의 가장 좋은

것을 남김이요 그 외의 것은 우리가 진멸하였나이다 사무엘이 사울에게 이르되 가만히 계시옵소서 간밤에 여호와께서 내게 이르신 것을 왕에게 말하리이다 가로되 말씀하소서 사무엘이 가로되 왕이 스스로 작게 여길 그 때에 이스라엘 지파의 머리가 되지 아니하셨나이까 여호와께서 왕에게 기름을 부어 이스라엘 왕을 삼으시고 또 왕을 길로 보내시며 이르시기를 가서 죄인 아말렉 사람을 진멸하되 다 없어지기까지 치라 하셨거늘 어찌하여 왕이 여호와의 목소리를 청종치 아니하고 탈취하기에만 급하여 여호와의 악하게 여기시는 것을 행하였나이까 사울이 사무엘에게 이르되 나는 실로 여호와의 목소리를 청종하여 여호와께서 보내신 길로 가서 아말렉 왕 아각을 끌어왔고 아말렉 사람을 진멸하였으나 다만 백성이 그 마땅히 멸할 것 중에서 가장 좋은 것으로 길갈에서 당신의 하나님 여호와께 제사하려고 양과 소를 취하였나이다 사무엘이 가로되 여호와께서 번제와 다른 제사를 그 목소리 순종하는 것을 좋아하심같이 좋아하시겠나이까 순종이 제사보다 낫고 듣는 것이 숫양의 기름보다 나으니 이는 거역하는 것은 사술의 죄와 같고 완고한 것은 사신 우상에게 절하는 죄와 같음이라 왕이 여호와의 말씀을 버렸으므로 여호와께서도 왕을 버려 왕이 되지 못하게 하셨나이다 사울이 사무엘에게 이르되 내가 범죄하였나이다 내가 여호와의 명령과 당신의 말씀을 어긴 것은 내가 백성을 두려워하여 그 말을 청종하였음이니이다 청하오니 지금 내 죄를 사하고 나와 함께 돌아가서 나로 여호와께 경배하게 하소서 사무엘이 사울에게 이르되 나는 왕과 함께 돌아가지 아니하리니 이는 왕이 여호와의 말씀을 버렸으므로 여호와께서 왕을 버려 이스라엘 왕이 되지 못하게 하셨음이니이다 하고 사무엘이 가려

> 고 돌이킬 때에 사울이 그의 겉옷자락을 붙잡으매 찢어진지라 사무엘이 그에게 이르되 여호와께서 오늘 이스라엘 나라를 왕에게서 떼어서 왕보다 나은 왕의 이웃에게 주셨나이다 이스라엘의 지존자는 거짓이나 변개함이 없으시니 그는 사람이 아니시므로 결코 변개치 않으심이니이다(삼상 15:13-29)

하나님께서 사무엘과 사울 왕에게 여러 가지로 말씀하신 것을 잘 듣고 마음에 새겨 우리에게 주는 영적인 교훈으로 받고 말씀에 순종하며 살아야 하겠습니다.

하나님은 스스로 겸손할 때 높이지만 교만할 땐 낮추십니다.
그 축복을 받을 때 늘 깨어서 하나님의 말씀에 더 귀를 기울이고 순종하여야 합니다.

> 사무엘이 사울에게 이르되 가만히 계시옵소서 간밤에 여호와께서 내게 이르신 것을 왕에게 말하리이다 가로되 말씀하소서 사무엘이 가로되 왕이 스스로 작게 여길 그 때에 이스라엘 지파의 머리가 되지 아니 하셨나이까 여호와께서 왕에게 기름을 부어 이스라엘 왕을 삼으시고 또 왕을 길로 보내시며 이르시기를 가서 죄인 아말렉 사람을 진멸하되 다 없어지기까지 치라 하셨거늘 어찌하여 왕이 여호와의 목소리를 청종치 아니하고 탈취하기에만 급하여 여호와의 악하게 여기시는 것을 행하였나이까(삼상 15:16-19)

하나님의 말씀을 온전히 청종하고 하나님의 말씀을 버리지 않아야 합니다. 순종이 가장 우선이요, 최고라는 것입니다.

> 사울이 사무엘에게 이르되 나는 실로 여호와의 목소리를 청종
> 하여 여호와께서 보내신 길로 가서 아말렉 왕 아각을 끌어왔고
> 아말렉 사람을 진멸하였으나다만 백성이 그 마땅히 멸할 것 중
> 에서 가장 좋은 것으로 길갈에서 당신의 하나님 여호와께 제사
> 하려고 양과 소를 취하였나이다(삼상 15:20-21).
>
> 순종이 제사보다 낫고 듣는 것이 숫양의 기름보다 나으니 이는
> 거역하는 것은 사술의 죄와 같고 완고 한 것은 사신 우상에게 절
> 하는 죄와 같음이라 왕이 여호와의 말씀을 버렸으므로 여호와께
> 서도 왕을 버려 왕이 되지 못하게 하셨나이다(삼상 15:22-23).

하나님의 말씀에 변명하거나 회개의 기회를 놓치는 것은 불행을 자초하는 것입니다.

> 사울이 사무엘에게 이르되 내가 범죄하였나이다 내가 여호와
> 의 명령과 당신의 말씀을 어긴 것은 내가 백성을 두려워하여
> 그 말을 청종하였음이니이다 청하오니 지금 내 죄를 사하고 나
> 와 함께 돌아가서 나로 여호와께 경배하게 하소서 사무엘이 사
> 울에게 이르되 나는 왕과 함께 돌아가지 아니하리니 이는 왕이
> 여호와의 말씀을 버렸으므로 여호와께서 왕을 버려 이스라엘
> 왕이 되지 못하게 하셨음이니이다(삼상 15: 24-26)

하나님으로부터 왕으로 기름부으심을 받은 사울은 하나님의 말씀과 명령을 어기고 사람들의 말을 청종함으로 그 능력을 잃어버리게 됩니다.

하나님께서는 "사무엘이 그에게 이르되 여호와께서 오늘 이스라엘 나라를 왕에게서 떼어서 왕보다 나은 왕의 이웃에게 주셨나이다" 삼상 15:26 에서 보듯이 불순종하는 사람 대신 더 나은 사람을 택하

여 사용하십니다.

하나님은 사울보다 더 나은 사람, 다윗을 택하여 왕으로 기름 부으셨습니다.

■ 하나님이 다윗에게 행하신 첫 번째 기름 부으심
다윗은 목동으로 있을 때 첫 번째 기름부음을 받았습니다.

여호와께서 사무엘에게 이르시되 내가 이미 사울을 버려 이스라엘 왕이 되지 못하게 하였거늘 네가 그를 위하여 언제까지 슬퍼하겠느냐 너는 기름을 뿔에 채워 가지고 가라 내가 너를 베들레헴 사람 이새에게로 보내리니 이는 내가 그 아들 중에서 한 왕을 예선하였음이니라 사무엘이 가로되 내가 어찌 갈 수 있으리이까 사울이 들으면 나를 죽이리이다 여호와께서 가라사대 너는 암송아지를 끌고 가서 말하기를 내가 여호와께 제사를 드리러 왔다 하고 이새를 제사에 청하라 내가 너의 행할 일을 가르치리니 내가 네게 알게 하는 자에게 나를 위하여 기름을 부을지니라 사무엘이 여호와의 말씀대로 행하여 베들레헴에 이르매 성읍 장로들이 떨며 그를 영접하여 가로되 평강을 위하여 오시나이까 가로되 평강을 위함이니라 내가 여호와께 제사하러 왔으니 스스로 성결케 하고 와서 나와 함께 제사하자 하고 이새와 그 아들들을 성결케 하고 제사에 청하니라 그들이 오매 사무엘이 엘리압을 보고 마음에 이르기를 여호와의 기름 부으실 자가 과연 그 앞에 있도다 하였더니 여호와께서 사무엘에게 이르시되 그 용모와 신장을 보지 말라 내가 이미 그를 버렸노라 나의 보는 것은 사람과 같지 아니하니 사람은 외모를 보거니와 나 여호와는 중심을 보느니라 이새가 아비나답을 불러 사무엘의 앞을 지나게 하매 사무엘이 가로되 이도 여호와께서 택하지 아니하셨느니라 이새가 삼마로 지나게 하매 사무엘이 가로되 이도 여호와께서 택하지 아니하셨느니라 이새가 그 아들 일곱으로 다 사무엘 앞을 지나게 하나 사무엘이 이새에게 이르되 여호와께서 이들을 택하지 아니하셨느니라 하고 또 이새에게 이르되 네 아들들이 다 여기 있느냐 이새가 가로되 아직 말째가 남았는데 그가 양을 지키나이다 사무엘이 이새에게 이르되 보내어 그를 데려오라 그가 여기 오기까지는 우리가 식사 자리에 앉지 아니하겠노라 이에 보내어 그를 데려오매 그의 빛이 붉고 눈이 빼어나고 얼굴이 아름답더라 여호와께서 가라사대 이가 그니 일어나 기름을 부으라 사무엘이 기름 뿔을 취하여 그 형제 중에서 그에게 부었더니 이 날 이후로 다윗이 여호와의 신에게 크게 감동되니라 사무엘이 떠나서 라마로 가니라(삼상 16:1-13)

사무엘 선지자는 하나님의 말씀에 순종하여 기름을 부을 준비를 하여 이새의 집으로 갔습니다. 하나님은 자신의 사역을 할 사람을 예비하십니다. 그리고 사무엘에게 하나님이 택하신 다윗을 알게 하시고 기름을 부어 하나님의 일을 하게 하십니다. 하나님은 하나님의 사람을 통해 하나님의 일을 성취하게 하십니다. 사무엘은 왕을 예선하는 기름 붓는 것을 하나님이 알게 한 자가 아니라 자신이 보는 관점과 마음으로 하려고 했습니다.

우리가 실수하기 쉬운 것은 너무 서둘거나 자기 생각과 마음대로 할 때입니다. 사무엘은 자신이 보는 눈과 마음으로 보았지만 하나님께서는 외모가 아닌 사람들과는 완전히 다른 깊은 내면의 중심을 보셨습니다.

여호와께서 사무엘에게 이르시되 그 용모와 신장을 보지 말라

> 내가 이미 그를 버렸노라 나의 보는 것은 사람과 같지 아니하니 사람은 외모를 보거니와 나 여호와는 중심을 보느니라(삼상 16:7).

하나님께서는 다윗이 혼자 있을 때 묵상한 것과 양 지키는 일을 신실하게 한 일을 보셨습니다. 그것을 증명할 수 있는 것은 다윗을 사무엘 선지자에게 데려왔을 때 "그의 빛이 붉고 눈이 빼어나고 얼굴이 아름답더라"는 것입니다. 하나님과 함께하는 시간을 갖는 다윗은 빛이신 주님께서 함께 하심으로 빛나며 눈도 맑고 얼굴이 아름답게 보이게 됩니다.

다윗은 "내가 주의 법을 어찌 그리 사랑하는지요 내가 그것을 종일 묵상하나이다"시 119:97. 하나님의 말씀을 묵상할 때 얼굴이 빛나게 됩니다. 주의 말씀은 내 발에 빛이요 길이기 때문입니다 시 119:105 하나님께선 친히 사무엘에게 하나님의 마음에 합한 다윗에게 기름 붓게 합니다.

> 여호와께서 가라사대 이가 그니 일어나 기름을 부으라(삼상 16:12).

기름의 상징은 백성에게 주시는 하나님의 선물이며 지도자를 축복하고 지도자들에게 지워진 책임들을 의미했습니다. 그리고 기름부음은 선택을 받았다는 표시이며 하나님과 사람을 영화롭게 하며 하나님의 영이 주어지는 것입니다. 또한 기름을 붓는 것은 법적 지위의 향상을 상징합니다. 특별히 왕에게 기름을 붓는 것은 보호와 지위의 변화로 왕권이 보호 받을 것이며 그로 인하여 하나님의 신이 임하는 능력을 받게 되는 것입니다. 사무엘이 기름 뿔을 취하여 다윗에게 기름을 부었을 때 성령의 능력이 크게 임하였습니다.

> 사무엘이 기름 뿔을 취하여 그 형제 중에서 그에게 부었더니 이 날 이후로 다윗이 여호와의 신에게 크게 감동되니라 사무엘이 떠나서 라마로 가니라(삼상 16:13)

여기서 다른 성경을 보면서 성령께서 다윗에게 능력으로 함께 하심을 알 수 있습니다.

> 그래서 사무엘이 가져온 뿔에서 올리브기름을 다윗에게 붓고, 그의 형들이 보는 앞에서 그를 왕으로 삼았다. 그 순간에 여호와의 성령께서 다윗을 사로잡고, 그 이후로는 그에게서 떠나지 않고 함께 계셨다. 사무엘은 라마의 집으로 돌아갔다.(현대어성경)
> 그리하여 사무엘은 기름 채운 뿔을 집어 들고 형들이 보는 앞에서 그에게 기름을 부었다. 그러자 야훼의 영이 다윗에게 내려 그 날부터 줄곧 그에게 머물러 있었다. 사무엘은 길을 떠나 라마로 갔다.(공동번역)
> 그러자 사무엘이 기름 뿔을 가지고 그의 형제들 가운데서 그에게 기름을 부으니 주의 영이 그 날로부터 다윗에게 임하시더라. 그리하여 사무엘이 일어나서 라마로 가니라.(한글 킹제임스)

■ 뿔의 용도와 영적 의미

다윗에게 첫 번째 기름부음을 할 때 특징적인 것은 기름을 뿔(角)에 채워 부은 것과 그 부음을 받고 성령이 크게 임한 것입니다. 여기서 우리가 더 관심 있게 봐야 할 것은 뿔의 용도와 영적인 의미입니다.

기름 뿔은 수양의 뿔로 방어하는 것으로 사용하였으며 나팔을 만들고 기름을 담는 용기로서 이용되었습니다(삼상 16:1, 13, 수 6:4, 왕상 1:39).뿔이라는 말은 종종 형용적으로 "뿔은 높이 들리로다"(시 75:10, 8 9:17, 24, 112:9), "뿔을 높인다"(시 92:10, 148:14), "뿔이 나게 한다"(시 132:17)는 힘의 뜻으로 강함과, 높여짐을 의미합니다.

"구원의 뿔"은 구원을 위한 강력한 도우심을 의미합니다(삼하 22:3, 시 18:2, 눅 1:69). 한나는 기도할 때 "자기의 기름 부음을 받는 자의 뿔을 높이시리로다"라고 하시면서 기름부음을 받은 자는 높여 주신다고 찬양하기도 하였습니다.

저는 이 말씀대로 오늘날에도 기름부음을 믿음으로 하기로 생각하여 여러 곳에 수소문하여 마침내 기름 뿔을 구입하였습니다. 그리고 기름 뿔에 기름을 넣어서 감동이 되는 사람들에게 부어주는 사역을 합니다.

하루는 집회 중에 어떤 목사님 부부에게 '기름부음' 사역을 하였습니다. 그 후로 그 목사님 부부가 제게 고백하길 다윗에게 부어 주신 기름 뿔을 취하여 기름을 붓고 난 후부터 자신들의 영권이 회복되어 큰 축복을 누리고 있다고 간증했습니다.

저는 기름 뿔로 기름을 부어 줄 때는 단순한 믿음으로 오늘날도 왕권(Kingship, Royal priest hood, 계 5:11, 벧전 2:9)이 회복되게 하는 믿음으로 합니다. 사실 이 시대의 지도자들과 그리스도인에게는 왕권의 능력이 필요할 때입니다. 많은 그리스도인 가운데 아직도 종(Servant-ship)으로 사는 사람들이 있습니다. 어떤 사람들은 아버지의 자녀(Son-ship)로서 사는 사람들이 있습니다. 그러나 지극히 일부만이 왕권을 누립니다. 우리는 왕의 권위를 회복하여 영적 능력으로 축복을 누려야 합니다.

다윗은 하나님으로부터 기름 부음 받음으로써 축복 받고 높임을 받습니다. 그 당시 왕을 세울 때 기름을 붓는 것은 관행이며 하나님의 속국 왕으로서 기름부음 받는 것이며 하나님의 신의 능력이 임하는 것입니다.

> 주의 종 다윗을 위하여 주의 기름 받은 자의 얼굴을 물리치지 마옵소서(시 132:10).
> 내가 거기서 다윗에게 뿔이 나게 할 것이라 내가 내 기름 부은 자를 위하여 등을 예비하였도다(시 132:17).

기름 부으심을 받은 다윗이 여호와의 신에게 감동된 이후 삶에 놀라운 역사
a.수금연주로 치유함.
다윗은 하나님의 성령의 기름을 받고 사울을 번뇌하게 하는 악시을 떠나게 하였습니다.

> 여호와의 신이 사울에게서 떠나고 여호와의 부리신 악신이 그를 번뇌케 한지라 사울의 신하들이 그에게 이르되 보소서 하나님의 부리신 악신이 왕을 번뇌케 하온즉 원컨대 우리 주는 주의 앞에 모시는 신하에게 명하여 수금 잘 탈 줄 아는 사람을 구하게 하소서 하나님의 부리신 악신이 왕에게 이를 때에 그가 손으로 타면 왕이 나으시리이다 사울이 신하에게 이르되 나를 위하여 잘 타는 사람을 구하여 내게로 데려오라 소년 중 한 사람이 대답하여 가로되 내가 베들레헴 사람 이새의 아들을 본즉 탈 줄을 알고 호기와 무용과 구변이 있는 준수한 자라 여호와께서 그와 함께 계시더이다 사울이 이에 사자를 이새에게 보내어 이르되 양 치는 네 아들 다윗을 내게로 보내라 하매 이새가 떡과 한 가죽 부대의 포도주와 염소 새끼를 나귀에 실리고 그 아들 다윗의 손으로 사울에게 보내니 다윗이 사울에게 이르러

> 그 앞에 모셔 서매 사울이 그를 크게 사랑하여 자기의 병기 든 자를 삼고 이새에게 사람을 보내어 이르되 청컨대 다윗으로 내 앞에 모셔 서게 하라 그가 내게 은총을 얻었느니라 하니라 하나님의 부리신 악신이 사울에게 이를 때에 다윗이 수금을 취하여 손으로 탄즉 사울이 상쾌하여 낫고 악신은 그에게서 떠나더라(삼상 16:14-23).

사울에게는 성령이 떠나고 다윗은 성령님이 크게 임하심으로 쓰임 받기 시작하여 사울 왕에게 있는 악신을 떠나게 합니다. 성령의 기름 부으심을 받으면 치유함과 귀신을 쫓아냄으로써 영적 자유함이 있습니다. 예수님께서도 하나님 아버지로부터 기름 부으심을 받고 눈먼 자, 마음이 상한 자, 눌린 자, 포로 된 자를 자유롭게 했습니다. 우리도 기름 부으심을 받아야 사람들을 치유하며 자유롭게 할 수 있습니다.

b. 블레셋 전쟁의 승리

다윗은 블레셋과 전쟁에서 하나님의 이름으로 나아가 물매와 돌로 골리앗의 이마를 쳐서 쓰러뜨려 이길 뿐만 아니라 위경에 있는 이스라엘을 구했습니다.

> 다윗이 블레셋 사람에게 이르되 너는 칼과 창과 단창으로 내게 오거니와 나는 만군의 여호와의 이름 곧 네가 모욕하는 이스라엘 군대의 하나님의 이름으로 네게 가노라 오늘 여호와께서 너를 내 손에 붙이시리니 내가 너를 쳐서 네 머리를 베고 블레셋 군대의 시체로 오늘날 공중의 새와 땅의 들짐승에게 주어 온 땅으로 이스라엘에 하나님이 계신 줄 알게 하겠고 또 여호와의 구원하심이 칼과 창에 있지 아니함을 이 무리로 알게 하리라

전쟁은 여호와께 속한 것인즉 그가 너희를 우리 손에 붙이시리
라 블레셋 사람이 일어나 다윗에게로 마주 가까이 올 때에 다
윗이 블레셋 사람에게로 마주 그 항오를 향하여 빨리 달리며
손을 주머니에 넣어 돌을 취하여 물매로 던져 블레셋 사람의
이마를 치매 돌이 그 이마에 박히니 땅에 엎드러지니라 다윗이
이같이 물매와 돌로 블레셋 사람을 이기고 그를 쳐 죽였으나
자기 손에는 칼이 없었더라 다윗이 달려가서 블레셋 사람을 밟
고 그의 칼을 그 집에서 빼어 내어 그 칼로 그를 죽이고 그 머
리를 베니 블레셋 사람들이 자기 용사의 죽음을 보고 도망하는
지라(삼상 16:45-51)

다윗 안의 성령의 권능과 하나님의 이름으로 담대히 나갈 때 하나
님의 역사가 강하게 나타남으로써 블레셋 장군 골리앗과 싸워 놀라
운 승리를 했습니다. 성령의 능력을 받은 다윗만이 적을 두려워하
지 않고 만군의 여호와 이름으로 행한 일입니다. 다윗이 이렇게 한
것은 이미 여호와의 영인 성령의 기름 부으심으로 인도함 받은 것
이라고 볼 수 있습니다.

■ 다윗의 둘째 기름 부으심-유대의 왕으로의 기름 부으심

그 후에 다윗이 여호와께 물어 가로되 내가 유다 한 성으로 올
라가리이까 여호와께서 가라사대 올라가라 다윗이 가로되 어
디로 가리이까 가라사대 헤브론으로 갈지니라 다윗이 그 두 아
내 이스르엘 여인 아히노암과 갈멜 사람 나발의 아내 되었던
아비가일을 데리고 그리로 올라갈 때에 또 자기와 함께한 종자
들과 그들의 권속들을 다 데리고 올라가서 헤브론 각 성에 거
하게 하니라 유다 사람들이 와서 거기서 다윗에게 기름을 부어
유다 족속의 왕을 삼았더라 혹이 다윗에게 고하여 가로되 사울

을 장사한 사람은 길르앗 야베스 사람들이니이다 하매 다윗이 길르앗 야베스 사람들에게 사자들을 보내어 가로되 너희가 너희 주 사울에게 이처럼 은혜를 베풀어 장사하였으니 여호와께 복을 받을지어다 너희가 이 일을 하였으니 이제 여호와께서 은혜와 진리로 너희에게 베푸시기를 원하고 나도 이 선한 일을 너희에게 갚으리니 이제 너희는 손을 강하게 하고 담대히 할지어다 너희 주 사울이 죽었고 또 유다 족속이 내게 기름을 부어 저희의 왕을 삼았음이니라(삼하 2:1-7)

헤브론에서 유대 사람들인 지도자들이 다윗에게 기름을 부어 유대 족속의 왕으로 삼았습니다. 얼마 전까지만 해도 사울에게 쫓기는 신세였지만 사울이 죽고 난 다음에 이미 왕으로 기름부음을 받은 약속대로 마침내 유대 족속의 왕이 되었습니다.

■ **다윗의 셋째 기름부음-이스라엘 왕으로의 기름 부으심**

이스라엘 모든 지파가 헤브론에 이르러 다윗에게 나아와 말하여 가로되 보소서 우리는 왕의 골육이니이다 전일 곧 사울이 우리의 왕이 되었을 때에도 이스라엘을 거느려 출입하게 한 자는 왕이시었고 여호와께서도 왕에게 말씀하시기를 네가 내 백성 이스라엘의 목자가 되며 이스라엘의 주권자가 되리라 하셨나이다 하니라 이에 이스라엘 모든 장로가 헤브론에 이르러 왕에게 나아오매 다윗 왕이 헤브론에서 여호와 앞에서 저희와 언약을 세우매 저희가 다윗에게 기름을 부어 이스라엘 왕을 삼으니라(삼하 5:1-3)

다윗이 둘 째 기름부음을 받았을 때는 유대 족속의 왕이었으나 세 번째는 헤브론에서 이스라엘 모든 장로가 다윗에게 기름을 부어 이스라엘 왕으로 삼았습니다. 여기서 우리가 기억해야 할 것은 기름부으심을 받을 때마다 통치의 지경을 넓혀 주시는 것입니다. 다윗이 기름부음을 받을 때마다 승진하며 지위도 높아집니다. 목동인 다윗에게 기름을 부어 왕이 되게 하신 것이 이루어졌습니다. 다윗은 마침내 하나님이 선택하시고 왕으로 기름을 부음을 받아 이스라엘의 최고의 지도자가 되고 가장 사랑받는 왕이 되었습니다.

우리도 왕권의 기름부음을 사모하여 왕권적 능력을 받고 승리하며 담대하게 복음을 전하는 능력 있는 사역자로 쓰임 받아야겠습니다.

5. 엘리야

엘리야(Elijah)는 「여호와는 하나님이심」이란 이름의 뜻을 가진 기원전 9세기에 활동한 북왕국 길르앗 디셉 출신으로 위대한 선지자 중의 한 사람이며 엘리사의 스승입니다(왕상 17:1). 엘리야는 하나님의 능력으로 인한 기적의 사역을 했습니다.

가뭄

엘리야는 극심한 가뭄이 있을 것을 예언했고 그대로 이루어졌습니다.

> 길르앗에 우거하는 자 중에 디셉 사람 엘리야가 아합에게 고하되 나의 섬기는 이스라엘 하나님 여호와의 사심을 가리켜 맹세하노니 내 말이 없으면 수년 동안 우로가 있지 아니하리라 하니라(왕상 17:1)

이스라엘 왕 아합이 그의 아내 이세벨이 세운 바알 신당에서 바알 신을 섬겨 숭배하고 단을 쌓으며 아세라 목상을 만들어 여호와의 노를 격발하고 있을 때, 엘리야는 왕 앞에 나타나 왕이 여호와 하나님을 거역한 형벌로 수년 동안 우로(雨露)가 없을 것이라고 예고했습니다.

엘리야의 예언대로 3년 반 동안 비가 오지 않았습니다. 하나님의 능력이 엘리야와 함께 하심으로 그의 말에 능력이 있어 역사 하였습니다.

> 여호와의 말씀이 엘리야에게 임하여 가라사대 너는 여기서 떠나 동으로 가서 요단 앞 그릿 시냇가에 숨고 그 시냇물을 마시라 내가 까마귀들을 명하여 거기서 너를 먹이게 하리라 저가 여호와의 말씀과 같이 하여 곧 가서 요단 앞 그릿 시냇가에 머물매 까마귀들이 아침에도 떡과 고기를, 저녁에도 떡과 고기를 가져왔고 저가 시내를 마셨더니 땅에 비가 내리지 아니하므로 얼마 후에 그 시내가 마르니라(왕상 17:2-7).

엘리야는 아합 왕의 박해를 피해(요단 동편에 있다고 하는) 그릿 시냇가에 몸을 숨겼으며, 여호와께서는 매일 그에게 까마귀를 통하여 떡과 고기 등 먹을 것을 공급하게 하셨습니다. 하나님의 사람들은 의식주와 내일 일에 대하여 염려하지 말아야 합니다(마 25-34).

사르밧 과부의 가루와 기름
엘리야 선지자는 가루 한 움큼과 병에 기름이 전부인 사르밧 과부에게 자신을 위해 떡을 만들어 오라고 했을 때 통의 가루와 병의 기름이 없어지지는 않는 기적이 일어났습니다.

> 여호와의 말씀이 엘리야에게 임하여 가라사대 너는 일어나 시돈에 속한 사르밧으로 가서 거기 유하라 내가 그 곳 과부에게

명하여 너를 공궤하게 하였느니라 저가 일어나 사르밧으로 가서 성문에 이를 때에 한 과부가 그 곳에서 나뭇가지를 줍는지라 이에 불러 가로되 청컨대 그릇에 물을 조금 가져다가 나로 마시게 하라 저가 가지러 갈 때에 엘리야가 저를 불러 가로되 청컨대 네 손에 떡 한 조각을 내게로 가져오라 저가 가로되 당신의 하나님 여호와의 사심을 가리켜 맹세하노니 나는 떡이 없고 다만 통에 가루 한 움큼과 병에 기름 조금 뿐이라 내가 나뭇가지 두엇을 주워다가 나와 내 아들을 위하여 음식을 만들어 먹고 그 후에는 죽으리라 엘리야가 저에게 이르되 두려워 말고 가서 네 말대로 하려니와 먼저 그것으로 나를 위하여 작은 떡 하나를 만들어 내게로 가져오고 그 후에 너와 네 아들을 위하여 만들라 이스라엘 하나님 여호와의 말씀이 나 여호와가 비를 지면에 내리는 날까지 그 통의 가루는 다하지 아니하고 그 병의 기름은 없어지지 아니하리라 하셨느니라 저가 가서 엘리야의 말대로 하였더니 저와 엘리야와 식구가 여러 날 먹었으나 여호와께서 엘리야로 하신 말씀같이 통의 가루가 다하지 아니하고 병의 기름이 없어지지 아니하니라(왕상 17:8-16)

엘리야의 예언대로 땅에 비가 내리지 않으므로 강물도 얼마 후에 말라 버렸습니다. 엘리야는 시돈 땅 사르밧으로 가라는 하나님의 명령에 순종했습니다.

그는 그곳에서 나뭇가지 줍는 과부를 만나 물과 떡을 요청했습니다. 과부는 엘리야의 말에 순종하여 마지막 남은 얼마 안 되는 가루로 떡을 만들어 그를 대접했습니다. 그 결과 하나님의 말씀대로 비가 올 때까지 과부의 집의 통 속에 가루와 병의 기름은 없어지지 않았습니다.

예수님께서도 나사렛에서 이 기적을 말씀하셨습니다.

> 내가 참으로 너희에게 이르노니 엘리야 시대에 하늘이 세 해 여섯 달을 닫히어 온 땅에 큰 흉년이 들었을 때에 이스라엘에 많은 과부가 있었으되 엘리야가 그 중 한 사람에게도 보내심을 받지 않고 오직 시돈 땅에 있는 사렙다의 한 과부에게 뿐이었으며(눅 4:25-26)

과부의 아들

엘리야 선지자는 과부의 아들이 병들어 죽었을 때 기도와 능력으로 인한 치유의 법으로 소생케 했습니다.

> 이 일 후에 그 집 주모 되는 여인의 아들이 병들어 증세가 심히 위중하다가 숨이 끊어진지라 여인이 엘리야에게 이르되 하나님의 사람이여 당신이 나로 더불어 무슨 상관이 있기로 내 죄를 생각나게 하고 또 내 아들을 죽게 하려고 내게 오셨나이까 엘리야가 저에게 그 아들을 달라 하여 그를 그 여인의 품에서 취하여 안고 자기의 거처하는 다락에 올라가서 자기 침상에 누이고 여호와께 부르짖어 가로되 나의 하나님 여호와여 주께서 또 내가 우거하는 집 과부에게 재앙을 내리사 그 아들로 죽게 하셨나이까 하고 그 아이 위에 몸을 세 번 펴서 엎드리고 여호와께 부르짖어 가로되 나의 하나님 여호와여 원컨대 이 아이의 혼으로 그 몸에 돌아오게 하옵소서 하니 여호와께서 엘리야의 소리를 들으시므로 그 아이의 혼이 몸으로 돌아오고 살아난지라 엘리야가 그 아이를 안고 다락에서 방으로 내려가서 그 어미에게 주며 이르되 보라 네 아들이 살았느니라 여인이 엘리야에게 이르되 내가 이제야 당신은 하나님의 사람이시요 당신의 입에 있는 여

호와의 말씀이 진실한 줄 아노라 하니라(왕상 17:17-24)

극심한 가뭄 중에서도 일용할 양식이 떨어지지 않는 기적을 체험한 후, 그 과부의 아들이 병들어 죽었습니다. 그때 엘리야는 죽은 아들의 시신을 자신의 다락 침대에 눕히고 하나님께 간절히 기도한 결과 하나님은 그의 기도를 들으셨고 아들은 살아났습니다.

갈멜산의 승리

엘리야는 바알 선지자와 능력 대결에서 하늘에서 불이 내려와 갈멜산의 번제물을 태우는 놀라운 역사로 승리를 했습니다.

> 아합이 이에 이스라엘 모든 자손에게로 보내어 선지자들을 갈멜 산으로 모으니라 엘리야가 모든 백성에게 가까이 나아가 이르되 너희가 어느 때까지 두 사이에서 머뭇머뭇 하려느냐 여호와가 만일 하나님이면 그를 좇고 바알이 만일 하나님이면 그를 좇을지니라 하니 백성이 한 말도 대답지 아니하는지라 엘리야가 백성에게 이르되 여호와의 선지자는 나만 홀로 남았으나 바알의 선지자는 사백오십 인이로다 그런즉 두 송아지를 우리에게 가져오게 하고 저희는 한 송아지를 택하여 각을 떠서 나무 위에 놓고 불은 놓지 말며 나도 한 송아지를 잡아 나무 위에 놓고 불은 놓지 말고 너희는 너희 신의 이름을 부르라 나는 여호와의 이름을 부르리니 이에 불로 응답하는 신 그가 하나님이니라 백성이 다 대답하되 그 말이 옳도다 엘리야가 바알의 선지자들에게 이르되 너희는 많으니 먼저 한 송아지를 택하여 잡고 너희 신의 이름을 부르라 그러나 불을 놓지 말라 저희가 그 받은 송아지를 취하여 잡고 아침부터 낮까지 바알의 이름을 불러 가로되 바알이여 우리에게 응답하소서 하나 아무 소리도 없

고 아무 응답하는 자도 없으므로 저희가 그 쌓은 단 주위에서 뛰놀더라 오정에 이르러는 엘리야가 저희를 조롱하여 가로되 큰 소리로 부르라 저는 신인즉 묵상하고 있는지 혹 잠깐 나갔는지 혹 길을 행하는지 혹 잠이 들어서 깨워야 할 것인지 하매 이에 저희가 큰 소리로 부르고 그 규례를 따라 피가 흐르기까지 칼과 창으로 그 몸을 상하게 하더라 이같이 하여 오정이 지났으나 저희가 오히려 진언을 하여 저녁 소제 드릴 때까지 이를지라도 아무 소리도 없고 아무 응답하는 자도 없고 아무 돌아보는 자도 없더라 엘리야가 모든 백성을 향하여 이르되 내게로 가까이오라 백성이 다 저에게 가까이 오매 저가 무너진 여호와의 단을 수축하되 야곱의 아들들의 지파의 수효를 따라 열두 돌을 취하니 이 야곱은 여호와께서 옛적에 저에게 임하여 이르시기를 네 이름을 이스라엘이라 하리라 하신 자더라 저가 여호와의 이름을 의지하여 그 돌로 단을 쌓고 단으로 돌아가며 곡식 종자 두 세아를 용납할 만한 도랑을 만들고 또 나무를 벌이고 송아지의 각을 떠서 나무 위에 놓고 이르되 통 넷에 물을 채워다가 번제물과 나무 위에 부으라 하고 또 이르되 다시 그리하라 하여 다시 그리하니 또 이르되 세 번 그리하라 하여 세 번 그리하니 물이 단으로 두루 흐르고 도랑에도 물이 가득하게 되었더라 저녁 소제 드릴 때에 이르러 선지자 엘리야가 나아가서 말하되 아브라함과 이삭과 이스라엘의 하나님 여호와여 주께서 이스라엘 중에서 하나님이 되심과 내가 주의 종이 됨과 내가 주의 말씀대로 이 모든 일을 행하는 것을 오늘날 알게 하옵소서 여호와여 내게 응답하옵소서 내게 응답하옵소서 이 백성으로 주 여호와는 하나님이신 것과 주는 저희의 마음으로 돌이키게 하시는 것을 알게 하옵소서 하매 이에 여호와의 불이 내려서 번제물과 나무와 돌과 흙을 태우고 또 도랑의 물을 핥

기름부음으로 축복받는 대표적인 인물들 139

은지라 모든 백성이 보고 엎드려 말하되 여호와 그는 하나님이시로다 여호와 그는 하나님이시로다 하니 엘리야가 저희에게 이르되 바알의 선지자를 잡되 하나도 도망하지 못하게 하라 하매 곧 잡은지라 엘리야가 저희를 기손 시내로 내려다가 거기서 죽이니라(왕상 18:20-40).

3년 후에 엘리야는 여호와의 명에 따라 아합 왕 앞에 나타났습니다. 엘리야는 아합 왕과 바알의 선지자 450명과 아세라 선지자 400명, 그리고 이스라엘 백성을 갈멜 산에 모이게 했습니다. 그곳에서 그는 여호와가 참 하나님인지, 바알이 참 하나님인지, 불로 응답하는 신을 하나님으로 하자고 백성에게 호소했습니다. 먼저 바알의 선지자들이 송아지를 제단에 바치고 아침부터 낮까지 바알의 이름을 부르며 기도하고 춤추고 피를 흘리기까지 부르짖었으나 아무런 응답이 없었습니다.

　엘리야의 차례가 되었습니다. 엘리야는 먼저 이스라엘 백성을 무너진 여호와의 단 주위에 모으고 이스라엘 지파 수대로 열두 돌을 취하여 여호와의 이름으로 제단을 수축했습니다. 그리고 제단 주위에 도랑을 판 다음 나무를 쌓고 그 위에 송아지의 각을 떠서 올려놓고 나서 물통 넷으로 세 번 부었습니다. 저녁 소제 드릴 때에 엘리야가 "아브라함과 이삭과 이스라엘의 하나님 여호와여, 주께서 이스라엘 중에서 하나님이 되심과, 내가 주의 종이 됨과, 내가 주의 말씀대로 이 모든 일을 행하는 것을 오늘날 알게 하옵소서. 이 백성으로 주 여호와는 하나님이신 것과, 주는 저희의 마음으로 돌이키게 하시는 것을 알게 하옵소서"라고 기도했습니다. 그 기도의 응답으로 하나님께서는 불을 내리셔서 번제물·나무·돌·흙 등을 모두 태우시고 물까지 말리셨습니다. 이것을 본 온 백성은 "여호와 그는 하나님이시로다, 여호와 그는 하나님이시로다"라고 부르짖었습니다. 엘리야는 곧바로 바알 선지자들을 갈멜 산기슭에 있는 기손 시내로 데리고 내려가 죽였습니다.

믿음의 기도
엘리야 선지자가 믿음으로 기도할 때 큰 기적을 체험했습니다.

> 엘리야가 아합에게 이르되 올라가서 먹고 마시소서 큰 비의 소리가 있나이다 아합이 먹고 마시러 올라가니라 엘리야가 갈멜 산 꼭대기로 올라가서 땅에 꿇어 엎드려 그 얼굴을 무릎 사이에 넣고 그 사환에게 이르되 올라가 바다 편을 바라보라 저가 올라가 바라보고 고하되 아무것도 없나이다 가로되 일곱 번까지 다시 가라 일곱 번째 이르러서는 저가 고하되 바다에서 사람의 손 만한 작은 구름이 일어나나이다 가로되 올라가 아합에게 고하기를 비에 막히지 아니하도록 마차를 갖추고 내려가소서 하라 하니라 조금 후에 구름과 바람이 일어나서 하늘이 캄캄하여지며 큰 비가 내리는지라 아합이 마차를 타고 이스르엘로 가니 여호와의 능력이 엘리야에게 임하매 저가 허리를 동이고 이스르엘로 들어가는 곳까지 아합 앞에서 달려갔더라(왕상 19:41~46).

엘리야는 기도하고 그의 사환에게 일곱 번까지 비가 오는지 확인하게 했으며 큰 비가 내리기 시작할 때 엘리야는 하나님이 능력이 임함으로 초자연적인 방법으로 아합 왕 앞서 달려가 비를 맞지 않도록 도왔습니다(왕상 18:45-46).
   기름부음을 받은 엘리야의 기도를 하나님께서 응답하셨습니다. 우리는 때로 하나님의 뜻을 이루기 위하여 포기하지 않는 기도를 해야 합니다.

야고보 사도가 증거한 것처럼 엘리야의 믿음과 기도의 능력을 주시길 원합니다. "엘리야는 우리와 성정이 같은 사람이로되 저가 비 오지 않기를 간절히 기도한즉 삼 년 육 개월 동안 땅에 비가 아니 오고 다시 기도한즉 하늘이 비를 주고 땅이 열매를 내었느니라"약 5:17-18 의 말씀처럼 엘리야가 우리와 같은 인간이었음을 강조합니다. 마찬가지로 우리도 기도하면 자연을 통한 기적도 체험할 수 있습니다.

엘리야 선지자는 로뎀나무 아래에서 깊은 좌절에 빠졌을 때 천사의 만짐과 음식을 먹음으로 기적을 체험하였습니다.

> 아합이 엘리야의 무릇 행한 일과 그가 어떻게 모든 선지자를 칼로 죽인 것을 이세벨에게 고하니 이세벨이 사자를 엘리야에게 보내어 이르되 내가 내일 이맘때에는 정녕 네 생명으로 저 사람들 중 한 사람의 생명 같게 하리라 아니하면 신들이 내게 벌 위에 벌을 내림이 마땅하니라 한지라 저가 이 형편을 보고 일어나 그 생명을 위하여 도망하여 유다에 속한 브엘세바에 이르러 자기의 사환을 그 곳에 머물게 하고 스스로 광야로 들어가 하룻길쯤 행하고 한 로뎀나무 아래 앉아서 죽기를 구하여 가로되 여호와여 넉넉하오니 지금 내 생명을 취하옵소서 나는 내 열조보다 낫지 못하니이다 하고 로뎀나무 아래 누워 자더니 천사가 어루만지며 이르되 일어나서 먹으라 하는지라 본즉 머리맡에 숯불에 구운 떡과 한 병 물이 있더라 이에 먹고 마시고 다시 누웠더니 여호와의 사자가 또 다시 와서 어루만지며 이르되 일어나서 먹으라 네가 길을 이기지 못할까 하노라 하는지라 이에 일어나 먹고 마시고 그 식물의 힘을 의지하여 사십 주 사십 야를 행하여 하나님의 산 호렙에 이르니라(왕상 19:1-8)

엘리야 선지자가 갈멜산 전투에서 승리한 후 이세벨은 엘리야를 잡아서 죽이려고 했습니다. 그는 죽음의 손길을 피해 브엘세바에서 다시 하룻길을 광야로 걸어가 나무 아래 앉아서 하나님께 죽기를 구했습니다. 기진맥진한 엘리야가 잠이 들었을 때 천사가 나타나 그를 어루만지며 "먹으라" 함으로 깨어보니 숯불에 구운 떡과 물 한 병이 있었습니다. 그는 그것을 먹고 마시고 힘을 얻어 40일을 아침·저녁으로 걸어서 모세가 하나님 앞에 나가 율법을 받은 하나님의 산 호렙 산의 굴로 피신했습니다. 낙심하고 실의에 찬 엘리야를 호렙 산으로 인도하신 하나님은 여호와의 불 가운데에 그에게 보임으로 새로운 용기로 회복시키셨습니다.

이스라엘 왕가의 저주
엘리야 선지자가 선포한대로 이스라엘의 왕은 벌을 받았습니다.

> 여호와의 말씀이 디셉 사람 엘리야에게 임하여 가라사대 너는 일어나 내려가서 사마리아에 거하는 이스라엘 왕 아합을 만나라 저가 나봇의 포도원을 취하러 그리로 내려갔나니 너는 저에게 말하여 이르기를 여호와의 말씀이 네가 죽이고 또 빼앗았느냐 하셨다 하고 또 저에게 이르기를 여호와의 말씀이 개들이 나봇의 피를 핥은 곳에서 개들이 네 피 곧 네 몸의 피도 핥으리라 하셨다 하라(왕상 21:17-19)
> 한 사람이 우연히 활을 당기어 이스라엘 왕의 갑옷 솔기를 쏜지라 왕이 그 병거 모는 자에게 이르되 내가 부상하였으니 네 손을 돌이켜 나로 군중에서 나가게 하라 하였으나 이 날에 전쟁이 맹렬하였으므로 왕이 병거 가운데 붙들려 서서 아람 사람을 막다가 저녁에 이르러 죽었는데 상처의 피가 흘러 병거 바닥에 고였더라 해가 질 즈음에 군중에서 외치는 소리 있어 가

> 로되 각기 성읍으로, 각기 본향으로 하더라 왕이 이미 죽으매 그 시체를 메어 사마리아에 이르러 거기 장사하니라 그 병거를 사마리아 못에 씻으매 개들이 그 피를 핥았으니 여호와의 하신 말씀과 같이 되었더라 거기는 창기들의 목욕하는 곳이었더라
> (왕상 22:34-38)

이세벨이 나봇을 돌로 쳐 죽이고 포도원을 빼앗으려 할 때 그곳에서 엘리야는 여호와의 명에 따라 아합을 만나 개들이 나봇의 피를 핥은 곳에서 아합 왕의 피도 핥을 것이라고 하나님의 심판을 선고했습니다.

  길르앗 라못 싸움에서 아합이 피살됨으로 엘리야가 예언한 여호와의 심판이 아합 왕가에 시작되었습니다(왕상 22:1-40). 엘리야가 아하시아 왕의 죽음을 예언함으로 왕이 보낸 사람들을 하늘에서 내려온 불로 사르게 된다는 말이 이루졌습니다.

> 저희가 고하되 한 사람이 올라와서 우리를 만나 이르되 너희는 너희를 보낸 왕에게로 돌아가서 저에게 고하기를 여호와의 말씀이 이스라엘에 하나님이 없어서 네가 에그론의 신 바알세붑에게 물으려고 보내느냐 그러므로 네가 올라간 침상에서 내려오지 못할지라 네가 반드시 죽으리라 하셨다 하라 하더이다 왕이 저희에게 이르되 올라와서 너희를 만나 이 말을 너희에게 고한 그 사람의 모양이 어떠하더냐 저희가 대답하되 그는 털이 많은 사람인데 허리에 가죽띠를 띠었더이다 왕이 가로되 그는 디셉 사람 엘리야로다 이에 오십부장과 그 오십 인을 엘리야에게로 보내매 저가 엘리야에게로 올라가서 본즉 산꼭대기에 앉았는지라 저가 엘리야에게 이르되 하나님의 사람이여 왕의 말씀이 내려오라 하셨나이다 엘리야가 오십부장에게 대답하여

가로되 내가 만일 하나님의 사람이면 불이 하늘에서 내려와서 너와 너의 오십 인을 사를지로다 하매 불이 곧 하늘에서 내려와서 저와 그 오십 인을 살랐더라 왕이 다시 다른 오십부장과 그 오십 인을 엘리야에게로 보내니 저가 엘리야에게 일러 가로되 하나님의 사람이여 왕의 말씀이 속히 내려오라 하셨나이다 엘리야가 저희에게 대답하여 가로되 내가 만일 하나님의 사람이면 불이 하늘에서 내려와서 너와 너의 오십 인을 사를지로다 하매 하나님의 불이 곧 하늘에서 내려와서 저와 그 오십 인을 살랐더라 왕이 세 번째 오십부장과 그 오십 인을 보낸지라 셋째 오십부장이 올라가서 엘리야의 앞에 이르러 꿇어 엎드려 간구하여 가로되 하나님의 사람이여 원컨대 나의 생명과 당신의 종인 이 오십 인의 생명을 당신은 귀히 보소서 불이 하늘에서 내려와서 전번의 오십부장 둘과 그 오십 인들을 살랐거니와 나의 생명을 당신은 귀히 보소서 하매 여호와의 사자가 엘리야에게 이르되 너는 저를 두려워 말고 함께 내려가라 하신지라 엘리야가 곧 일어나 저와 함께 내려와서 왕에게 이르러 고하되 여호와의 말씀이 네가 사자를 보내어 에그론의 신 바알세붑에게 물으려 하니 이스라엘에 그 말을 물을 만한 하나님이 없음이냐 그러므로 네가 그 올라간 침상에서 내려오지 못할지라 네가 반드시 죽으리라 하셨다 하니라 왕이 엘리야의 전한 여호와의 말씀대로 죽고 저가 아들이 없으므로 여호람이 대신하여 왕이 되니 유다 왕 여호사밧의 아들 여호람의 제 이 년이었더라
(왕하 1:6-17)

엘리야는 왕의 이 같이 그릇된 행위를 책망하고, 왕의 죽음을 예언하고 도중에서 사자를 돌려보냈습니다. 아하시야는 오십부장과 그의 수하 50인을 보내 엘리야를 체포하려고 했으나 두번씩이나 하늘

에서 불이 내려와 그들을 죽였던 것입니다. 세번째 오십부장은 엘리야 앞에 꿇어 엎드려 자신의 생명과 50명의 수하 생명을 살려달라고 애원함으로 엘리야는 그들과 함께 산에서 내려와 왕에게로 갔고 왕은 엘리야의 예언대로 죽었습니다.

승천
엘리야 선지자가 회오리 바람을 타고 승천하기전에 겉옷으로 물을 칠 때 요단이 갈라져 엘리사와 함께 건너갑니다.

> 선지자의 생도 오십 인이 가서 멀리 서서 바라보매 그 두 사람이 요단 가에 섰더니 엘리야가 겉옷을 취하여 말아 물을 치매 물이 이리저리 갈라지고 두 사람이 육지 위로 건너더라(왕하 2:7-8)

엘리야는 에녹처럼 죽음을 맛보지 않고 승천했습니다. 요단 강 동쪽에 엘리야와 그의 제자 엘리사가 함께 있을 때 불말과 불수레가 나타나 두 사람 사이를 갈라놓고 엘리야는 회오리 바람을 타고 승천했습니다.

6. 엘리사
엘리사는 엘리야 선지자의 갑절의 기름부으심을 받았습니다. 엘리사는 요단 강가 아벨므흘라 사람 사밧의 아들이며 북 이스라엘 초기의 2대 선지자 중 한 사람입니다. 하나님께서는 엘리야 선지자에게 밭을 갈고 있는 엘리사에게 기름을 부어 엘리야를 대신하는 선지자로 세우도록 엘리야에게 명하셨습니다.

> 엘리야가 거기서 떠나 사밧의 아들 엘리사를 만나니 저가 열두

> 겨리 소를 앞세우고 밭을 가는데 자기는 열둘째 겨리와 함께 있더라 엘리야가 그리로 건너가서 겉옷을 그의 위에 던졌더니 저가 소를 버리고 엘리야에게로 달려가서 이르되 청컨대 나로 내 부모와 입맞추게 하소서 그리한 후에 내가 당신을 따르리이다 엘리야가 저에게 이르되 돌아가라 내가 네게 어떻게 행하였느냐 하니라 엘리사가 저를 떠나 돌아가서 소 한 겨리를 취하여 잡고 소의 기구를 불살라 그 고기를 삶아 백성에게 주어 먹게 하고 일어나 가서 엘리야를 좇으며 수종들었더라(왕상 19:19-21)

하나님께서는 엘리야를 통해 하사엘에게 기름을 부어 아람 왕이 되게 하고, 예후에게 기름을 부어 이스라엘 왕이 되게 하였습니다. 또한 여호와께서 엘리야를 대신하여 엘리사를 세우라는 명령에 순종하여 밭을 갈고 있는 엘리사에게 능력의 겉옷을 던져 주었습니다. 그러자 엘리사는 열 두 겨리 소를 버리고 엘리야를 따랐습니다.

'성령의 기름부으심' 이란 책을 쓴 케네스 헤긴 목사님은 "겉옷을 입은 것" 같은 느낌이 기름부으심이라고 설명합니다.

엘리사 선지자는 스승인 엘리야 선지자에게 임한 기름부음의 갑절을 받기를 갈망하였습니다. 엘리사 선지자가 얼마나 원했는지 열왕기하 2장1-14절에 자세하게 나오고 있습니다.

> 여호와께서 회리바람으로 엘리야를 하늘에 올리고자 하실 때에 엘리야가 엘리사로 더불어 길갈에서 나가더니 엘리야가 엘리사에게 이르되 청컨대 너는 여기 머물라 여호와께서 나를 벧엘로 보내시느니라 엘리사가 가로되 여호와의 사심과 당신의 혼의 삶을 가리켜 맹세하노니 내가 당신을 떠나지 아니하겠나이다 이에 두 사람이 벧엘로 내려가니 벧엘에 있는 선지자의

생도들이 엘리사에게로 나아와 이르되 여호와께서 오늘날 당신의 선생을 당신의 머리 위로 취하실 줄을 아나이까 가로되 나도 아노니 너희는 잠잠하라 엘리야가 저에게 이르되 엘리사야 청컨대 너는 여기 머물라 여호와께서 나를 여리고로 보내시느니라 엘리사가 가로되 여호와의 사심과 당신의 혼의 삶을 가리켜 맹세하노니 내가 당신을 떠나지 아니하겠나이다 하니라 저희가 여리고에 이르매 여리고에 있는 선지자의 생도들이 엘리사에게 나아와 이르되 여호와께서 오늘날 당신의 선생을 당신의 머리 위로 취하실 줄을 아나이까 엘리사가 가로되 나도 아노니 너희는 잠잠하라 엘리야가 또 엘리사에게 이르되 청컨대 너는 여기 머물라 여호와께서 나를 요단으로 보내시느니라 저가 가로되 여호와의 사심과 당신의 혼의 삶을 가리켜 맹세하노니 내가 당신을 떠나지 아니하겠나이다 이에 두 사람이 행하니라 선지자의 생도 오십 인이 가서 멀리 서서 바라보매 그 두 사람이 요단 가에 섰더니 엘리야가 겉옷을 취하여 말아 물을 치매 물이 이리저리 갈라지고 두 사람이 육지 위로 건너더라 건너매 엘리야가 엘리사에게 이르되 나를 네게서 취하시기 전에 내가 네게 어떻게 할 것을 구하라 엘리사가 가로되 당신의 영감이 갑절이나 내게 있기를 구하나이다 가로되 네가 어려운 일을 구하는도다 그러나 나를 네게서 취하시는 것을 네가 보면 그 일이 네게 이루려니와 그렇지 않으면 이루지 아니하리라 하고 두 사람이 행하며 말하더니 홀연히 불수레와 불말들이 두 사람을 격하고 엘리야가 회리바람을 타고 승천하더라 엘리사가 보고 소리지르되 내 아버지여 내 아버지여 이스라엘의 병거와 그 마병이여 하더니 다시 보이지 아니하는지라 이에 엘리사가 자기의 옷을 잡아 둘에 찢고 엘리야의 몸에서 떨어진 겉옷을 주워 가지고 돌아와서 요단 언덕에 서서 엘리야의 몸에서

> 떨어진 그 겉옷을 가지고 물을 치며 가로되 엘리야의 하나님
> 여호와는 어디 계시니이까 하고 저도 물을 치매 물이 이리저리
> 갈라지고 엘리사가 건너니라

엘리사가 하나님이 주시는 엘리야의 영감을 갑절이나 받기 위하여 얼마나 목말라 했는지 또 그의 열정이 누구도 따라 갈 수 없을 정도의 특심이었는 지, 길갈에서 벧엘로, 벧엘에서 여리고로, 여리고에서 요단까지 엘리야가 하늘로 승천할 때까지 따라간 모습으로 느낄 수 있습니다.

 엘리야와 엘리사의 여행은 길갈-벧엘-여리고-요단으로 이어집니다. 그리고 이 험한 여행에서 스승의 갑절의 영감을 받기 위한 엘리사의 인내와 충성심은 명백하게 드러납니다. 엘리야와 엘리사의 여정을 따라가 볼 때 그 장소의 이름과 주는 의미를 성경에서 알아보는 것은 영적으로 유익이 있습니다.

a. 길갈

길갈(Gilgal)은 '굴리다'(roll)란 뜻을 가진 동사 '갈랄'에서 파생한 단어로 명칭은 이스라엘이 애굽에서 해방되어 목적지인 약속의 땅 가나안에 도착함으로써 과거 애굽에서 겪은 노예의 수치를 모두 굴려 버렸다는 뜻으로 명명된 것입니다. 한편 요단 강 언덕으로부터 약 8km 가량 떨어진 이곳 '길갈(Gilgal)은 이스라엘 백성들이 가나안 땅에서 진(陣) 친 첫 숙영지이자 가나안 정복 전쟁을 위한 교두보였습니다. 그리고 여리고 동쪽에 있으며 이스라엘이 요단강에서 꺼낸 돌 열둘로 기념비를 세웠고 이곳에서 할례를 행하였습니다.

> 여호와께서 여호수아에게 이르시되 내가 오늘날 애굽의 수치

를 너희에게서 굴러가게 하였다 하셨으므로 그 곳 이름을 오늘
까지 길갈이라 하느니라(수 5:9)

길갈의 의의(意義)는 '애굽의 수치를 굴러가게 하였다'로 여기서 '수치'가 정확히 무엇을 의미하는지에 대해서는 약간의 이견이 있습니다. 애굽에서 노예 신분으로서 이스라엘이 당한 수모를 가리킨다는 견해(Bright)와 이스라엘이 광야에서 유리 방황하는 것을 보고, 하나님이 광야에서 자기 백성들을 죽이려고 그들을 애굽에서 인도해 내었다고 조롱하던 애굽인들의 모욕적인 생각이나 언사를 가리킨다는 견해입니다(Keil).

이 의미에 대해 주석가들의 다음과 같이 종합하여 정리한 의견에 동의합니다. "애굽의 수치를 굴러가게 하였다는 것은 애굽의 속박 생활로 인한 모멸, 혹은 출애굽을 하고서도 약속의 땅 가나안에 들어가지 못했다고 조롱하던 애굽인들의 비난을 멀리 굴려 버렸다는 뜻이다. 즉 요단 강을 건너가 가나안 땅 길갈에서 언약의 징표인 할례를 받음으로써 그러한 모든 모멸, 수치, 비난, 힐책 등을 멀리 내어버렸다는 뜻이다(Calvin, Keil, Lange)."

우리가 살고 있는 이 세상은 이스라엘 백성들이 애굽에 살 때처럼 수치스러운 일들이 있습니다. 그리고 우리가 원치 않는 상황에서 수치스런 일을 경험한 때가 있습니다. 우리는 비록 길갈과 같은 세상에서 살지만 예수님의 보혈과 성령의 물로 모든 수치를 씻거나 멀리 벗어 버리고 주님을 따라 거룩한 삶을 추구하고 살아야 하겠습니다.

b. 벧엘(Bethe)
벧엘은 '하나님의 집'이라는 뜻으로 '아이' 서편 3km 지점입니다. 벧엘은 야곱에게는 특별한 곳입니다. 야곱이 형 에서를 피해 하

란으로 가는 도중 꿈 속에서 하나님의 특별하신 임재를 체험한 후 '하나님의 집'이라고 불렀습니다.

> 야곱이 잠이 깨어 가로되 여호와께서 과연 여기 계시거늘 내가 알지 못하였도다 이에 두려워하여 가로되 두렵도다 이 곳이여 다른 것이 아니라 이는 하나님의 전이요 이는 하늘의 문이로다 하고 야곱이 아침에 일찌기 일어나 베개하였던 돌을 가져 기둥으로 세우고 그 위에 기름을 붓고 그 곳 이름을 벧엘이라 하였더라 이 성의 본 이름은 루스더라 야곱이 서원하여 가로되 하나님이 나와 함께 계시사 내가 가는 이 길에서 나를 지키시고 먹을 양식과 입을 옷을 주사 나로 평안히 아비 집으로 돌아가게 하시오면 여호와께서 나의 하나님이 되실 것이요 내가 기둥으로 세운 이 돌이 하나님의 전이 될 것이요 하나님께서 내게 주신 모든 것에서 십분 일을 내가 반드시 하나님께 드리겠나이다 하였더라(창 28:10-22)
>
> 야곱은 디나 사건 이후 하나님의 지시에 따라 세겜에서 벧엘로 와서 제단을 쌓고 그곳을 "엘벧엘"이라 명하며 돌기둥을 세우고 기름을 부었습니다(창 35:1-7, 14-15)
>
> 야곱이 하나님의 자기와 말씀하시던 곳에 기둥 곧 돌 기둥을 세우고 그 위에 전제물을 붓고 또 그 위에 기름을 붓고 하나님이 자기와 말씀하시던 곳의 이름을 벧엘이라 불렀더라(창 35:14-15)

우리는 길갈에 머물면서 수치를 당하는 것이 아니라 하나님의 집으로 가서 하나님을 만나야 합니다. 하나님의 집에서 참된 예배를 드려야 합니다. 야곱처럼 하나님의 집인 벧엘에서 주님을 만나야 문제해결을 받을 수 있고 형통의 축복을 받을 수 있습니다.

c. 여리고(Jericho)
요단강 서쪽 8km 예루살렘 동쪽 27km 거리에 있습니다. 여리고는 여호수아가 여리고 성을 점령한 곳입니다.

> 여호수아가 아침에 일찌기 일어나니라 제사장들이 여호와의 궤를 메고 일곱 제사장은 일곱 양각나팔을 잡고 여호와의 궤 앞에서 계속 진행하며 나팔을 불고 무장한 자들은 그 앞에 행하며 후군은 여호와의 궤 뒤에 행하고 제사장들은 나팔을 불며 행하니라 그 제 이 일에도 성을 한 번 돌고 진에 돌아오니라 엿새 동안을 이같이 행하니라 제 칠 일 새벽에 그들이 일찌기 일어나서 여전한 방식으로 성을 일곱 번 도니 성을 일곱 번 돌기는 그 날뿐이었더라 일곱 번째에 제사장들이 나팔을 불 때에 여호수아가 백성에게 이르되 외치라 여호와께서 너희에게 이 성을 주셨느니라(수 6:1-21)

하나님의 말씀과 믿음으로 순종할 때 기적이 일어납니다. 여호수아, 제사장, 백성들이 하나가 되어 온전히 순종할 때 그 강력한 여리고 성이 무너져 대 승리를 하였습니다. 인간의 이성이나 무기로가 아닌 하나님의 말씀과 찬양과 믿음으로 나아갈 때 기적과 승리가 있습니다.

d. 요단(jordan)
팔레스타인에 제일 길고 중요한 강으로 이름 "급히 흘러내리는 강, 내리쏘는 것"의 뜻이 있습니다. 성경에서는 요단강이 많이 나오고 있습니다. 여호수아와 이스라엘은 요단 강을 갈라 놓은 마른 길 같이 건넜습니다(수 3:17).
　수리아 사람 나아만 장군은 요단 강에서 일곱 번 물에 들어가 목욕한 후 문둥병이 나았습니다(왕하 5:10).

세례 요한이 요단 강에서 세례를 주었으며, 예수님께서는 세례를 받으셨습니다(마 3:6, 13-17).

> 엘리사가 보고 소리지르되 내 아버지여 내 아버지여 이스라엘의 병거와 그 마병이여 하더니 다시 보이지 아니하는지라 이에 엘리사가 자기의 옷을 잡아 둘에 찢고 엘리야의 몸에서 떨어진 겉옷을 주워 가지고 돌아와서 요단 언덕에 서서 엘리야의 몸에서 떨어진 그 겉옷을 가지고 물을 치며 가로되 엘리야의 하나님 여호와는 어디 계시니이까 하고 저도 물을 치매 물이 이리 저리 갈라지고 엘리사가 건너니라 맞은편 여리고에 있는 선지자의 생도들이 저를 보며 말하기를 엘리야의 영감이 엘리사의 위에 머물렀다 하고 가서 저를 영접하여 그 앞에서 땅에 엎드리고(왕하2:12-15)

선지자의 생도들은 엘리야의 영감을 받은 것을 보고 엘리사를 영접합니다(왕하 2:12-15).

요단 물이 갈라짐
엘리사는 스승인 엘리야의 갑절의 영감을 받기 위해 길갈에서 벧엘로 벧엘에서 여리고로 여리고에서 요단까지 엘리야 선지자를 끝까지 따라 다녔습니다. 그 결과 마침내 엘리야는 엘리사에게 "내가 네게 어떻게 할 것을 구하라" 합니다. 이때 엘리사는 "당신의 영감을 갑절이나 내게 있기를 구합니다." 할 때, 이 소원은 마침내 응답되어 선지자 생도들이 엘리사를 영접합니다.

> 엘리사가 보고 소리지르되 내 아버지여 내 아버지여 이스라엘

의 병거와 그 마병이여 하더니 다시 보이지 아니하는지라 이에 엘리사가 자기의 옷을 잡아 둘에 찢고 엘리야의 몸에서 떨어진 겉옷을 주워 가지고 돌아와서 요단 언덕에 서서 엘리야의 몸에서 떨어진 그 겉옷을 가지고 물을 치며 가로되 엘리야의 하나님 여호와는 어디 계시니이까 하고 저도 물을 치매 물이 이리 저리 갈라지고 엘리사가 건너니라 맞은편 여리고에 있는 선지자의 생도들이 저를 보며 말하기를 엘리야의 영감이 엘리사의 위에 머물렀다 하고 가서 저를 영접하여 그 앞에서 땅에 엎드리고(왕하2:12-15)

요단강이 갈라져서 길이 생깁니다. 엘리사가 엘리야의 몸에서 떨어진 겉옷을 가지고 요단 물을 칠 때 갈라집니다. 드디어 하나님은 엘리사의 소망을 들어주셨습니다. 여기서 우리에게 가르쳐 주신는 교훈은 "계속 기도하라"는 것입니다.

스승에게 임한 하나님의 능력, 성령의 능력을 받기위한 엘리사의 열정은 누구도 막을 수 없었습니다. 하나님께서 그에게 주신 감동을 그는 포기할 수 없었습니다. 그는 자신 앞에 놓여진 장애물들을 보고 중단하지 않았습니다. 사람들의 소리도 듣지 않았습니다, 오직 능력 주시는 하나님이 주신 비전과 사명을 위해 달려갔습니다. 그 결과 하나님께서 그의 열정의 소원에 응답하셨습니다.

성경에서는 엘리사가 받은 갑절의 영감을 증명하고 있습니다.

여리고의 샘물을 소금으로 고침
엘리사는 열매가 익지 못하는 땅을 고치기 위해 물의 근원 지점에 소금을 던져 물을 깨끗케 하여 문제를 해결하였습니다.

그 성 사람들이 엘리사에게 고하되 우리 주께서 보시는 바와

> 같이 이 성읍의 터는 아름다우나 물이 좋지 못하므로 토산이 익지 못하고 떨어지나이다 엘리사가 가로되 새 그릇에 소금을 담아 내게로 가져오라 하매 곧 가져온지라 엘리사가 물 근원으로 나아가서 소금을 그 가운데 던지며 가로되 여호와의 말씀이 내가 이 물을 고쳤으니 이로 좇아 다시는 죽음이나 토산이 익지 못하고 떨어짐이 없을지니라 하셨느니라 하니 그 물이 엘리사의 말과 같이 고쳐져서 오늘날 이르렀더라(왕하2:19-22)

하나님은 육체에서 질병을 건강하게 고쳐 사망에서 구원하시는 분이십니다. 엘리사의 여호와는 샘에 소금을 넣으셔서 치료하셨습니다. 엘리사는 샘을 정결케 하기 위하여 소금을 던져 물을 고쳤습니다. 구약시대에 소금은 제사드릴 때(레 2:13) 음식물의 양념(욥 6:6), 방부제로 쓰여졌습니다. 또한 소금은 언약을 상징했으며(민 18:19, 대하 13:5) 성별과 정결의 상징이며 신생아의 소독제로도 사용하였습니다(겔 16:4).

예수님께서는 소금의 맛을 잃치 말아야 할 뿐만 아니라 서로 화목해야 한다고 하셨습니다. "소금은 좋은 것이로되 만일 소금이 그 맛을 잃으면 무엇으로 이를 짜게 하리요 너희 속에 소금을 두고 서로 화목하라 하시니라"(막 9:50)

엘리사를 조롱하는 젊은 부랑아들을 저주함
벧엘로 가는 길에 엘리사를 대머리라고 놀리는 젊은 부랑아들을 저주할 때 곰이 공격하여 죽입니다.

> 엘리사가 거기서 벧엘로 올라가더니 길에 행할 때에 젊은 아이들이 성에서 나와서 저를 조롱하여 가로되 대머리여 올라가라 대머리여 올라가라 하는지라 엘리사가 돌이켜 저희를 보고 여

호와의 이름으로 저주하매 곧 수풀에서 암콤 둘이 나와서 아이
들 중에 사십이 명을 찢었더라(왕하2:23-24)

어떤 사람들은 왜 엘리사는 자기를 조롱하는 젊은 아이들을 수풀에서 나온 암곰 두 마리로 사십이 명이나 되는 아이들을 상하게 했을까? 하고 질문하는 사람이 있을 것입니다. 여기에 대해 비전 성경은 다음과 같이 답했습니다.

"사실 엘리사의 대머리는 하나님의 징벌로 여겨지던 문둥병에 의해 생긴 것이 아니므로 결코 비난받을 것이 아니었다. 그런데도 당시 이스라엘 백성들은 하나님을 떠나 우상숭배에 빠져 있었기 때문에 하나님의 사람들을 업신여겨서 이렇게 조롱했던 것이다. 또한 '올라가라'는 말은 엘리야의 승천을 불경스럽게 표현한 말로, 이것 역시 하나님을 조롱하는 것이다. 그래서 하나님의 선지자 엘리사를 조롱한 그들에게 저주를 내리셨던 것이다. 우리는 이 일을 통해 하나님 자신을 경멸하는 사람들을 반드시 징계하시는 분임을 알게 된다(신27:14-26)."

과부의 기름을 가득채워 주심

선지자의 생도의 아내가 빚을 갚지 못해 채주의 종이 되기 직전에 있음을 부르짖을 때 이웃에게 빈그릇을 빌려 그릇마다 기름을 다 채웠습니다. 이 기적은 스승인 엘리야가 행했던 기적 중 하나였습니다(왕상 17:9-16).

선지자의 생도의 아내 중에 한 여인이 엘리사에게 부르짖어 가로되 당신의 종 나의 남편이 이미 죽었는데 당신의 종이 여호와를 경외한 줄은 당신이 아시는 바니이다 이제 채주가 이르러 나의 두 아이를 취하여 그 종을 삼고자 하나이다 엘리사가 저

에게 이르되 내가 너를 위하여 어떻게 하랴 네 집에 무엇이 있는지 내게 고하라 저가 가로되 계집종의 집에 한 병 기름 외에는 아무것도 없나이다 가로되 너는 밖에 나가서 모든 이웃에게 그릇을 빌라 빈 그릇을 빌되 조금 빌지 말고 너는 네 두 아들과 함께 들어가서 문을 닫고 그 모든 그릇에 기름을 부어서 차는 대로 옮겨 놓으라 여인이 물러가서 그 두 아들과 함께 문을 닫은 후에 저희는 그릇을 그에게로 가져오고 그는 부었더니 그릇에 다 찬지라 여인이 아들에게 이르되 또 그릇을 내게로 가져오라 아들이 가로되 다른 그릇이 없나이다 하니 기름이 곧 그쳤더라 그 여인이 하나님의 사람에게 나아가서 고한대 저가 가로되 너는 가서 기름을 팔아 빚을 갚고 남은 것으로 너와 네 두 아들이 생활하라 하였더라(왕상17:9-16)

여기서 우리가 알게 되는 것은 하나님의 관심입니다. 하나님은 가난한 사람, 불쌍하고 힘없는 사람들을 도와 주고 그들의 필요를 채워주시는 자비로우신 분입니다. 엘리사는 과부와 고아를 불쌍히 여기는 것이 하나님을 섬기는 일인 줄을 알았습니다(약 1:17). 버림받고 압제 당하는 사람들은 이런 이적을 행하시는 하나님을 생각하면 위로를 받게 될 것입니다.

수넴 여인이 아들을 낳을 것을 예언함

엘리사가 가로되 그러면 저를 위하여 무엇을 하여야 할꼬 게하시가 대답하되 참으로 이 여인은 아들이 없고 그 남편은 늙었나이다 가로되 다시 부르라 부르매 여인이 문에 서니라 엘리사가 가로되 돌이 되면 네가 아들을 안으리라 여인이 가로되 아니로소이다 내 주 하나님의 사람이여 당신의 계집종을 속이지

> 마옵소서 하니라 여인이 과연 잉태하여 돌이 돌아오매 엘리사
> 의 말한 대로 아들을 낳았더라(왕하4:14-17)

늙은 수넴 여인에게 아들을 주실 것이라고 예언한 후 1년 안에 아들을 낳았습니다. 그녀는 자신의 선한 일 때문에 보상을 요구하진 않았지만 하나님께서는 은총을 베풀어 사람 앞에서 말하지 않는 소원까지도 생각하여 아들을 주셨습니다.

수넴 여인의 병들어 죽은 아들의 부활

> 엘리사가 집에 들어가 보니 아이가 죽었는데 자기의 침상에 눕혔는지라 들어가서는 문을 닫으니 두 사람뿐이라 엘리사가 여호와께 기도하고 아이의 위에 올라 엎드려 자기 입을 그 입에, 자기 눈을 그 눈에, 자기 손을 그 손에 대고 그 몸에 엎드리니 아이의 살이 차차 따뜻하더라 엘리사가 내려서 집 안에서 한 번 이리저리 다니고 다시 아이 위에 올라 엎드리니 아이가 일곱 번 재채기하고 눈을 뜨는지라 엘리사가 게하시를 불러서 저 수넴 여인을 불러오라 하니 곧 부르매 여인이 들어가니 엘리사가 가로되 네 아들을 취하라(왕하4:32-36)

수넴 여인은 아들이 갑자기 병들어 죽자 엘리사를 찾아 갔으며 엘리사는 그 아들을 살려주었습니다. 이 사건에서 주시는 교훈은 기쁨과 슬픔은 이 지상에서 언제나 같이 있고 완전한 행복은 없습니다.

　하나님은 형통한 날도 주시고 또 곤고한 날도 주십니다(전 7:14) 하나님께서는 형통한 날에 그를 신뢰하는 자는게 곤란한 날에도 버리지 않으십니다. 엘리사를 통하여 그 아들을 살리는 기적으로 생

명이 돌아오게 합니다.

독이 있는 국을 깨끗케 함

> 엘리사가 다시 길갈에 이르니 그 땅에 흉년이 들었는데 선지자의 생도가 엘리사의 앞에 앉은지라 엘리사가 자기 사환에게 이르되 큰 솥을 걸고 선지자의 생도들을 위하여 국을 끓이라 하매 한 사람이 채소를 캐러 들에 나가서 야등덩굴을 만나 그것에서 들외를 따서 옷자락에 채워가지고 돌아와서 썰어 국 끓이는 솥에 넣되 저희는 무엇인지 알지 못하니라 이에 퍼다가 무리에게 주어 먹게 하였더니 무리가 국을 먹다가 외쳐 가로되 하나님의 사람이여 솥에 사망의 독이 있나이다 하고 능히 먹지 못하는지라 엘리사가 가로되 그러면 가루를 가져오라 하여 솥에 던지고 가로되 퍼다가 무리에게 주어 먹게 하라 하매 이에 솥 가운데 해독이 없어지니라(왕하4:38-41)

엘리사는 독이 든 음식물을 해독시켰습니다. 예언자의 생도들이 먹는 국에 야생 독초가 들어 갔을 때 엘리사는 약간의 가루로 독을 제거했습니다. 독있는 음식은 하나님의 백성을 해치며 파멸하게 합니다. 어떤 식물이나 음식물이 겉으로는 아주 맛있고 영양이 좋은 것으로 보입니다. 그러나 그 식물과 음식물을 올바르고 정확하게 알지 못하고 먹을 때는 독이 든 음식이 됩니다. 우리는 음식을 분별하여 먹을 것과 먹지 말아야 할 것을 알아야 합니다.

어떤 경우에는 영적으로 보기에는 달콤하고 듣기에는 좋으나 영적 분별없이 먹으면 그리스도인들을 망하게 하는 경우가 있다는 것을 깨달아야 합니다. 그러므로 독있는 음식을 거절하지 않으면 생명에 심각한 영향을 미치게 됩니다.

보리떡 이십과 자루에 담은 채소로 선지자의 생도 일백명이 먹고 남게 함

> 한 사람이 바알 살리사에서부터 와서 처음 익은 식물 곧 보리떡 이십과 또 자루에 담은 채소를 하나님의 사람에게 드린지라 저가 가로되 무리에게 주어 먹게 하라 그 사환이 가로되 어찜이니이까 이것을 일백 명에게 베풀겠나이까 하나 엘리사는 또 가로되 무리에게 주어 먹게 하라 여호와의 말씀이 무리가 먹고 남으리라 하셨느니라 저가 드디어 무리 앞에 베풀었더니 여호와의 말씀과 같이 다 먹고 남았더라(왕하4:42-44)

엘리사는 적은 음식물로 많은 사람을 먹이는 기적을 행합니다. 엘리사가 선지자 생도에게 보리떡 이십과 자루에 담은 채소로 일백명을 먹이라고 했으나 사환은 그것 가지고 부족해서 베풀 수 없다고 했습니다. 엘리사는 "여호와의 말씀이 무리가 먹고 남으리라" 하는 이 말에 순종하여 무리에게 주었을 때 먹고 남았습니다.

하나님께서는 공동생활로 신앙생활을 하시는 것을 기뻐하시며 좋아하십니다. 한 사람이 하나님의 사람에게 드린 것을 통해 하나님께서 기적을 일으켜 공동체로서 하나님의 백성이 하나로 모여 식사를 하는 곳에 하나님께서는 풍성한 먹거리를 주시며 축복하십니다.

나아만 장군의 문둥병을 치유함

> 아람 왕의 군대 장관 나아만은 그 주인 앞에서 크고 존귀한 자니 이는 여호와께서 전에 저로 아람을 구원하게 하셨음이라 저는 큰 용사나 문둥병자더라 전에 아람 사람이 떼를 지어 나가

서 이스라엘 땅에서 작은 계집아이 하나를 사로잡으매 저가 나아만의 아내에게 수종들더니 그 주모에게 이르되 우리 주인이 사마리아에 계신 선지자 앞에 계셨으면 좋겠나이다 저가 그 문둥병을 고치리이다 나아만이 들어가서 그 주인에게 고하여 가로되 이스라엘 땅에서 온 계집아이의 말이 이러이러 하더이다 아람 왕이 가로되 갈지어다 이제 내가 이스라엘 왕에게 글을 보내리라 나아만이 곧 떠날새 은 십 달란트와 금 육천 개와 의복 열 벌을 가지고 가서 이스라엘 왕에게 그 글을 전하니 일렀으되 내가 내 신하 나아만을 당신에게 보내오니 이 글이 당신에게 이르거든 당신은 그 문둥병을 고쳐 주소서 하였더라 이스라엘 왕이 그 글을 읽고 자기 옷을 찢으며 가로되 내가 어찌 하나님이관대 능히 사람을 죽이며 살릴 수 있으랴 저가 어찌하여 사람을 내게 보내어 그 문둥병을 고치라 하느냐 너희는 깊이 생각하고 저 왕이 틈을 타서 나로 더불어 시비하려 함인 줄 알라 하니라 하나님의 사람 엘리사가 이스라엘 왕이 자기 옷을 찢었다 함을 듣고 왕에게 보내어 가로되 왕이 어찌하여 옷을 찢었나이까 그 사람을 내게로 오게 하소서 저가 이스라엘 중에 선지자가 있는 줄을 알리이다 나아만이 이에 말들과 병거들을 거느리고 이르러 엘리사의 집 문에 서니 엘리사가 사자를 저에게 보내어 가로되 너는 가서 요단 강에 몸을 일곱 번 씻으라 네 살이 여전하여 깨끗하리라 나아만이 노하여 물러가며 가로되 내 생각에는 저가 내게로 나아와 서서 그 하나님 여호와의 이름을 부르고 당처 위에 손을 흔들어 문둥병을 고칠까 하였도다 다메섹 강 아바나와 바르발은 이스라엘 모든 강물보다 낫지 아니하냐 내가 거기서 몸을 씻으면 깨끗하게 되지 아니하랴 하고 몸을 돌이켜 분한 모양으로 떠나니 그 종들이 나아와서 말하여 가로되 내 아버지여 선지자가 당신을 명하여 큰 일을 행하라 하였더면 행치 아니하였으리이까 하물며 당신에게 이르기를 씻어 깨끗하게 하라 함이리이까 나아만이 이에 내려가서 하나님의 사람의 말씀대로 요단 강에 일곱 번 몸을 잠그니 그 살이 여전하여 어린아이의 살 같아서 깨끗하게 되었더라(왕하 5:1-14)

엘리사는 아람 왕의 군대 장관이 문둥병에 걸렸을 때 요단강에 일곱 번 씻으면 "네 살이 여전하여 깨끗하리라"고 예언합니다. 처음에는 화를 내었던 장군은 종들의 권면과 하나님의 사람 엘리사의 말씀대로 요단 강에 일곱 번 몸을 잠그고 그 살이 어린아이의 살처럼 깨끗하게 되었습니다.

우리는 나아만 장군의 문둥병이 치료받는 이 말씀을 통해 네 가지 교훈을 깨달을 수 있습니다.

첫 째로 하나님을 믿는 우리는 지위의 높고 낮음이나 나이가 적고 배움이 부족한 사람일찌라도 하나님의 감동을 받아 얘기하는 사람의 의견을 존중하여 순종할 수 있어야 합니다.

둘 째, 하나님의 사람의 말씀대로 순종하는 것이 문제 해결을 받는 것입니다.

세 째, 치유받기를 원하는 사람이 겸손하게 하나님의 말씀에 순종할 때 문제해결을 받을 수 있습니다. 하나님 나라의 일은 위대한 사람보다는 겸손하고 낮은 사람이 많이 경험하며 참 도우심은 하나님께로부터 온다는 사실을 알게 합니다.

네 째, 하나님의 나라는 말에 있지 않으며 오직 능력에 있음을 알게 합니다 . "하나님의 나라는 말에 있지 아니하고 오직 능력에 있음이라"(고전4:20)

탐욕으로 인해 게하시에게 문둥병이 들게 함

하나님의 사람 엘리사의 사환 게하시가 스스로 이르되 내 주인이 이 아람 사람 나아만에게 면하여 주고 그 가지고 온 것을 그 손에서 받지 아니하였도다 여호와의 사심을 가리켜 맹세하노니 내가 저를 쫓아가서 무엇이든지 그에게서 취하리라 하고 나아만의 뒤를 쫓아가니 나아만이 자기 뒤에 달려옴을 보고 수레에 내려서 맞아 가로되 평안이냐 저가 가로되 평안이니이다 우리 주인께서 나를 보내시며 말씀하시기를 지금 선지자의 생도 중에 두 소년이 에브라임 산지에서부터 내게 왔으니 청컨대 당신은 저희에게 은 한 달란트와 옷 두 벌을 주라 하시더이다 나아만이 가로되 바라건대 두 달란트를 받으라 하고 저를 억제하여 은 두 달란트를 두 전대에 넣어 매고 옷 두 벌을 아울러 두 사환에게 지우매 저희가 게하시 앞에서 지고 가니라 언덕에 이르러는 게하시가 그 물건을 두 사환의 손에서 취하여 집에 감추고 저희를 보내어 가게 한 후 들어가서 그 주인 앞에 서니 엘리사가 이르되 게하시야 네가 어디서 오느냐 대답하되 종이 아무데도 가지 아니하였나이다 엘리사가 이르되 그 사이 수레에서 내려 너를 맞을 때에 내 심령이 감각되지 아니하였느냐 지금이 어찌 은을 받으며 옷을 받으며 감람원이나 포도원이나 양이나 소나 남종이나 여종을 받을 때냐 그러므로 나아만의 문둥병이 네게 들어 네 자손에게 미쳐 영원토록 이르리라 게하시가 그 앞에서 물러 나오매 문둥병이 발하여 눈같이 되었더라 (왕하5:20-27)

엘리사는 그의 종이 나아만 장군에게 찾아가 거짓말로 선물을 취한 것을 알고 그 게하시에게 "나아만의 문둥병이 네게 들어 네 자손에게 미쳐 영원토록 이르리라" 말함으로 게하시가 문둥병이 들게 했습니다. 하나님의 종의 사환 게하시는 하나님을 두려워 하지 않고 물질에 대한 탐욕으로 불행한 사람이 되었습니다. 우리는 게하시를 통해 받은 교훈을 기억하여야 합니다.

먼저 엘리사의 깨끗한 사역을 본받아야 합니다. 병을 고쳐 주었음에도 대가성 예물을 받지 않는 신실한 사역자의 삶입니다.

둘 째, 하나님의 종은 하나님의 말씀에 순종하여야 합니다. 게하시는 주인되는 엘리사의 심중을 알고 그의 뜻에 순종하여야 합니다.

게하시는 하나님의 사람 엘리사의 종으로서 주인의 아름다운 삶을 본받아야만 합니다. 그러나 게하시는 주인인 엘리사와 정반대의 행동을 하였습니다. 심지어 게하시는 자신의 욕심을 채우기 위해 하나님의 이름을 남용 하였습니다. "여호와의 사심을 가리켜 맹세하노니 내가 저를 쫓아가서 무엇이든지 그에게서 취하리라 하고 나아만의 뒤를 쫓아가니"

세 째, 물질을 탐하여 거짓말을 하는 것을 멀리해야 합니다. 게하시는 자신의 탐욕때문에 엘리사가 시키지도 않는 거짓말을 구체적으로 하였습니다. "우리 주인께서 나를 보내시며 말씀하시기를 지금 선지자의 생도 중에 두 소년이 에브라임 산지에서부터 내게 왔으니 청컨대 당신은 저희에게 은 한 달란트와 옷 두 벌을 주라 하시더이다"

네 째, 하나님과 주의 종을 속이는 자는 복을 받지 못하고 저주를 받는다는 모델을 보게 됩니다.

다섯 째, "베드로의 근신하고 깨어 있으라"벧전5:8 는 말씀처럼 우리는 날마다 하나님의 말씀을 읽고, 깨어있음으로 거룩한 생활을 하는 것을 늘 잊지 않아야 합니다. 그러나 영적 훈련하는 동안도 탐욕을 이기지 못하면 거짓말과 남의 물건을 취하고 숨기는 것입니다.

선지자의 생도가 빠뜨린 도끼를 떠오르게 함

> 선지자의 생도가 엘리사에게 이르되 보소서 우리가 당신과 함께 거한 곳이 우리에게는 좁으니 우리가 요단으로 가서 거기서 각각 한 재목을 취하여 그 곳에 우리의 거할 처소를 세우사이다 엘리사가 가로되 가라 그 하나가 가로되 청컨대 당신도 종들과 함께 하소서 엘리사가 가로되 내가 가리라 하고 드디어 저희와 함께 가니라 무리가 요단에 이르러 나무를 베더니 한 사람이 나무를 벨 때에 도끼가 자루에서 빠져 물에 떨어진지라 이에 외쳐 가로되 아아, 내 주여 이는 빌어온 것이니이다 하나님의 사람이 가로되 어디 빠졌느냐 하매 그 곳을 보이는지라 엘리사가 나뭇가지를 베어 물에 던져서 도끼로 떠오르게 하고
> (왕하6:1-6)

선지자의 수련생중 한 사람이 엘리사와 함께 거할 집을 짓기 위해 나무를 베다가 도끼를 물에 빠드렸을 때 엘리사는 나뭇가지를 던져 그 자리에서 도끼가 물표면으로 떠 오르게 하는 기적을 행하였습니다. 선지자의 생도의 실수에도 불구하고 실수를 책망하는 않고 빌려온 것을 찾아서 구해 주는 엘리사의 마음을 엿볼 수 있습니다.

아람 군대를 장님이 되게 하는 기적

> 때에 아람 왕이 이스라엘로 더불어 싸우며 그 신복들과 의논하여 이르기를 우리가 아무데 진을 치리라 하였더니 하나님의 사람이 이스라엘 왕에게 기별하여 가로되 왕은 삼가 아무 곳으로 지나가지 마소서 아람 사람이 그 곳으로 나오나이다 이스라엘 왕이 하나님의 사람의 자기에게 고하여 경계한 곳으로 사람을 보내어 방비하기가 한두 번이 아닌지라 이러므로 아람 왕의

마음이 번뇌하여 그 신복들을 불러 이르되 우리 중에 누가 이
스라엘 왕의 내응이 된 것을 내게 고하지 아니하느냐 그 신복
중에 하나가 가로되 우리 주 왕이여 아니로소이다 오직 이스라
엘 선지자 엘리사가 왕이 침실에서 하신 말씀이라도 이스라엘
왕에게 고하나이다 왕이 가로되 너는 가서 엘리사가 어디 있나
보라 내가 보내어 잡으리라 혹이 왕에게 고하여 가로되 엘리사
가 도단에 있나이다 왕이 이에 말과 병거와 많은 군사를 보내
매 저희가 밤에 가서 그 성을 에워쌌더라 하나님의 사람의 수
종드는 자가 일찌기 일어나서 나가 보니 군사와 말과 병거가
성을 에워쌌는지라 그 사환이 엘리사에게 고하되 아아, 내 주
여 우리가 어찌하리이까 대답하되 두려워하지 말라 우리와 함
께한 자가 저와 함께한 자보다 많으니라 하고 기도하여 가로되
여호와여 원컨대 저의 눈을 열어서 보게 하옵소서 하니 여호와
께서 그 사환의 눈을 여시매 저가 보니 불말과 불병거가 산에
가득하여 엘리사를 둘렀더라 아람 사람이 엘리사에게 내려오
매 엘리사가 여호와께 기도하여 가로되 원컨대 저 무리의 눈을
어둡게 하옵소서 하매 엘리사의 말대로 그 눈을 어둡게 하신지
라(왕하6:8-18)

이스라엘의 많은 백성들이 파멸에서 구원을 받았습니다. 아무리 은
밀한 비밀이라도 하나님의 눈에는 피할 수 없습니다. 엘리사는 역
경과 위험 중에서도 그의 동료와 같이 두려워하거나 떨지 않고 "주
여, 내가 당신께 구하오니 그의 눈을 열어 주소서!"라며 오히려 그
에게 용기와 자신을 주는 말을 하였습니다. 그러나 적을 향해서는
"주여, 내가 구하오니 이 백성을 어둡게 하옵소서" 했을 때 하나님은
엘리사의 믿음의 기도를 들어주셨습니다. 이 기도는 그 자신의 보
호와 저들의 구원을 위한 것이었습니다. 엘리사는 모든 두려움을

물리치고 참된 용기를 주었습니다.

　이스라엘과 아람 군대의 싸움은 엘리사의 기도로 아람 군대의 눈이 어둡게 됩니다. 이 말씀이 주는 교훈은 주님은 은신처요 방패이며(시119:114) 하나님은 궤휼한 자의 계교를 파하사 저들로 이룰 수 없게 하십니다(욥 5:12).또한 여호와의 사자가 주를 경외하는 자를 둘러 진치고 저희를 건지십니다(시 34:7).

　하나님은 위기로부터 보호하십니다.

> 사람이 마음으로 자기의 길을 계획할지라도 그 걸음을 인도하는 자는 여호와시니라(잠 16:9)
> 왕의 마음이 여호와의 손에 있음이 마치 보의 물과 같아서 그가 임의로 인도하시느니라(잠 21:1)

엘리사는 포위된 사마리아에게 하루가 지나기 전에 식량이 풍부해질 것이라는 예언이 이루어짐

아람왕 벤하닷이 사마리아를 포위함으로 대 기근으로 멸망 직전에 있었습니다. 이때 엘리사는 풍족함에 대한 약속을 합니다. "엘리사가 가로되 여호와의 말씀을 들을지어다 여호와께서 가라사대 내일 이맘때에 사마리아 성문에서 고운 가루 한 스아에 한 세겔을 하고 보리 두 스아에 한 세겔을 하리라 하셨느니라"왕하7:1의 말씀처럼 사마리아가 기적적인 구출을 받습니다.

> 저희가 병거 둘과 그 말을 취한지라 왕이 아람 군대 뒤로 보내며 가서 정탐하라 하였더니 저희가 그 뒤를 따라 요단에 이른즉 아람 사람이 급히 도망하느라고 버린 의복과 군물이 길에 가득하였더라 사자가 돌아와서 왕에게 고하매 백성들이 나가서 아람 사람의 진을 노략한지라 이에 고운 가루 한 스아에 한 세겔이

되고 보리 두 스아에 한 세겔이 되니 여호와의 말씀과 같이 되었고 왕이 그 손에 의지하였던 그 장관을 세워 성문을 지키게 하였더니 백성이 성문에서 저를 밟으매 하나님의 사람의 말대로 죽었으니 곧 왕이 내려왔을 때에 그의 한 말대로라 일찌기 하나님의 사람이 왕에게 고하여 이르기를 내일 이맘때에 사마리아 성문에서 보리 두 스아에 한 세겔을 하고 고운 가루 한 스아에 한 세겔을 하리라 한즉 그 때에 이 장관이 하나님의 사람에게 대답하여 가로되 여호와께서 하늘에 창을 내신들 어찌 이 일이 있으랴 하매 대답하기를 네가 네 눈으로 보리라 그러나 그것을 먹지는 못하리라 하였더니 그 장관에게 그대로 이루었으되 곧 백성이 성문에서 저를 밟으매 죽었더라(왕하7:14-20)

엘리사는 아람의 수도 다메섹에서 하사엘이 왕이 될 것을 예언함

하사엘이 가로되 내 주여 어찌하여 우시나이까 대답하되 네가 이스라엘 자손에게 행할 모든 악을 내가 앎이라 네가 저희 성에 불을 놓으며 장정을 칼로 죽이며 어린아이를 메어치며 아이 밴 부녀를 가르리라 하사엘이 가로되 당신의 개 같은 종이 무엇이관대 이런 큰 일을 행하오리이까 엘리사가 대답하되 여호와께서 네가 아람 왕이 될 것을 내게 알게 하셨느니라 저가 엘리사를 떠나가서 그 주인에게 나아가니 왕이 묻되 엘리사가 네게 무슨 말을 하더냐 대답하되 저가 내게 이르기를 왕이 정녕 나으시리라 하더이다 그 이튿날에 하사엘이 이불을 물에 적시어 왕의 얼굴에 덮으매 왕이 죽은지라 저가 대신하여 왕이 되니라(왕하8:12-15)

이 사건에서 우리에게 주는 교훈은 하나님은 피 흘리기를 좋아하고 속이기를 잘하는 사람을 아주 싫어하십니다(시편 5:7). 모반과 살인에 의해 왕위에 오른 자는 하나님의 은혜로 된 왕이 아니요 그 사용의 목적이 다하면 산산히 깨어지게 됩니다.

하나님의 손에 들려진 진노의 막대기입니다. 하나님이 하사엘을 아람 왕으로 세우신 목적은 이스라엘에 징벌의 도구로 사용하기 위해서입니다.

엘리사 선지자는 엘리야의 갑절의 영감의 기름 부음을 사모한대로 하나님의 능력을 받아 엘리야 선지자가 행한 기적보다 배나 더 놀라운 기적들과 예언을 성취하였습니다.

7. 에스더

에스더는 바벨론에 사로 잡혀 살던 포로의 후손임에도 기름부으심을 받았습니다. 와스디를 대신하여 아하수에로왕의 사랑과 은총을 입어 아내가 되었습니다. 그리고 죽음 직전에 처한 삼촌 모르드개와 민족을 살리는 놀라운 사역을 하였습니다.

왕이신 하나님의 부름을 거절할 때 더 나은 사람을 예비하여 사용하십니다.

에스더를 처음 부분을 읽어보면 아하수에로 왕이 왕후 와스디를 잔치에 초청하였으나 거절한 결과는 왕후 와스디를 폐하고 그녀보다 나은 사람을 뽑게 하였습니다.

> 왕후 와스디를 청하여 왕후의 면류관을 정제하고 왕의 앞으로 나아오게 하여 그 아리따움을 뭇 백성과 방백들에게 보이게 하라 하니 이는 왕후의 용모가 보기에 좋음이라 그러나 왕후 와스디가 내시의 전하는 왕명을 좇아 오기를 싫어하니 왕이 진노하여 중심이 불붙는 듯하더라 왕이 사례를 아는 박사들에게 묻

되 (왕이 규례와 법률을 아는 자에게 묻는 전례가 있는데 때에 왕에게 가까이 하여 왕의 기색을 살피며 나라 첫 자리에 앉은 자는 바사와 메대의 일곱 방백 곧 가르스나와 세달과 아드마다와 다시스와 메레스와 마르스나와 므무간이라) 왕후 와스디가 내시의 전하는 아하수에로 왕명을 좇지 아니하니 규례대로 하면 어떻게 처치할꼬 므무간이 왕과 방백 앞에서 대답하여 가로되 왕후 와스디가 왕에게만 잘못할 뿐 아니라 아하수에로 왕의 각 도 방백과 뭇 백성에게도 잘못하였나이다 아하수에로 왕이 명하여 왕후 와스디를 청하여도 오지 아니하였다 하는 왕후의 행위의 소문이 모든 녀에게 전파되면 저희도 그 남편을 멸시할 것인즉 오늘이라도 바사와 메대의 귀부인들이 왕후의 행위를 듣고 왕의 모든 방백에게 그렇게 말하리니 멸시와 분노가 많이 일어나리이다 왕이 만일 선히 여기실진대 와스디로 다시는 왕 앞에 오지 못하게 하는 조서를 내리되 바사와 메대의 법률 중에 기록하여 변역함이 없게 하고 그 왕후의 위를 저보다 나은 사람에게 주소서 왕의 조서가 이 광대한 전국에 반포되면 귀천을 무론하고 모든 부녀가 그 남편을 존경하리이다 왕과 방백들이 그 말을 선히 여긴지라 왕이 므무간의 말대로 행하여(에 1:11-21)

이 말씀에서 주는 교훈이 세 가지 있습니다.

첫 째는 육신의 아름다움과 좋은 용모를 주신 것으로 교만하면 패망하게 된다는 것입니다. 만약에 와스디 왕후가 왕의 명령에 순종하였다면 왕과 백성으로부터 더 많은 사랑을 받았을 것입니다. 그러나 불순종으로 말미암아 왕후의 지위를 잃게 됩니다.

둘 째는 왕의 명령을 좇기를 싫어하는 것은 왕을 진노케 합니다. 이와마찬가지로 만왕의 왕의 명령을 불복종할 때 많은 축복을 잃게 됩니다.
세 째는 왕후 와스디는 왕명을 중요하게 여기지 않고 작은 일이라고 실수한 것이 가장 큰 실수를 하고 말았습니다. 그것은 왕뿐만 아니라 백성과 남편을 멸시한 것으로 큰 파장을 일으키는 것이었습니다. 그 결과 와스디보다 더 나은 사람을 구하게 되었습니다.

■ **새 왕후로 예비된 에스더**
부모없는 고아인 에스더는 모르드개에게 딸 처럼 양육받았습니다.

> 저의 삼촌의 딸 하닷사 곧 에스더는 부모가 없고 용모가 곱고 아리따운 처녀라 그 부모가 죽은 후에 모르드개가 자기 딸같이 양육하더라(에2:7)

에스더는 바벨론 포로로 잡혀온 무리들 가운데 고향으로 돌아가지 않은 유대인의 후손입니다. 부모님은 돌아가시고 형제 자매도 없고 단 하나의 혈육인 삼촌 모르드개의 도움으로 자랐습니다. 에스더는 고난을 잘 이겨냈습니다. 유대인으로서 외국에서 부모없이 산다는 것은 위협받을 뿐만 아니라 많은 고통이 있었을 것이고 쉽지 않는 삶이었을 텐데도 에스더는 고난을 잘 이겼고 곱게 자랐습니다.

에스더는 궁녀들을 주관한 헤개의 은혜를 입었습니다.

> 헤개가 이 처녀를 기뻐하여 은혜를 베풀어 몸을 정결케 할 물품과 일용품을 곧 주며 또 왕궁에서 의례히 주는 일곱 궁녀를 주고 에스더와 그 궁녀들을 후궁 아름다운 처소로 옮기더라(에2:9)

> 모르드개의 삼촌 아비하일의 딸 곧 모르드개가 자기의 딸같이
> 양육하는 에스더가 차례대로 왕에게 나아갈 때에 궁녀를 주관
> 하는 내시 헤개의 정한 것 외에는 다른 것을 구하지 아니하였
> 으나 모든 보는 자에게 굄을 얻더라(에2:15)

에스더는 헤개가 정한 것외에 다른 것을 하지 않았습니다. 헤개는 왕이 좋아하는 것과 색깔을 압니다. 그래서 에스더는 왕이 좋아하는 것을 입고 나아갔습니다.

에스더는 왕을 위해 자신을 정결케 하는 기름을 발랐습니다.

> 처녀마다 차례대로 아하수에로 왕에게 나아가기 전에 여자에
> 대하여 정한 규례대로 열두 달 동안을 행하되 여섯 달은 몰약
> 기름을 쓰고 여섯 달은 향품과 여자에게 쓰는 다른 물품을 써
> 서 몸을 정결케 하는 기한을 마치며(에스더 2:12)

에스더는 6개월은 몰약 기름을 쓰고 6개월은 향품과 여자에게 쓰는 다른 물품을 썼습니다

　에스더는 왕을 만날 준비를 1년을 하였습니다. 기름을 바름으로써 자신을 정결케 하는 준비를 마쳤을 때 왕 앞으로 나아가게 됩니다. 순결한 때를 기다리게 하십니다. 이와 마찬가지로 우리도 신랑되신 주님을 다시 만날 때 순결하고 귀하고 거룩하게 보존하여야 합니다. 그리고 영적으로 기름부음을 준비한 것은 중요한 의미가 있습니다. 기름을 바를 때 사람의 얼굴을 윤택하고, 사람의 마음을 즐겁게 한다는 말씀이 역사하였을 뿐만 아니라 성령의 권능이 역사할 것입니다.

에스더는 왕의 앞에 더욱 은총을 얻었습니다.

아하수에로 왕의 칠년 시월 곧 데벳월에 에스더가 이끌려 왕궁에 들어가서 왕의 앞에 나아가니 왕이 모든 여자보다 에스더를 더욱 사랑하므로 저가 모든 처녀보다 왕의 앞에 더욱 은총을 얻은지라 왕이 그 머리에 면류관을 씌우고 와스디를 대신하여 왕후를 삼은 후에 왕이 크게 잔치를 베푸니 이는 에스더를 위한 잔치라 모든 방백과 신복을 향응하고 또 각 도의 세금을 면제하고 왕의 풍부함을 따라 크게 상주니라(에 2:16-18)

하나님의 침궁에 들어가서 예배를 드리는 것이 참 예배입니다. 예배중에 하나님을 만나고 하나님의 사랑과 은총을 받아야 합니다. 에스더가 왕궁에 들어가서 왕의 앞에 나아갔을 때 왕이 모든 여자보다 에스더를 더욱 사랑하였습니다. 그리고 모든 처녀보다 왕에게 더욱 은총을 얻었습니다. 왕의 침궁에 들어가는 사람은 적습니다.

　에스더는 궁정 안으로 들어갔습니다. 많이 단장하지 않고 왕의 마음에 들게하는 것이 왕이 원하는 것입니다. 값이 비싼 것, 좋은 옷을 입는 것으로 왕이 좋아하지 않습니다. 왕의 사랑과 은총을 입어야 합니다. 에스더가 왕을 만나기 위해 준비했기 때문에만 뽑힌 것이 아닙니다. 마찬가지로 우리가 완전해서 하나님의 자녀로 뽑인 것이 아닙니다. 그것은 전적인 하나님의 은총 때문입니다.

■ 하나님의 은총받은 사람들의 큰 축복

a.야곱

　야곱이 또 가로되 나의 조부 아브라함의 하나님, 나의 아버지 이삭의 하나님 여호와여 주께서 전에 내게 명하시기를 네 고향, 네 족속에게로 돌아가라 내가 네게 은혜를 베풀리라 하셨

나이다 나는 주께서 주의 종에게 베푸신 모든 은총과 모든 진
리를 조금이라도 감당할 수 없사오나 내가 내 지팡이만 가지
고 이 요단을 건넜더니 지금은 두 떼나 이루었나이다(창
32:9-10)

야곱은 여러 가지 하나님의 은총을 받았습니다. 형 에서가 죽이려
고 하는 위협속에서 삼촌 라반의 집으로 피신하였으며 그곳에서 하
나님의 은총으로 아내와 자식을 얻게 되고 부자가 되어 고향으로
돌아옵니다. 형 에서를 만나게 되었을 때 하나님의 은총으로 에서
의 마음이 바뀌어 용서를 받습니다.

b.모세

모세가 여호와께 고하되 보시옵소서 주께서 나더러 이 백성을
인도하여 올라가라 하시면서 나와 함께 보낼 자를 내게 지시하
지 아니하시나이다 주께서 전에 말씀하시기를 나는 이름으로
도 너를 알고 너도 내 앞에 은총을 입었다 하셨사온즉 내가 참
으로 주의 목전에 은총을 입었사오면 원컨데 주의 길을 내게
보이사 내게 주를 알리시고 나로 주의 목전에 은총을 입게 하
시며 이 족속을 주의 백성으로 여기소서(출 33:12-13)
나와 주의 백성이 주의 목전에 은총 입은 줄을 무엇으로 알리
이까 주께서 우리와 함께 행하심으로 나와 주의 백성을 천하
만민 중에 구별하심이 아니니이까 여호와께서 모세에게 이르
시되 너의 말하는 이 일도 내가 하리니 너는 내 목전에 은총을
입었고 내가 이름으로도 너를 앎이니라(출33:16-17)
가로되 주여 내가 주께 은총을 입었거든 원컨대 주는 우리 중
에서 행하옵소서 이는 목이 곧은 백성이니이다 우리의 악과 죄
를 사하시고 우리로 주의 기업을 삼으소서(출 34:9)

성경에서 모세처럼 은총을 크게 입은 사람도 없습니다. 모세는 하나님의 은총으로 어렸을 때 물에 떠내려 가서 죽을 수 밖에 없는 환경가운데 하나님께서 바로 왕의 딸을 예비하여 물에서 구원을 받게 하셨습니다. 어린 모세는 친 어머니를 보모로 두고 양육받게 됩니다. 또한 노예 출신이지만 바로 공주의 아들이 되어 왕족의 궁중교육을 받습니다. 그러나 애굽인을 죽인 것이 탄로나고 미디안 광야로 도망감으로써 거기서 아내와 이드로 장인을 만나게 됩니다. 그곳에서 양무리를 치는중에 하나님의 영광을 체험하고 하나님의 부르심을 받아 이스라엘 지도자가 되어 애굽에서 고통을 받은 백성을 출애굽하였습니다. 또한 시내산에서 하나님의 강림하심과 부르심을 받고 십계명을 받았습니다.

c. 사무엘

한나가 마음이 괴로와서 여호와께 기도하고 통곡하며 서원하여 가로되 만군의 여호와여 만일 주의 여종의 고통을 돌아보시고 나를 생각하시고 주의 여종을 잊지 아니하사 아들을 주시면 내가 그의 평생에 그를 여호와께 드리고 삭도를 그 머리에 대지 아니하겠나이다 그가 여호와 앞에 오래 기도하는 동안에 엘리가 그의 입을 주목한즉 한나가 속으로 말하매 입술만 동하고 음성은 들리지 아니하므로 엘리는 그가 취한 줄로 생각한지라 엘리가 그에게 이르되 네가 언제까지 취하여 있겠느냐 포도주를 끊으라 한나가 대답하여 가로되 나의 주여 그렇지 아니하니이다 나는 마음이 슬픈 여자라 포도주나 독주를 마신 것이 아니요 여호와 앞에 나의 심정을 통한 것뿐이오니 당신의 여종을 악한 여자로 여기지 마옵소서 내가 지금까지 말한 것은 나의 원통함과 격동됨이 많음을 인함이니이다 엘리가 대답하여 가로되 평안히 가라 이스라엘의 하나님이 너의

> 기도하여 구한 것을 허락하시기를 원하노라 가로되 당신의 여
> 종이 당신께 은혜 입기를 원하나이다 하고 가서 먹고 얼굴에
> 다시는 수색이 없으니라그 들이 아침에 일찌기 일어나 여호와
> 앞에 경배하고 돌아가서 라마의 자기 집에 이르니라 엘가나가
> 그 아내 한나와 동침하매 여호와께서 그를 생각하신지라 한나
> 가 잉태하고 때가 이르매 아들을 낳아 사무엘이라 이름하였으
> 니 이는 내가 여호와께 그를 구하였다 함이더라(삼상1:10-20)

사무엘은 경건한 믿음의 기도의 응답으로 태어나게 되었습니다.
사무엘은 어릴 때부터 언제나 어머니인 한나가 하나님께 드리는 아들이었습니다.

> 한나가 가로되 나의 주여 당신의 사심으로 맹세하나이다 나는
> 여기서 나의 주 당신 곁에 서서 여호와께 기도하던 여자라 이
> 아이를 위하여 내가 기도하였더니 여호와께서 나의 구하여 기
> 도한 바를 허락하신지라 그러므로 나도 그를 여호와께 드리되
> 그의 평생을 여호와께 드리나이다 하고 그 아이는 거기서 여호
> 와께 경배하니라(삼상 1:26-28)

사무엘은 어렸을 때부터 경건한 생활과 하나님과 사람들에게 은총을 받아 하나님을 섬겼습니다. 또한 사무엘은 어렸을 때부터 하나님이 부르심을 받을 뿐만 아니라 여호와의 선지자로 세움을 입어 하나님께 귀하게 쓰임을 받습니다.

> 사무엘이 어렸을 때에 세마포 에봇을 입고 여호와 앞에 섬겼더
> 라(삼상 2:18)
> 아이 사무엘이 점점 자라매 여호와와 사람들에게 은총을 더욱

받더라(삼상2:26).
여호와께서 사무엘을 부르시는지라 그가 대답하되 내가 여기 있나이다 하고 엘리에게로 달려가서 가로되 당신이 나를 부르셨기로 내가 여기 있나이다 가로되 나는 부르지 아니하였으니 다시 누우라 그가 가서 누웠더니 여호와께서 다시 사무엘을 부르시는지라 사무엘이 일어나서 엘리에게로 가서 가로되 당신이 나를 부르셨기로 내가 여기 있나이다 대답하되 내 아들아 내가 부르지 아니하였으니 다시 누우라 하니라 사무엘이 아직 여호와를 알지 못하고 여호와의 말씀도 아직 그에게 나타나지 아니한 때라 여호와께서 세 번째 사무엘을 부르시는지라 그가 일어나서 엘리에게로 가서 가로되 당신이 나를 부르셨기로 내가 여기 있나이다 엘리가 여호와께서 이 아이를 부르신 줄을 깨닫고 이에 사무엘에게 이르되 가서 누웠다가 그가 너를 부르시거든 네가 말하기를 여호와여 말씀하옵소서 주의 종이 듣겠나이다 하라 이에 사무엘이 가서 자기 처소에 누우니라 여호와께서 임하여 서서 전과 같이 사무엘아 사무엘아 부르시는지라 사무엘이 가로되 말씀하옵소서 주의 종이 듣겠나이다 여호와께서 사무엘에게 이르시되 보라 내가 이스라엘 중에 한 일을 행하리니 그것을 듣는 자마다 두 귀가 울리라(삼상3:4-11)
사무엘이 자라매 여호와께서 그와 함께 계셔서 그 말로 하나도 땅에 떨어지지 않게 하시니 단에서부터 브엘세바까지의 온 이스라엘이 사무엘은 여호와의 선지자로 세우심을 입은 줄을 알았더라 여호와께서 실로에서 다시 나타나시되 여호와께서 실로에서 여호와의 말씀으로 사무엘에게 자기를 나타내시니(삼상3:19-21)

사무엘은 선지자로 가장 신실하게 하나님께 쓰임받는 이스라엘 지도자로 사명을 잘 감당하였습니다.

d. 다윗

>이새에게 사람을 보내어 이르되 청컨대 다윗으로 내 앞에 모셔
>서게 하라 그가 내게 은총을 얻었느니라 하니라(삼상16:22)

다윗이 양을 치고 있을 때 사무엘 선지자의 부름을 받아 이스라엘 왕으로 예선되는 기름부음을 받습니다.
 다윗은 하나님의 은총으로 왕이 되었고 그의 사랑하는 친구 요나단으로 인하여 사울집안의 사람에게 하나님의 은총을 베풀어 주었습니다. 그중에 요나단의 아들에게 은총을 베풀었습니다.

>다윗이 가로되 사울의 집에 오히려 남은 사람이 있느냐 내가
>요나단을 인하여 그 사람에게 은총을 베풀리라 하니라 왕이 가
>로되 사울의 집에 남은 사람이 없느냐 내가 그 사람에게 하나
>님의 은총을 베풀고자 하노라 시바가 왕께 고하되 요나단의 아
>들 하나가 있는데 절뚝발이니이다(삼하 9:1, 9:3)

다윗은 하나님의 은총을 가장 많이 받았습니다. 목동 출신이 유대와 이스라엘 왕이 되었습니다. 그리고 사울왕의 박해, 자기 아들 압살롬의 반역으로 쫓기는 신세와 여러 가지 역경과 위험한 순간에도 하나님께서 구원해 주셔서 다시 왕위를 회복하였습니다.
 또한 밧세바를 취하는 간음과 그의 충실한 신하 우리야를 죽이는 살인죄를 범하였음에도 죄를 회개하는 그를 용서해 주는 놀라운 은총을 받았습니다.

e. 다니엘

곧 네가 기도를 시작할 즈음에 명령이 내렸으므로 이제 네게 고하러 왔느니라 너는 크게 은총을 입은 자라 그런즉 너는 이 일을 생각하고 그 이상을 깨달을지니라(단9:23)
내게 이르되 은총을 크게 받은 사람 다니엘아 내가 네게 이르는 말을 깨닫고 일어서라 내가 네게 보내심을 받았느니라 그가 내게 이 말을 한 후에 내가 떨며 일어서매 가로되 은총을 크게 받은 사람이여 두려워하지 말라 평안하라 강건하라 강건하라 그가 이같이 내게 말하매 내가 곧 힘이 나서 가로되 내 주께서 나로 힘이 나게 하셨사오니 말씀하옵소서(단10:11;19)

특별히 다니엘은 하나님께서 "은총을 크게 받은 다니엘아"라고 친히 불렀습니다.

　다니엘은 바벨론 포로로 잡혀와서 왕궁에서 특별한 교육을 받았습니다. 그리고 하나님께서 지혜와 현몽하는 계시를 받아 세 왕 느부갓네살왕, 벨사살왕, 다리오왕들의 꿈과 환상을 해석해 주어 가장 높은 장관이 되었습니다. 때론 질투와 시기심 때문에 사자굴속에서 들어가서 죽음 직전에서 하나님의 사자를 통하여 구출을 받는 하나님의 은총을 받았습니다.

f. 하나님의 은총을 베풀어 달라는 시편 저자의 기도

여호와여 은총을 베푸사 나를 구원하소서 여호와여 속히 나를 도우소서(시40:13)
은총의 표징을 내게 보이소서 그러면 나를 미워하는 저희가 보고 부끄러워하오리니 여호와여 주는 나를 돕고 위로하심이니이다(시86:17)
주 우리 하나님의 은총을 우리에게 임하게 하사 우리 손의 행사를 우리에게 견고케 하소서 우리 손의 행사를 견고케 하소서

(시 90:17)

모르드개와 에스더를 높이기 전에 방해하는 적이 있었습니다.

그 후에 아하수에로 왕이 아각 사람 함므다다의 아들 하만의 지위를 높이 올려 모든 함께 있는 대신 위에 두니 대궐 문에 있는 왕의 모든 신복이 다 왕의 명대로 하만에게 꿇어 절하되 모르드개는 꿇지도 아니하고 절하지도 아니하니(에3:1-2)

하나님은 모르드개를 높이기 전에 적을 보여 주었습니다. 우리가 알아야 할 것은 하나님께서는 우리를 높여 주기전에 꼭 맞는, 감당할 수 있는 적을 만들어 주신다는 것입니다.
하만은 모르드개와 에스더 그리고 유대인의 적이었습니다.

하만이 모르드개가 꿇지도 아니하고 절하지도 아니함을 보고 심히 노하더니 저희가 모르드개의 민족을 하만에게 고한 고로 하만이 모르드개만 죽이는 것이 경하다 하고 아하수에로의 온 나라에 있는 유다인 곧 모르드개의 민족을 다 멸하고자 하더라 (에 3:5-6)

우리의 적이 크면 클수록 배후에 큰 일이 있습니다. 모르드개는 사람을 경배하거나 찬양하지 않았습니다. 우리는 하나님을 경배하고 찬양해야 합니다. 우리가 경배하고 찬양할 때 하나님은 보시고 기뻐하십니다.

모르드개는 에스더를 통하여 유대인들을 구하게 합니다.

에스더가 하닥에게 이르되 너는 모르드개에게 고하기를 왕의

신복과 왕의 각 도 백성이 다 알거니와 무론 남녀하고 부름을
받지 아니하고 안뜰에 들어가서 왕에게 나아가면 오직 죽이는
법이요 왕이 그 자에게 금홀을 내어 밀어야 살 것이라 이제 내
가 부름을 입어 왕에게 나아가지 못한지가 이미 삼십 일이라
하라 그가 에스더의 말로 모르드개에게 고하매 모르드개가 그
를 시켜 에스더에게 회답하되 너는 왕궁에 있으니 모든 유다인
중에 홀로 면하리라 생각지 말라 이 때에 네가 만일 잠잠하여
말이 없으면 유다인은 다른 데로 말미암아 놓임과 구원을 얻으
려니와 너와 네 아비 집은 멸망하리라 네가 왕후의 위를 얻은
것이 이 때를 위함이 아닌지 누가 아느냐 에스더가 명하여 모
르드개에게 회답하되 당신은 가서 수산에 있는 유다인을 다 모
으고 나를 위하여 금식하되 밤낮 삼 일을 먹지도 말고 마시지
도 마소서 나도 나의 시녀로 더불어 이렇게 금식한 후에 규례
를 어기고 왕에게 나아가리니 죽으면 죽으리이다(에4:10-16)

하나님은 예수님을 사용하셨습니다. 하나님은 우리를 사용하십니
다. 은총을 받을 때 시기하는 사람이 있습니다. 모든 사람이 다 칭
찬하지 않고 질투할 수도 있습니다. 완전히 승리하지 않는 것을 하
나님이 기뻐하지 않습니다.

완전히 승리할 때까지 시험을 주십니다. 시험할 때 하나님은 조
용히 계십니다. 시험에 합격할 때까지 기다리십니다.

하나님은 우리를 더 높여 주기 전에 더 큰 적을 준비하고 계십니
다.

다윗이 골리앗을 대적하기 전에 곰과 사자를 찢고 죽였습니다.
그후에 골리앗을 이기게 됩니다. 싸움이 없는 승리는 없습니다.

영적 전쟁이 심할 때 우리의 생각으로 하나님의 뜻과 다르게 해
석할 수도 있습니다. 하지만 에스더처럼 기도와 금식으로 적과 싸

워야 합니다.

조상들이 대적하지 않으면 훗날 후손이 대적하거나 책임을 집니다. 하만은 아각 사람입니다. "아각 사람 함므다다의 아들 하만"에서 처럼 아각 사람은 아말렉 사람입니다. 사무엘상 15장에 보면 아말렉은 이스라엘의 최초의 적으로서, 출애굽하는 이스라엘을 대적했기 때문에 하나님은 사무엘 선지자를 통해 사울에게 아말렉을 쳐서 남녀노소는 물론 짐승까지 모두 진멸하라고 하였습니다. 그런데 사울은 아각 왕과 우양의 가장 좋은 것을 남겼던 것입니다.

사무엘이 사울에게 이르되 여호와께서 나를 보내어 왕에게 기름을 부어 그 백성 이스라엘 위에 왕을 삼으셨은즉 이제 왕은 여호와의 말씀을 들으소서 만군의 여호와께서 이같이 말씀하시기를 아말렉이 이스라엘에게 행한 일 곧 애굽에서 나올 때에 길에서 대적한 일을 내가 추억하노니 지금 가서 아말렉을 쳐서 그들의 모든 소유를 남기지 말고 진멸하되 남녀와 소아와 젖 먹는 아이와 우양과 약대와 나귀를 죽이라 하셨나이다 사울이 백성을 소집하고 그들을 들라임에서 계수하니 보병이 이십 만이요 유다 사람이 일 만이라 사울이 아말렉 성에 이르러 골짜기에 복병하니라 사울이 겐 사람에게 이르되 아말렉 사람 중에서 떠나 내려가라 그들과 함께 너희를 멸하게 될까 하노라 이스라엘 모든 자손이 애굽에서 올라올 때에 너희가 그들을 선대하였느니라 이에 겐 사람이 아말렉 사람 중에서 떠나니라 사울이 하윌라에서부터 애굽 앞 술에 이르기까지 아말렉 사람을 치고 아말렉 사람의 왕 아각을 사로잡고 칼날로 그 모든 백성을 진멸하였으되 사울과 백성이 아각과 그 양과 소의 가장 좋은 것 또는 기름진 것과 어린 양과 모든 좋은 것

을 남기고 진멸키를 즐겨 아니하고 가치 없고 낮은 것은 진멸하니라(삼상15:1-9)

사무엘 선지자는 사울왕에게 아말렉의 모든 사람들과 소유물을 진멸하라고 하였습니다. 사울은 아각 왕과 우양의 좋은 것을 남겼습니다. 이 사실을 안 사무엘 선지자는 사울의 불순종을 책망하였습니다. 그리고 하나님께서는 사울을 버려 왕이 되지 못하게 하였습니다.

사무엘이 가로되 그러면 내 귀에 들어오는 이 양의 소리와 내게 들리는 소의 소리는 어찜이니이까 사울이 가로되 그것은 무리가 아말렉 사람에게서 끌어온 것인데 백성이 당신의 하나님 여호와께 제사하려 하여 양과 소의 가장 좋은 것을 남김이요 그 외의 것은 우리가 진멸하였나이다 사무엘이 사울에게 이르되 가만히 계시옵소서 간밤에 여호와께서 내게 이르신 것을 왕에게 말하리이다 가로되 말씀하소서 사무엘이 가로되 왕이 스스로 작게 여길 그 때에 이스라엘 지파의 머리가 되지 아니하셨나이까 여호와께서 왕에게 기름을 부어 이스라엘 왕을 삼으시고 또 왕을 길로 보내시며 이르시기를 가서 죄인 아말렉 사람을 진멸하되 다 없어지기까지 치라 하셨거늘 어찌하여 왕이 여호와의 목소리를 청종치 아니하고 탈취하기에만 급하여 여호와의 악하게 여기시는 것을 행하였나이까 사울이 사무엘에게 이르되 나는 실로 여호와의 목소리를 청종하여 여호와께서 보내신 길로 가서 아말렉 왕 아각을 끌어왔고 아말렉 사람을 진멸하였으나 다만 백성이 그 마땅히 멸할 것 중에서 가장 좋은 것으로 길갈에서 당신의 하나님 여호와께 제사하려고 양과 소를 취하였나이다 사무엘이 가로되 여호와께서 번제와 다른

> 제사를 그 목소리 순종하는 것을 좋아하심같이 좋아하시겠나이까 순종이 제사보다 낫고 듣는 것이 숫양의 기름보다 나으니 이는 거역하는 것은 사술의 죄와 같고 완고한 것은 사신 우상에게 절하는 죄와 같음이라 왕이 여호와의 말씀을 버렸으므로 여호와께서도 왕을 버려 왕이 되지 못하게 하셨나이다(삼상 15:14-23)

사울은 아말렉 사람을 살려 주었으나 사무엘은 이를 책망하고 아말렉 사람 아각을 죽였습니다.

> 사무엘이 가로되 너희는 아말렉 사람의 왕 아각을 내게로 이끌어 오라 하였더니 아각이 즐거이 오며 가로되 진실로 사망의 괴로움이 지났도다 하니라 사무엘이 가로되 네 칼이 여인들로 무자케 한 것같이 여인 중 네 어미가 무자하리라 하고 그가 길갈에서 여호와 앞에서 아각을 찍어 쪼개니라(삼상15:32-33)

우리가 지금 적과 싸워 물리치지 않으면 후손들이 더 화를 입게 된다는 사실을 알고 우리는 후손에게 적이 누구인지 반드시 가르쳐 줄 필요가 있습니다. 우리의 능력을 따라 하나님께서 우리의 적을 보냅니다. 우리의 적이 왕이 될 때 왕의 전투가 될 것입니다. 그것은 우리의 싸움이 아닌 만왕의 왕이신 하나님의 싸움입니다. 그러므로 반드시 승리하실 것입니다.

에스더는 나라의 절반을 원하는 것이 아니라 왕을 원했습니다.

> 제 삼 일에 에스더가 왕후의 예복을 입고 왕궁 안뜰 곧 어전 맞은편에 서니 왕이 어전에서 전 문을 대하여 보좌에 앉았다가

왕후 에스더가 뜰에 선 것을 본즉 심히 사랑스러우므로 손에 잡았던 금홀을 그에게 내어미니 에스더가 가까이 가서 금홀 끝을 만진지라 왕이 이르되 왕후 에스더여 그대의 소원이 무엇이며 요구가 무엇이뇨 나라의 절반이라도 그대에게 주겠노라 에스더가 가로되 오늘 내가 왕을 위하여 잔치를 베풀었사오니 왕이 선히 여기시거든 하만과 함께 임하소서 왕이 가로되 에스더의 말한 대로 하도록 하만을 급히 부르라 하고 이에 왕이 하만과 함께 에스더의 베푼 잔치에 나아가니라 잔치의 술을 마실 때에 왕이 에스더에게 이르되 그대의 소청이 무엇이뇨 곧 허락하겠노라 그대의 요구가 무엇이뇨 나라의 절반이라 할지라도 시행하겠노라 에스더가 대답하여 가로되 나의 소청, 나의 요구가 이러하니이다 내가 만일 왕의 목전에서 은혜를 입었고 왕이 내 소청을 허락하시며 내 요구를 시행하시기를 선히 여기시거든 내가 왕과 하만을 위하여 베푸는 잔치에 또 나아오소서 내일은 왕의 말씀대로 하리이다(에5:1-8)

에스더는 왕이 나라의 절반을 주겠다고 했을 때 왕을 원하였습니다. 에스더가 나라와 왕국을 원하지 않고 왕을 원한 것은 우리에게 영적인 의미가 있습니다. 왕을 가질 때 나라와 나라 안에 있는 모든 재산을 소유한 것과 마찬가지로 만왕의 왕을 원하여 가질 때 이 것이 우리의 것이 되는 것입니다.

적이 우리 상에 앉았을 때 하나님을 찬양해야 합니다.
우리는 적 앞에서도 하나님을 찬양해야 합니다. 하나님은 우리의 적보다 더 큰 능력을 주시며 하만과 같은 자를 보고 신경쓸 필요가 없습니다. 우리의 왕이 얼마나 위대하고 크신지에 능력의 초점을 왕에게 두어야 승리할 수 있습니다.

바울과 실라는 감옥속에서 하나님을 찬양하였습니다. 이들은 어떻게 감옥에서 나갈까 생각하지 않고 주님을 찬양하였습니다. 주님을 찬양할 때 옥문이 열렸습니다.

에스더는 최고의 음식을 만들어 놓았습니다. 모든 사람이 맛있는 음식을 먹고 왕과 교제하기 시작합니다. 그리고 에스더는 왕을 하만과 함께 내일 저녁에 다시 초청합니다.

하나님은 전쟁터를 자신의 자녀에게 유리한 장소로 옮겨놓게 합니다.

> "이 밤에 왕이 잠이 오지 아니하므로 명하여 역대 일기를 가져다가 자기 앞에서 읽히더니 그 속에 기록하기를 문 지킨 왕의 두 내시 빅다나와 데레스가 아하수에로 왕을 모살하려 하는 것을 모르드개가 고발하였다 하였는지라 왕이 가로되 이 일을 인하여 무슨 존귀와 관작을 모르드개에게 베풀었느냐 시신이 대답하되 아무것도 베풀지 아니하였나이다(에6:1-3)

우리가 왕을 경배할 때 왕은 잠이 오지 않습니다. 왕이 잠을 자지 못했을 때 일기책을 가져오게 합니다. 그 일기를 읽다가 모르드개가 왕에게 베푼 사실을 알게 되었습니다. 왕은 자신을 모살하려는 것을 알린 모르드개에게 무엇을 해주었는지 물었습니다.

우리가 하나님께 깊은 경배를 드릴 때 하나님은 주무시지 못합니다. 찬양을 많이 해서 잠들지 못한 적이 있습니까? 주님이 주무시지 못할 때 모든 것이 기록된 일기를 읽으십시오. 하나님은 모든 것이 기록되어 있습니다. 주님을 언제나 경배해야 합니다. 상을 받지 못한 사람이 있습니까? 주님을 경배하십시오. 우리가 하나님을 찬양할 때 지금 상을 받지 못하면 훗날에 상을 받습니다. 하나님이 우리의 일기를 다시 읽어보시고 "어떤 상을 줄 것인가?"

생각하시고 베푸십니다. 하지만 어리석은 자는 자신의 약점을 알지 못합니다.

하만은 자기만을 생각하였습니다.

> 참고 집에 돌아와서 사람을 보내어 그 친구들과 그 아내 세레스를 청하여 자기의 부성한 영광과 자녀가 많은 것과 왕이 자기를 들어 왕의 모든 방백이나 신복들보다 높인 것을 다 말하고 또 가로되 왕후 에스더가 그 베푼 잔치에 왕과 함께 오기를 허락받은 자는 나밖에 없었고 내일도 왕과 함께 청함을 받았느니라 (에 5:10-12)

하만은 자신밖에 상을 받을 사람이 없다고 착각했습니다.

> 하만이 들어오거늘 왕이 묻되 왕이 존귀케 하기를 기뻐하는 사람에게 어떻게 하여야 하겠느뇨 하만이 심중에 이르되 왕이 존귀케 하기를 기뻐하시는 자는 나 외에 누구리요 하고 왕께 아뢰되 왕께서 사람을 존귀케 하시려면 왕의 입으시는 왕복과 왕의 타시는 말과 머리에 쓰시는 왕관을 취하고 그 왕복과 말을 왕의 방백 중 가장 존귀한 자의 손에 붙여서 왕이 존귀케 하시기를 기뻐하시는 사람에게 옷을 입히고 말을 태워서 성중 거리로 다니며 그 앞에서 반포하여 이르기를 왕이 존귀케 하기를 기뻐하시는 사람에게는 이같이 할 것이라 하게 하소서 (에 6:6-9)

왕에게 선한 일을 한 모르드개에게 심는 것을 거두는 축복이 주어집니다.

> 이에 왕이 하만에게 이르되 너는 네 말대로 속히 왕복과 말을

> 취하여 대궐 문에 앉은 유다 사람 모르드개에게 행하되 무릇 네가 말한 것에서 조금도 빠짐이 없이 하라 하만이 왕복과 말을 취하여 모르드개에게 옷을 입히고 말을 태워 성중 거리로 다니며 그 앞에서 반포하되 왕이 존귀케 하시기를 기뻐하시는 사람에게는 이같이 할 것이라 하니라(에 6:10-11)

하만은 자신이 어떻게 될 줄도 모르고 다음날 왕과 함께 잔치상에 나옵니다. 왕은 에스더에게 소원을 또 묻고 원하는 것을 들어주겠다고 했습니다. 에스더는 이번에도 왕국보다 왕을 원했습니다. 왜냐하면 그녀는 민족의 구원을 원했기 때문입니다.

> 왕이 하만과 함께 또 왕후 에스더의 잔치에 나아가니라 왕이 이 둘째 날 잔치에 술을 마실 때에 다시 에스더에게 물어 가로되 왕후 에스더여 그대의 소청이 무엇이뇨 곧 허락하겠노라 그대의 요구가 무엇이뇨 곧 나라의 절반이라 할지라도 시행하겠노라 왕후 에스더가 대답하여 가로되 왕이여 내가 만일 왕의 목전에서 은혜를 입었으며 왕이 선히 여기시거든 내 소청대로 내 생명을 내게 주시고 내 요구대로 내 민족을 내게 주소서(에 7:1-3)

왕은 아직까지도 에스더의 마음을 모르고 그녀의 소청을 들어 주겠다고 약속을 했습니다. 남편은 아내의 마음을 모를 때가 많습니다. 그래서 남자들은 집이 꽁꽁 언 것과 냉냉한 것을 모릅니다. 계속 너무 모르기 때문에 문제가 큽니다. 너무 모르기 때문에 대화가 되지 않습니다. 뒤 늦게야 무엇이 잘못된 것인지 고민하기 시작합니다. 시간이 지나면서 문제인 것을 알게 됩니다. 두 번이나 아니라고 말할 때는 아주 문제가 큰 것입니다.

왕은 무엇이 문제인지 모릅니다. 에스더는 내일 저녁에 하만을 데려오게 합니다. 왕은 저녁에서야 문제가 있구나 생각합니다. 왕은 하만을 데리고 에스더의 베푼 잔치에 나아갑니다. 하만은 자신의 마지막 날인 것을 모르고 있었습니다.

하나님은 적을 치욕 당하게 하십니다.

> 아하수에로 왕이 왕후 에스더에게 일러 가로되 감히 이런 일을 심중에 품은 자가 누구며 그가 어디 있느뇨 에스더가 가로되 대적과 원수는 이 악한 하만이니이다 하니 하만이 왕과 왕후 앞에서 두려워하거늘 왕이 노하여 일어나서 잔치 자리를 떠나 왕궁 후원으로 들어가니라 하만이 일어서서 왕후 에스더에게 생명을 구하니 이는 왕이 자기에게 화를 내리기로 결심한 줄 앎이더라 왕이 후원으로부터 잔치 자리에 돌아오니 하만이 에스더의 앉은 걸상 위에 엎드렸거늘 왕이 가로되 저가 궁중 내 앞에서 왕후를 강간까지 하고자 하는가 이 말이 왕의 입에서 나오매 무리가 하만의 얼굴을 싸더라 왕을 모신 내시 중에 하르보나가 왕에게 아뢰되 왕을 위하여 충성된 말로 고발한 모르드개를 달고자 하여 하만이 고가 오십 규빗 되는 나무를 준비하였는데 이제 그 나무가 하만의 집에 섰나이다 왕이 가로되 하만을 그 나무에 달라 하매 모르드개를 달고자 한 나무에 하만을 다니 왕의 노가 그치니라(에 7:5-10)

하만은 스스로의 무덤 파는 일을 하였습니다. 얼마전에 한 유대 남자가 자기 앞에 굽히지 않음으로 화가 치밀어 날뛰던 하만이 이제는 유대 여자 앞에 엎드려 목숨을 살려달라고 빌고 있습니다. 하지만 지금 그녀는 천한 유대여자 앞이 아닌 왕후 에스더가 앉은 걸상 위에 엎드리는 엄청난 실수를 하였습니다. 주전 11-12세기의 앗수르 법에 따르면 신하가 임금의 아내에게 최고로 일곱 발걸음 이상 더 가까이 다가서지 말아야 했습니다. 하만의 행동은 왕이 볼 때는 왕후에게 다가가 강간하는 것으로 이해했습니다.

우리는 하나님께 금식과 기도와 경배로 승리해야 합니다.
위경에 처했을 때는 금식과 기도함으로 온전히 하나님의 큰 도움을 구해야 합니다.

> 당신은 가서 수산에 있는 유다인을 다 모으고 나를 위하여 금식하되 밤낮 삼 일을 먹지도 말고 마시지도 마소서 나도 나의 시녀로 더불어 이렇게 금식한 후에 규례를 어기고 왕에게 나아가리니 죽으면 죽으리이다(에4:16)
> 아하수에로 왕의 각 도에서 아달월 곧 십이월 십삼일 하루 동안에 하게 하였고 이 조서 초본을 각 도에 전하고 각 민족에게 반포하고 유다인으로 예비하였다가 그 날에 대적에게 원수를 갚게 한지라 왕의 명이 심히 급하매 역졸이 왕의 일에 쓰는 준마를 타고 빨리 나가고 그 조서가 도성 수산에도 반포되니라 모르드개가 푸르고 흰 조복을 입고 큰 금면류관을 쓰고 자색 가는 베 겉옷을 입고 왕의 앞에서 나오니 수산 성이 즐거이 부르며 기뻐하고 유다인에게는 영광과 즐거움과 기쁨과 존귀함이 있는지라 왕의 조명이 이르는 각 도, 각 읍에서 유다인이 즐기고 기뻐하여 잔치를 베풀고 그 날로 경절을 삼으니 본토 백성이 유다인을 두려워하여 유다인 되는 자가 많더라(에8:12-17)

기름부으심을 받은 에스더는 자신과 삼촌 그리고 민족을 살렸습니다. 하나님은 신실하신 분이십니다. 하나님의 은총이 임할 때 적이 두려워합니다. 그러므로 하나님께 기름 부으심을 받고 나아갈 때 승리와 놀라운 축복을 받습니다.

8. 예수님

예수님은 하나님으로 성령과 능력으로 기름부으심을 받았을 뿐만 아니라 실제로 마리아를 통해 기름부음을 받았습니다. 예수님의 기름 부으심은 이사야 선지자가 예언했으며 예수님께서는 이사야 선지자의 예언을 확증하였습니다

> 주 여호와의 신이 내게 임하셨으니 이는 여호와께서 내게 기름을 부으사 가난한 자에게 아름다운 소식을 전하게 하심이라 나를 보내사 마음이 상한 자를 고치며 포로된 자에게 자유를, 갇힌 자에게 놓임을 전파하며 여호와의 은혜의 해와 우리 하나님의 신원의 날을 전파하여 모든 슬픈 자를 위로하되 무릇 시온에서 슬퍼하는 자에게 화관을 주어 그 재를 대신하며 희락의 기름으로 그 슬픔을 대신하며 찬송의 옷으로 그 근심을 대신하시고 그들로 의의 나무 곧 여호와의 심으신 바 그 영광을 나타낼 자라 일컬음을 얻게 하려 하심이니라(사 61:1-3)
> 예수께서 성령의 권능으로 갈릴리에 돌아가시니 그 소문이 사방에 퍼졌고 친히 그 여러 회당에서 가르치시매 뭇 사람에게 칭송을 받으시더라 예수께서 그 자라나신 곳 나사렛에 이르사 안식일에 자기 규례대로 회당에 들어가사 성경을 읽으려고 서시매 선지자 이사야의 글을 드리거늘 책을 펴서 이렇게 기록한 데를 찾으시니 곧 주의 성령이 내게 임하셨으니 이는 가난한 자에게 복음을 전하게 하시려고 내게 기름을 부으시고 나를 보내사 포로된 자에게 자유를, 눈먼 자에게 다시 보게 함을 전파

하며 눌린 자를 자유케 하고 주의 은혜의 해를 전파하게 하려
하심이라 하였더라(눅4:14-19)

예수님은 동방에서 온 박사들에게 기름을 선물로 받았고 기름부음을 받았습니다.

집에 들어가 아기와 그 모친 마리아의 함께 있는 것을 보고 엎드려 아기께 경배하고 보배합을 열어 황금과 유향과 몰약을 예물로 드리니라(마 2:11)

■ 주석가 바아클리의 '마태복음'에서 박사들이 예수님께 가지고 왔던 선물

왕을 위한 선물로서 황금
… 예수는 "왕 되신 사람"이다. 그러나 그는 힘으로서가 아니라 사랑으로 통치하신다. 그는 전 인간의 마음을 지배하시되 왕좌로써가 아니라 십자가로 하신다. 예수 그리스도가 왕이라는 것을 잘 기억해야 한다. 우리는 예수를 우리와 평등하게는 도저히 만날 수 없다… 우리는 그리스도와 친구가 되기 전에 먼저 그리스도에게 복종해야 한다.

제사장을 위한 선물로서 유향
향기가 좋은 유향이 사용되는 곳은 성전 예배와 성전 희생제이다. 제사장의 임무는 하나님께 나아갈 길을 열어 주는 것이다. 제사장을 나타내는 라틴어 폰티펙스(pontifex)인데 이 말은 다리를 세우는 자란 의미가 있다. 제사장은 인간과 인간·하나님과 인간 사이에 교량을 세우는 사람이다. 예수가 하신 일이 바로 이것이다. 그는 하나님의 임재로 향한 길을 여셨다. 그는 인간이 바로 하나님의 임

재로 나아갈 수 있게 하셨다.

죽은 자를 위한 선물로서 몰약
몰약은 시체를 썩지 않게 하는데 사용했다. 예수님은 죽기 위해 이 세상에 오셨다. 예수는 이 세상에 인간을 위해 살다가 마침내 인간을 위해 죽으러 오셨다. 그는 사람을 위해 자신의 생명과 죽음을 바치러 오셨다. 왕을 위한 황금 · 제사장을 위한 유향 · 죽은 자를 위한 몰약 – 이것들이 그리스도의 요람까지 가지고 온 박사들의 선물이었다. 그들은 그가 참된 왕이시고 완전하신 최고의 제사장이시며 마침내 인간을 위한 가장 높으신 구주가 되심을 예언한 것이다.

■ 예수님은 마리아로부터 실제로 가장 귀한 순전한 나드로 기름부음을 받았습니다.

이 기사는 사복음서에 모두 기록이 되어 있습니다.

마태복음

예수께서 베다니 문둥이 시몬의 집에 계실 때에 한 여자가 매우 귀한 향유 한 옥합을 가지고 나아와서 식사하시는 예수의 머리에 부으니 제자들이 보고 분하여 가로되 무슨 의사로 이것을 허비하느뇨 이것을 많은 값에 팔아 가난한 자들에게 줄 수 있었겠도다 하거늘 예수께서 아시고 저희에게 이르시되 너희가 어찌하여 이 여자를 괴롭게 하느냐 저가 내게 좋은 일을 하였느니라 가난한 자들은 항상 너희와 함께 있거니와 나는 항상 함께 있지 아니하리라 이 여자가 내 몸에 이 향유를 부은 것은 내 장사를 위하여 함이니라 내가 진실로 너희에게 이르노니 온 천하에 어디서든지 이 복음이 전파되는 곳에는 이 여자의 행한 일도 말하여 저를 기념하리라 하시니라(마26:6-13)

마태복음에서 예수님께서 기름부음을 받는 장면의 특징은 한 여자가 매우 귀한 향유 한 옥합을 가지고 나아와서 식사하시는 예수님의 머리에 부은 것입니다. 이것을 본 제자들이 분노했지만 예수님께선 "예수께서 아시고 저희에게 이르시되 너희가 어찌하여 이 여자를 괴롭게 하느냐 저가 내게 좋은 일을 하였느니라" 말씀하셨습니다.

영적으로 무지한 사람들은 하나님을 위한 귀하고 좋은 일을 할 때 오히려 괴롭히는 일을 합니다. 그러나 진정으로 깨어있는 사람은 가장 귀한 것을 준비하여 주님께 아낌없이 드립니다. 우리는 영적으로 바르게 분별하여 주님께 좋은 일을 해야 합니다.

마가복음

예수께서 베다니에 있는 나병환자 시몬의 집에 계실 때였다. 예수께서 음식을 잡수시고 계셨는데 한 여자가 매우 값진 나드 향유가 든 옥합을 가지고 와서 그것을 깨뜨려 예수의 머리에 부었다. 그러자 함께 식탁에 앉아 있는 몇 사람들이 화를 버럭 내며 "왜 향유를 그렇게 낭비하는가? 이 향유를 팔면 300데나리온은 받을 수 있으니, 차라리 그것을 가난한 사람들에게 나누어 주는 것이 옳지 않은가?"하고 나무랐다.(4절에 포함되어 있음)그러자 예수께서 말씀하셨다 "가만두라. 이 여자가 내게 아름다운 일을 하였는데 왜 괴롭히느냐? 가난한 사람들은 언제나 너희 주변에 있으니 너희가 마음만 있으면 아무 때든 그들을 도와줄 수 있다. 그러나 나는 언제까지나 너희와 함께 있는 것이 아니다. 이 여자는 자기가 할 수 있는 일을 다하였다. 내 장례를 위하여 미리 내 몸에 향유를 부어 준 것이다. 내가 분명히 말한다. 온 세상 어디서든지 복음이 전파되는 곳마다 이 여자가 한 일도 전해져서 사람들의 기억에 남게 되고 또한 높이 평가될 것이다."(막14:3-9 현대어)

마가복음에서 이 여자가 한 일 가운데 우리에게 주는 귀한 교훈은 가장 값진 나드 향유가 든 옥합을 깨뜨려 예수님의 머리에 부은 것입니다. 이 여인은 예수님의 은혜를 크게 입은 자입니다. 그래서 그 은혜에 감동하여 자신이 가장 귀하게 여기는 옥합을 주님께 모두 드렸던 것입니다. 주님을 위해선 내게 있는 귀한 것을 아낌없이 드려야 합니다. 나를 포장하고 있는 것이 무엇인지, 내가 가장 귀중히 여겨 숨기고 있는 보물이 어떤 것인지, 주님을 위해 살려고 할 때 내가 깨뜨려야 하는 것이 무엇인지 찾아 보아야 합니다. 그리고 주님을 위해 살려고 자신을 깨뜨려야 합니다. 우리는 가장 소중하게 여기는 것을 깨뜨려 주님께 드림으로써 주님께 아름다운 일을 해야겠습니다.

누가복음

한 바리새인이 예수께 자기와 함께 잡수시기를 청하니 이에 바리새인의 집에 들어가 앉으셨을 때에 그 동네에 죄인인 한 여자가 있어 예수께서 바리새인의 집에 앉으셨음을 알고 향유 담은 옥합을 가지고 와서 예수의 뒤로 그 발 곁에 서서 울며 눈물로 그 발을 적시고 자기 머리털로 씻고 그 발에 입맞추고 향유를 부으니 예수를 청한 바리새인이 이것을 보고 마음에 이르되 이 사람이 만일 선지자더면 자기를 만지는 이 여자가 누구며 어떠한 자 곧 죄인인 줄을 알았으리라 하거늘

예수께서 대답하여 가라사대 시몬아 내가 네게 이를 말이 있
다 하시니 저가 가로되 선생님 말씀하소서 가라사대 빚 주는
사람에게 빚진 자가 둘이 있어 하나는 오백 데나리온을 졌고
하나는 오십 데나리온을 졌는데 갚을 것이 없으므로 둘 다
탕감하여 주었으니 둘 중에 누가 저를 더 사랑하겠느냐 시몬
이 대답하여 가로되 제 생각에는 많이 탕감함을 받은 자니이
다 가라사대 네 판단이 옳다 하시고 여자를 돌아보시며 시몬
에게 이르시되 이 여자를 보느냐 내가 네 집에 들어오매 너
는 내게 발 씻을 물도 주지 아니하였으되 이 여자는 눈물로
내 발을 적시고 그 머리털로 씻었으며 너는 내게 입맞추지
아니하였으되 저는 내가 들어올 때로부터 내 발에 입맞추기
를 그치지 아니하였으며 너는 내 머리에 감람유도 붓지 아니
하였으되 저는 향유를 내 발에 부었느니라 이러므로 내가 네
게 말하노니 저의 많은 죄가 사하여졌도다 이는 저의 사랑함
이 많음이라 사함을 받은 일이 적은 자는 적게 사랑하느니라
(눅7:36-47)

여기서 우리에게 주는 영적인 교훈은 예수님은 죄인인 한 여자가 어떤 여자인 것을 아신다는 것입니다. 그리고 그 여자의 행동은 주님께 나아가는 겸손한 자세와 예수님을 가장 사랑하는 표현입니다. 우리는 죄인인 모습 그대로 겸손하게 주님께 나아가고 사랑을 표현할 때 하나님께서 놀라운 인자를 베풀어 주시는 것입니다.

요한복음

마리아는 지극히 비싼 향유 곧 순전한 나드 한 근을 가져다가
예수의 발에 붓고 자기 머리털로 그의 발을 씻으니 향유 냄새

가 집에 가득하더라 제자 중 하나로서 예수를 잡아 줄 가룟 유다가 말하되 이 향유를 어찌하여 삼백 데나리온에 팔아 가난한 자들에게 주지 아니하였느냐 하니 이렇게 말함은 가난한 자들을 생각함이 아니요 저는 도적이라 돈 궤를 맡고 거기 넣는 것을 훔쳐 감이러라 예수께서 가라사대 저를 가만 두어 나의 장사할 날을 위하여 이를 두게 하라 가난한 자들은 항상 너희와 함께 있거니와 나는 항상 있지 아니하리라 하시니라 유대인의 큰 무리가 예수께서 여기 계신 줄을 알고 오니 이는 예수만 위함이 아니요 죽은 자 가운데서 살리신 나사로도 보려 함이러라 (요12:3-9)

요한복음에서 예수님께 기름붓는 장면에서 기름붓는 사람이 누구인지 나옵니다. 그 사람은 마리아였으며 더 구체적인 내용을 밝히고 있습니다. 마리아가 지극히 비싼 향유인 순전한 나드 한근을 가져다가 예수님의 발에 붓고 머리털로 그의 발을 씻으니 향유 냄새가 집에 가득하였다고 했습니다. 이때 이 광경을 목격한 사람중에 한 사람인 예수님을 팔 가룟 유다는 "이 향유를 어찌하여 삼백 데나리온에 팔아 가난한 자들에게 주지 아니하였느냐 하니" 말하였습니다.

여기서 가룟 유다에 대하여 덧붙인 말이 있습니다. "이렇게 말함은 가난한 자들을 생각함이 아니요 저는 도적이라 돈 궤를 맡고 거기 넣는 것을 훔쳐 감이러라"

예수님은 마리아의 기름부음에 대하여 놀라운 정곡을 찌르는 말씀을 하셨습니다. "저를 가만 두어 나의 장사할 날을 위하여 이를 두게 하라 가난한 자들은 항상 너희와 함께 있거니와 나는 항상 있지 아니하리라 하시니라"

예수님은 사람들의 물질적인 필요를 채우는데 우선을 둔 것이 아니라 아버지의 일하심에 초점을 맞추었습니다.

여기서 예수님께서 분명하게 밝히는 이름이 있습니다. 한 사람은 예수님을 가장 사랑하는 마리아요. 또 한 사람은 예수님에 대해 참된 사랑을 하지 않고 도둑과 같은 가룟 유다입니다. 마리아는 천국이요. 가룟 유다는 지옥입니다. 즉 한 사람은 천국에서도 하나님과 함께 있지만 한 사람은 지옥에서 고통을 당하고 있습니다. 우리는 주님을 위해서 일하는 사람을 시기하거나 불평하거나 낙심하게 할 것이 아니라 위로와 소망을 줄 수 있어야 합니다.

우리는 마리아가 예수님께 한 기름부음을 통해 가장 귀한 보물을 발견합니다. 마리아는 가장 귀하고 비싼 향유가 든 옥합을 깨뜨려 예수님의 머리와 발에 부었습니다. 이 옥합은 순전한 나드로 값어치로 계산하면 보통 노동자 일년치 봉급에 해당하는 것입니다. 마리아는 오직 예수님만을 사랑한 나머지 가장 귀하고 값진 자신의 모든 향유를 깨뜨렸습니다. 그러나 그 주위에 있던 바리새인들과 예수님의 제자들은 이 모습을 보고 화를 냈습니다.

제자들은 마리아가 아름다운 일을 하였음에도 불구하고 괴롭혔습니다. 그 이유가 그 비싼 향유를 팔아서 가난한 사람을 도와 주는 것이 낫다는 생각이었습니다. 그러나 마리아의 생각은 이들이 생각하는 것과 전혀 다른 예수님을 가장 사랑하는 표현이었습니다. 그 사랑의 최대 실천은 옥합을 깨뜨리는 것이었습니다. 마리아가 옥합을 깨뜨렸을 때 향기가 그곳에 가득하였습니다.

하나님은 마리아가 깨어질 때 향기로운 냄새를 맡으셨습니다. 마리아는 눈물을 흘려서 먼지 묻고 오물과 땀냄새가 나는 예수님의 발을 씻고 닦았습니다. 마리아는 그의 흐르는 눈물까지도 주님을 위해 드렸습니다. 마리아는 뺨을 타고 흘러 턱으로 떨어지는 모든 눈물까지 모아 주님을 위해 사용하였습니다.

기름붓는 자의 축복

예수님께서는 기름을 부어 주는 사람을 축복하셨습니다. 예수님은 가장 비싼 향유를 부은 마리아를 축복하셨습니다. 마태복음, 마가복음, 누가복음에서는 한 여자로 나왔지만 요한복음에서는 마르다의 동생 마리아로 나오고 있습니다. 특히 마가복음에서는 예수님께서는 옥합을 깨뜨려 향유를 부은 여인에게 축복의 말씀을 다음과 같이 하셨습니다.

> 저가 힘을 다하여 내 몸에 향유를 부어 내 장사를 미리 준비하였느니라 내가 진실로 너희에게 이르노니 온 천하에 어디서든지 복음이 전파되는 곳에는 이 여자의 행한 일도 말하여 저를 기념하리라 하시니라(막 14:9).

예수님은 하나님으로부터 성령과 능력으로 기름부으심을 받아 놀라운 치유와 자유케 하는 사역을 하셨습니다. 또한 많은 사람들을 치유하고 마귀에게 눌린 자를 자유케 하셨습니다.

> 예수께서 모든 성과 촌에 두루 다니사 저희 회당에서 가르치시며 천국 복음을 전파하시며 모든 병과 모든 약한 것을 고치시니라(마9:35)

> 하나님이 나사렛 예수에게 성령과 능력을 기름붓듯 하셨으매 저가 두루 다니시며 착한 일을 행하시고 마귀에게 눌린 모든 자를 고치셨으니 이는 하나님이 함께하셨음이라(행 10:38)
> 예수께서 그 열 두 제자를 부르사 더러운 귀신을 쫓아내며 모든 병과 모든 약한 것을 고치는 권능을 주시니라(마 10:1)

오늘날도 성령의 능력과 예수님의 이름으로 초자연적인 치유와 자유하게 하는 사역으로 하나님께 영광을 돌리고 있습니다. 기름을 부어 주시는 이는 하나님이십니다. 지금도 하나님은 우리에게 기름을 부어주시길 원하십니다. 우리 모두는 기름부음을 받아야 참 성도로서의 삶과 지도자로 사역할 수 있습니다. 받을 수 있는 자격이 있습니다. 사도 베드로는 다음과 같이 말했습니다.

> 오직 너희는 택하신 족속이요 왕 같은 제사장들이요 거룩한 나라요 그의 소유된 백성이니 이는 너희를 어두운 데서 불러 내어 그의 기이한 빛에 들어가게 하신 자의 아름다운 덕을 선전하게 하려 하심이라(벧전 2:9)

 # 성령의 기름부음 받는 방법

1. 성령의 기름부음을 사모하는 목마름

성령의 기름부음 받기를 원하는 간절한 목마름을 가지고 실제로 행동으로 옮겨야 합니다. 우리가 이미 엘리사가 스승인 엘리야 선지자의 갑절의 기름부음 받기를 얼마나 열망하였는지를 보았습니다 (왕하 2:1-14).

엘리사가 하나님이 주시는 엘리야의 영감을 갑절이나 받기 위하여 얼마나 목말라 하고 얼마나 열심히 따라 다닌 것을 보셨는지요? 엘리야와 엘리사의 여행은 길갈-벧엘-여리고-요단으로 이어집니다. 그리고 이 험한 여행에서 스승에 대한 엘리사의 갑절의 영감을 받기 위한 인내와 충성심은 명백하게 증거 되고 있습니다. 이러한 훈련의 과정들을 통해 엘리사가 엘리야의 후계자로 기름부음 받는 장면은 우리에게 귀한 교훈을 줍니다.

성령의 기름부으심을 받은 하나님의 사람으로부터의 안수기도
지금 아프리카에서 수천만 명에게 복음을 전하는 세계적인 부흥 전도자인 라인하르트 본케 목사님이 있습니다. 본케 목사님이 오늘날까지 성령의 초자연적 능력으로 복음을 전하게 된 것은 조지 제프리즈라는 부흥 전도자를 만나 기름부음의 기도와 성령의 불을 받고 난 후입니다.

조지 제프리즈는 웨일즈지방과 영국 각 도시들을 성령의 능력으로 뒤흔들고 수만 명의 사람들에게 하나님의 권능의 손길에 의해 일어나는 기적들을 목격하게 한 영적인 거장이었습니다. 그런 그를 만나고자 하는 간절한 마음에 본케는 용기를 내어 그 집의 초인종을 눌렀습니다. 잠시 후 문을 열며 나타난 부인에게 "이 집이 복음 전파자이신 조지 제프리즈씨 댁입니까?"하고 물었습니다. 그녀의 "예"라는 대답을 듣고 본케는 뛸 듯이 기뻤습니다. 본케는 기대를 갖고 물었습니다. "제프리즈 씨를 뵐 수 있을까요?" 그녀는 단호하게 거절했습니다. "아니오, 그것은 안됩니다." 그러나 그 때 실내로부터 "그를 안으로 들여보내시오"라는 목소리가 들려왔습니다. 그것은 수천 명의 청중들을 매료시킨 사려 깊고도 구령에 타는 듯한 웨일스 지방의 어조가 담긴 제프리즈 씨의 목소리였습니다. 그 집에 들어섰을 때 그가 거기에 있었습니다.

제프리즈씨는 "무엇을 원하지요, 젊은이?"하고 본케에게 말을 건넸습니다. 본케는 자신을 소개하고 함께 하나님의 사역에 관한 대화를 나누었습니다. 그러다가 갑자기 위대한 노인은 자신의 무릎을 꿇고 본케도 무릎을 꿇게 한 뒤 축복하기 시작했습니다. 성령의 권능이 그 방에 임하였습니다. 성령의 기름 부으심이 흐르기 시작하였고, 이는 마치 아론의 기름(시 133: 2)처럼 본케의 머리 위에 흘러서 '옷깃까지 내리는 것' 같았습니다.

본케는 정신이 멍한 상태로 그 집을 떠났습니다. 그로부터 4주일 후 조지 제프리즈는 소천하였습니다. 본케는 그가 죽기 얼마 전에 그를 만날 수 있도록 주님의 인도를 받았다는 사실을 깨달았습니다. 또한 본케는 성령의 뜨거운 불을 받는 그 노령의 복음 전파자로부터 무엇인가를 얻었다는 것도 알았습니다.

라인하르트 본케와 조지 제프리즈의 놀라운 만남은 성령의 역사입니다. 본케 목사님은 하나님의 사람을 만남으로써 하나님의 능력 있는 복음을 전파하는 신앙적 토대를 마련함으로 복음이 증거 되는 사실을 이해하게 되었습니다.

본케는 기름부음을 받은 후에 복음 전도자로 아프리카와 다른 곳에서 복음을 증거 할 때 놀라운 능력의 사역을 하고 있습니다. 그는 특히 아프리카에서 가장 많은 집회를 인도하고 있습니다. 그가 집회를 인도할 때 수십만 사람들이 모이며 놀라운 기적과 치유 그리고 전도의 열매를 맺고 있습니다. 그의 집회에는 불치의 병들이 많이 치유되고 심지어 죽은 사람도 살아나는 역사가 일어나기도 했습니다.

그의 사역에는 갈수록 기름부음이 더하여지고 있습니다. 1990년 10월 나이지리아 카드라에서 50만명, 1991년 9월 자이레에서 36만명, 1993년 가이나에서 17만 오천명, 1993년 6월 탄자니아 19만 5천명, 1994년 3월 인디아에서 15만명, 2002년 5월 카리스마 잡지에서 보면 나이지리아 라고스에서는 200만명 넘는 사람들이 모이는 성령집회를 여러 페이지를 할애한 기사가 있었습니다. 최근에 나이지리아에서 다섯 번 집회동안 910만명의 영혼을 구원하였다고 합니다. 이런 영향으로 나이지리아에서는 교회가 대 부흥하고 있습니다. 그중 위너스 교회(Winner,s Chapel)는 세계에서 가장 큰 교회로 5만명의 사람들이 앉을 수 있는 의자가 있는 건물로 세워졌습니다.

우리는 성령의 강력한 능력의 기름부음을 어느 때보다 사모하여 복음을 증거하고, 사람들의 영혼을 사랑하고 구원하는 일에 힘써야 하겠습니다.

복음 전파자는 인간의 영혼을 성령의 불로 밝히는 사람입니다. 성령의 불을 받은 사역자들과 하나님의 백성들과 교회는 잃어버린 영혼을 구해야 합니다. 주님께서는 성령의 기름부음을, 성령의 불을 품은 자들로 하여금 복음을 증거 하게 하십니다.
  수많은 사람들에게 복음을 전하고 능력을 행하였던 캐더린 쿨만은 집회 중에 다음과 같이 말했습니다. "여기 있는 사역자 분들 중 누구든지 대가를 지불하기만 하면 내가 가지고 있는 권능과 똑같은 것을 소유할 수 있습니다."
  지금 많은 사람들을 치유하고 전도하는 베니 힌은 1975년 캐나다에서 미국 피츠버그 제일장로교회에서 열리는 캐더린 쿨만의 집회에 참석하고 싶은 사모함으로 추운 겨울에 그 곳에 갔습니다. 그 교회에 들어가기전부터 성령의 능력을 체험하였고, 교회에 들어가서 캐더린 쿨만에게 임한 성령의 기름부음을 받아 지금까지 세계 곳곳에서 복음을 증거 할 때 놀라운 여러 가지 치유와 기적과 찬양으로 하나님께 영광을 돌리고 있습니다.
  성령의 기름부음을 받아야 성령님을 통해 삶이 변화되는 생생한 체험을 하게 되어 하나님의 능력 가운데서 주님을 증거하며 살아갈 수 있게 될 것입니다.

성령의 기름부으심이 있는 영성집회의 참석을 통한 능력 받기
지금 현재 능력있는 사역자 가운데 대부분은 기름부음이 역사하는 집회에 참석하여 기름부으심을 받았습니다. 그 대표적인 치유 사역자로 1900년 초반 강력한 치유 사역을 한 존 질 레이크(John G. Lake)는 알렉산더 두이가 인도하는 집회에 참석하여 기름부음을 받았습니다. 저 자신도 처음에 성령이 강하게 역사하는 집회에서 여러 기름부으심을 받은 사역자를 통하여 기름부으심을 받았습니다.

2. 열정있는 기도생활의 기름부음
예수님은 기름부음 안에서 권능 있는 기도를 하셨습니다. 제자들을 대신해서 기도하셨고(요 17장), 겟세마네 동산에서 십자가를 앞에 두고 기도하셨습니다.

디 엘 무디(D.L. Moody)는 그의 자서전에서 성령의 능력이 필요함을 느끼고 이렇게 고백했습니다. "내 영혼에 깊은 갈급함이 생겼다. 그것이 무엇인지 나도 몰랐다. 나는 전에 없던 방식으로 부르짖기 시작했다. 이 능력을 받지 않고는 살고 싶지 않다는 생각이 간절했다." 이런 사실을 안 무디는 자신을 위해 중보하는 두 여인에게 자신이 강력한 성령의 기름 부음을 받도록 금요일마다 기도해 달라고 부탁했습니다.

■ 랠리 리 : 기도에 기름부음을 받은 결과로 우리의 삶 가운데 나타나는 것들[1]

첫째는 급속도의 촉진되는 현상이 나타난다. … 기도의 기름부음을 받게 되면 우리의 의지가 감정보다 더 강해진다. 그러므로 과거의 모든 것이 해방되고 현재 상황에 대해 긍정적으로 대답하고 미래에 있어서는 하나님께 순종하게 될 때 새롭게 기름부음을 받으므로 기도생활이 급속도로 촉진되는 현상이 나타난다.

둘째는 계시를 받는다. … 남을 위해 중보 기도를 하면 계시를 받을 수 있다. 우리의 기도생활이 하나님과 보다 더 친밀한 관계로 발전 될 수 있을 것이다.

셋째는 개인 생활의 패턴이 바꾸어진다. … 기도의 새로운 기름부음을 받게 되면 개인의 패턴이 바꾸어진다. 잠자는 습관까지도 성령님께 기도하게 되므로 바꾸어 질 것이다.

넷째는 사단과 어두움의 세력들이 우리에게 미치지 못할 것이다. … 우리가 기도를 많이 하면 할수록 우리 삶에 있어서 영적인 빛이

---

[1] (하나님과 친밀함 누리기, pp.20-21)

보다 많이 나타날 것이다.

　다섯째는 하나님의 뜻을 따라 결정하게 된다. … 우리 생활 가운데 문제되는 환경들에 대해 단호하게 결심하게 된다. 기도에 기름부음을 받게되면 하나님의 뜻에 따라 개인적인 문제들을 결정하게 된다. 기름부음을 받은 자는 하나님의 뜻을 떠나 기도할 수 없기 때문이다.

　여섯째는 하나님을 찬양하게 된다. … 기름부음을 받을 때 나타난 마지막 결과는 우리가 기도할 때 기도를 들으시고 응답해 주시는 분인 하나님을 찬양할 수 있게 되는 것입니다. 우리는 "놀라운 일을 행하시는 하나님께 영광을 돌립니다"라고 일어나 선포할 것이다.

이 엠 바운즈(E. M. Bounds)는 능력 있는 사역을 할 수 있게 하는 기도에 대한 기름부음의 필요성을 다음과 같이 역설했습니다.

　"오늘날 교회에서 필요한 것은 보다 좋은 도구나 새로운 조직이나 색다른 방법이 아니라 성령님께서 사용하는 사람 즉, 기도하는 사람 혹은 능력 있는 기도를 하는 사람이다. 성령님께서는 방법 같은 것을 통해 임하지 않고 사람을 통해 임하는 것이며 도구 위에 임하지 않고 사람에게 임하는 것이다. 성령님께서는 어떤 사업의 계획 위에 기름 붓지 않고 기도하는 사람 위에 붓는다"

■ 래리 리의 효과적인 기도를 위해 경험해야만 하는 기도.[2]
문둥병자의 기름부음 : 개인기도
　문둥병은 살이 점차 썩어가다가 결국에는 처절한 죽음에 이르게

---
2) (기도의 열정을 회복하라 p.384-386)

하는 무서운 병이다. 성경에서는 문둥병은 영적 진리에 대해 근본적으로 반대인 죄의 "전형"으로 나타나 있다. 문둥병이 보이는 몸을 죽이는 것처럼 죄도 사람을 죽인다. 구약성서에 나타난 율법 중에는 하나님께서 문둥병자를 깨끗이 하는 특별법이 있다(레 14장).

이 예식은 질그릇 같은 우리의 죄와 수치심을 없애 주기 위해 흘리신 예수님의 보혈을 상징해 주고 있다. 문둥병자를 그의 우편 귓부리와 우편 손 엄지가락과 우편 발 엄지가락을 피로 깨끗이 한 다음 기름부음을 받는데 이는 하나님의 음성을 들을 수 있도록 하고, 하나님의 일을 알 수 있도록 하며, 하나님의 뜻대로 살아갈 수 있도록 해준다.

지도자의 기름부음 : 권능 있는 기도
구약성서에서 기름부음의 두 번째 전형은 왕이나 선지자, 지도자 등으로 사역하는 자들을 위해 마련된 지도자의 기름부음이다. 지도자의 기름부음은 기름부음을 받은 사람에게 임명된 직책의 위치와 능력 그리고 권위를 부여해 준다. 성령은 이 기름부음을 통해서 그 사람에게 자신의 임무를 완성할 수 있도록 특별한 권능으로 입혀준다. 이러한 기름부음의 권능이 신약성서에서도 비슷한 모습으로 사도행전 1:8에 약속되었고 그 약속은 사도행전 2장에서 성령의 강림으로 실현되었다. 성령의 강림하심이 우리들에게 임하였기에 우리가 주어진 사명을 완성할 수 있도록 권능을 입은 것이다.

권능 있는 기도를 할 수 있는 기름부음을 통하여 우리는 자신에게 주어진 삶의 목표를 성취하기 위해 일어나며, 거짓 아비의 거짓들을 드러내고, 거짓 아비의 요새를 무너뜨리기 위해 영적 무기들을 사용하며, 영적 세계에서 정사와 권세들에게 대항하여 효과적으로 대적할 수 있을 것이다.

제사장의 기름부음 : 효과적인 기도

출애굽기 29-30장과 레위기 8장에는 하나님께 봉사하기 위해 구별된 제사장들의 기름부음에 대해 구체적으로 설명되었다. 제사장들은 하나님의 존전에 계속해서 나아가도록 임명받았고, 백성들을 위해 예배드리고 찬양하며 중재한다. 이는 효과적인 기도, 지속적으로 권능 있는 기도를 할 수 있는 기름부음의 모습을 나타내 주고 있다.

베드로전서 2:9에서 처럼 믿는 자들이 왕 같은 제사장의 신분으로 기름부음 받는 것을 표현하였습니다. 예수님께서 제자들에게 기름을 부은 후의 삶이 달라졌습니다. 우리도 예수님에게 기도의 기름부음을 받아야 하겠습니다. 예수님께서 기도하고 계실 때 하늘이 열렸습니다.

> 백성이 다 세례를 받을새 예수도 세례를 받으시고 기도하실 때에 하늘이 열리며 성령이 형체로 비둘기같이 그의 위에 강림하시더니 하늘로서 소리가 나기를 너는 내 사랑하는 아들이라 내가 너를 기뻐하노라 하시니라(눅 3:21-22)

하나님의 명령인 열정을 품는 기도

사도 바울은 열정적으로 기도할 것을 권면 하였습니다. "부지런하여 게으르지 말고 열심을 품고 주를 섬기라 소망 중에 즐거워하며 환난 중에 참으며 기도에 항상 힘쓰며" 롬 12:11-12 바울은 기도를 항상 힘쓰고 기도에 감사함으로 깨어 있으라고 권면 합니다.

여기서 "힘쓴다"는 말은 "헌신한다 · ~를 위해 간절하다 · 인내하다 · 항상 부지런하다 · ~를 꽉 붙들다"를 의미합니다. 이것은 마음으로 힘쓰는 것입니다. 이 말은 기도할 때 마음 없는 말을 많이 하라는 것이 아니라 간절한 마음으로 하나님께 아뢰라는 것입니다.

열정 없이 기도하는 것은 효력이 없습니다.

열정을 품고 기도한다는 것은 깨끗한 마음으로 기도한다는 것을 의미하기도 합니다. 예수님은 성전이 기도하기에 적합한 집이 되도록 하기 위해 성전을 정결케 하셨습니다.

깨끗함이 없으면 열정은 단순한 종교적 흥분이 되어버립니다. 정결함은 겸손과 금식·고백·회개입니다. 이것은 마치 불을 품고 기도하도록 나무에 불을 붙이는 성냥과 같은 것입니다.

> 내 이름으로 일컫는 내 백성이 그 악한 길에서 떠나 스스로 겸비하고 기도하여 내 얼굴을 구하면 내가 하늘에서 듣고 그 죄를 사하고 그 땅을 고칠지라.(대하 7:14)
> 내가 내 마음에 죄악을 품으면 주께서 듣지 아니하시리라 그러나 하나님이 실로 들으셨으며 내 기도 소리에 주의하셨도다 하나님을 찬송하리로다 저가 내 기도를 물리치지 아니하시고 그 인자하심을 내게서 거두지도 아니하셨도다(시 66:18-20)

초대 교회 성도들은 베드로를 위해 열정적으로 기도했습니다.

> 이에 베드로는 옥에 갇혔고 교회는 그를 위하여 간절히 하나님께 빌더라(행12:5)

깨끗한 열정은 행동하는 기도에 불을 붙이는 것과 같습니다. 열정적인 기도는 반드시 기도의 시간이 많고 강력하게 기도하는 것만이 아닙니다. 열정적인 기도는 마음과 관심을 실어서 드리는 기도입니다. 우리는 우리의 관심을 끄는 일들에 대해 그일과 또한 가장 중요한 것들에 대하여 하나님을 사랑하는 열정을 가지고 기도해야 합니다.

에반 로버츠의 기도

에반 로버츠는 웨일스에 하나님의 성령의 역사가 일어날 것을 위해 13년 동안이나 기도해 왔습니다. 1904년 그는 비전을 갖고 10만명의 영혼을 주시도록 하나님께 기도해 왔었습니다. 웨슬리 듀웰은 "부흥의 불길"이란 책에서 다음과 같이 기술하였습니다.

에반은 십만 영혼을 위해 기도 했는데 하나님께서는 십만 명이 그리스도를 믿게 될 것이라는 확신을 그에게 주셨다. 그는 "하나님의 불이 우리를 붙드셨다."고 간증했다. 에반은 성령에 전적으로 순종해야 할 필요성을 느꼈다. 그는 웨일스 전역을 돌아다니며 복음을 전할 때 늘 일단의 젊은이들을 데리고 다녔다. 그는 그 젊은이들에게 항상 성령께 완전히 굴복할 것과 그분께 순종할 것을 촉구했다.

에반이 기도할 때면 하나님께서 그에게 강하게 임하셨다. 어느 날 밤 그는 잠을 이룰 수가 없었다. "그 방이 성령으로 충만했다. 성령께서 어찌나 강하게 임하시는지….나는 하나님께 그만 손을 거두시라고 간청해야만 했다."

하나님께서는 당시 그 종이 기도할 때 환상들을 보여 주셨다. 한 환상 속에서 에반은 불이 활활 타고 있는 커다란 지옥을 보았는데 그 지옥이 벽으로 둘러싸여 있었다. 그 벽에는 문이 하나밖에 없었다. 그런데 저 멀리 지평선 너머로부터 무수히 많은 사람들이 그 지옥 불을 향해 달려오고 있었다. 그는 하나님께 지옥문을 일년 동안만 닫아 달라고 간청했다. 또 다른 환상 속에서 사탄이 울타리 안에서 에반을 보고 얕잡아 보듯이 막 웃어대는 모습을 보았다. 그런 다음 그는 백옥처럼 흰 옷을 입으신 분이 이글거리는 검을 높이 들고 서 계신 모습을 보았다. 그가 그 검으로 사탄을 내리치자 사탄이 즉시 사라졌다. 이 환상을 통해 에반은 그리스도께서 사탄을 물리치실 것이라는 사실을 알았다. 또 다른 환상에서는 눈부시게 빛나는 달과 이 세상을 향해 뻗친 팔 하나를 보았다. 그 손에는 "10만"이라는 숫자가 적힌 종이가 있었다.

하나님은 10만 명의 영혼을 돌아오게 한 웨일스의 부흥으로 그 기도에 응답하셨다. 그 부흥은 영국, 인도, 유럽, 아시아, 북아메리카에도 영향을 주었다.

하나님께서는 우리의 도시와 나라들을 중보기도를 통해 하나님께로 돌이키게 합니다. 하나님께서는 기도의 시야를 나와 가족과 성도와 교회와 도시와 나라와 세계를 향하여 기도하게 합니다.

로저 헬런드 : 도시를 위한 전쟁의 기도에 필요한 것들
   a.하나님을 경배합니다.
   b.통찰력을 얻기 위해 주님을 앙망합니다.
   c. 도시의 죄악을 분별해냅니다.
   d.선으로 악을 이기게 합니다.
   e. 출산하기 위하여 해산의 고통을 하는 것처럼 고통을 감수하는 헌신의 기도를 해야 합니다.

기도의 향
요한은 기도가 하늘에 계신 주님 앞에 향처럼 올라간 후 제단에서 불로 되돌아와 천둥과 번개 및 지진과 함께 땅을 때리도록 요한계시록 8장에서 예언적 형상으로 나타난 것을 말합니다.

> 또 다른 천사가 와서 제단 곁에 서서 금향로를 가지고 많은 향을 받았으니 이는 모든 성도의 기도들과 합하여 보좌 앞 금단에 드리고자 함이라 향연이 성도의 기도와 함께 천사의 손으로

부터 하나님 앞으로 올라가는지라 천사가 향로를 나더라(계 8:3-5)

우리는 성령의 기름부음을 더 받도록 소원하고 기름부음을 받기를 위해 스스로 노력해야 합니다. 여러분이 준비되어 있지 않으면 기름부음이 임하지 않습니다. 신실한 그리스도인으로 살기를 원하는 사람은 반드시 기름부음을 더 받기를 소원하며 받아야 합니다. 우리가 말씀을 더 공부하고 더 기도함으로써 기름부음을 증가시킬 수 있습니다.

3. 각 사역의 기름 부으심을 받아 주님께 신실하게 충성하여야 합니다.

성도의 개인적인 기름부음이 있어야 합니다.

"우리를 너희와 함께 그리스도 안에서 견고케 하시고 우리에게 기름 부으신 이는 하나님이시니 저가 또한 우리에게 인치시고 보증으로 성령을 우리 마음에 주셨느니라." 고후 1:21-22 모든 믿는 자는 기름부음을 받아 그 기름부음이 믿는 자 안에 거해야 합니다. 또한 요한일서 2장 20, 27절에 "너희는 거룩하신 자에게서 기름부음을 받고 모든 것을 아느니라… 너희는 주께 받은 바 기름부음이 너희 안에 거하나니 아무도 너희를 가르칠 필요가 없고 오직 그의 기름부음이 모든 것을 너희에게 가르치며 또 참되고 거짓이 없으니 너희를 가르치신 그대로 주안에 거하라." 고 말씀하고 있습니다.

찬양예배자에게 기름부음이 있어야 합니다.

찬양은 성령의 기름 부으심을 촉진시킵니다. 성가대가 잘못된 노래를 하면 오히려 성령의 기름부음을 방해하고 예배를 망쳐버립니다. 음악은 기름부음에 영향을 줍니다. 그런데 많은 음악가나 찬양대들이 자신들의 책임을 깨닫지 못하고 있습니다. 악기를 연주하는 사람이나 노래하는 성가대원들은 악기만 연주하고 노래만 하면 그만인 식이어서는 안됩니다. 찬양하는 사람들도 간절히 기도하여 기름부음을 받아야 필요가 있습니다. 찬양하는 사람들이 노래함으로써 직무를 수행한다는 생각 이전에 하나님과 함께 하는 시간을 갖거나 모두 함께 기름부음을 받도록 기도하는 시간을 갖는 것이 중요합니다. 악기를 연주하는 사람들이 진정 성령님과 함께 움직이고 연주하면 목회자에게 예언의 직분을 수행하도록 기름부음이 더욱 강하게 임하는 원동력이 됩니다. 헤긴 목사님은 성령의 기름부음이 넘치는 올바른 찬양과 함께 예언자의 직무수행을 무려 3시간이나 할 수 있었다고 하였습니다.

다윗이 수금을 타면서 노래를 할 때 사울 왕을 괴롭히는 악령이 떠났습니다. 찬양은 하나님을 경배하고 예배하는데 큰 도움을 줍니다. 찬양예배자들은 하나님께 감사하고 기도로 준비하고 성령의 기름부음을 받는 기도시간을 꼭 가져야 합니다. 찬양을 인도하는 사람, 악기를 연주하는 사람, 노래를 부르는 사람들 모두 목사만큼 성령님 안에서 조화를 이루도록 해야 합니다. 그렇지 못할 경우 예배를 방해하게 됩니다. 오늘날 찬양의 새로운 기름부음으로 하나님께 새노래로 올려드리고 하나님의 임재하심으로 하나님의 능력이 역사해야 합니다.

목회자에게 기름부음이 있어야 합니다.
하나님께서 부르셔서 소명을 주신 목회자의 사역에도 그 사역을 감당하도록 기름부음이 있어야 합니다. 성령의 기름 부으심을 받지 못한 설교는 예배를 냉랭하게 합니다.

제임스 패커(James. I. Packer)는 설교자가 설교할 때 성령의 기름 부음을 구하는 것을 다음과 같이 서술하였습니다.[3]

"… 우리가 설교해야 할 때 우리에게 성령의 기름 부음을 구해야 하는 것은 어떤 종류의 개인의 경험 자체를 위한 것이 아니라 목표의 성취를 위한 것이며 이런 목표의 성취라는 점에서 하나님의 기름 부음이 실제로 정의되어야 한다."

목회자에게 기름 부음이 없으면 탈진과 함께 함정에 빠지게 됩니다. 잭 훠스트(JACK FORST) 목사는 그의 설교에서 미국 목회자의 탈진의 심각한 상태를 통계를 통해 "목회자 70% 우울증이고 사모는 85%·목회자 40%가 넘어지며 한해 4000명이 사표를 쓴다."고 말합니다.

목회자의 함정(2003. 1.15, 에어포트 교회 저녁 설교).
- 부르심이 없는 사역
- 사탄의 공격
- 하나님의 교회를 갖겠다
- 치유 받지 않는 목회자

함정에 대한 해결책
- 사랑 가운데 뿌리가 박혀 있어야 한다,
- 필요가 채워져야 한다.
  있는 그대로 사랑해야 한다.
  안정감이 있어야 한다.
  하나님의 사랑 안에 거해야 한다.
  사역을 쉬기도 해야 한다. 즉 휴가를 가져야한다.
  자기가 믿을 수 있는 사람에게 말해야 한다.
  하나님의 임재 가운데 들어가야 한다.

---

3) (하나님의 대변자 〈TRUTH & POWER〉 서원교 옮김 아가페 2000, p.197)

· 서로 사랑해야 한다.

목회자에게 기름부음이 없으면 율법주의자가 되어 사람들을 자유롭게 하는 것이 아니라 율법으로 얽매이게 하며 더 눌리게 합니다. 교인들에게 참된 영적인 자유를 주지 못하는 것을 깨닫지도 못합니다. 그러나 성령의 기름부음을 받으면 성령님의 인도하심을 받아 사람들을 자유케 합니다. 하나님께서 그때그때 주시는 감동에 순종하여 사역할 때 놀라운 자유와 치유함 그리고 축복을 누리게 됩니다.

목회자로서 역할을 잘 감당하기 위해서는 기름부음과 함께 하나님의 임재가 있어야 합니다. 목회적 임무는 사도·선지자·전도자·목회자·교사입니다. 이런 목회 은사를 감당하기 위하여 기름부음이 있어야 합니다. 특히 설교와 가르침을 위한 기름부음과 또한 치유를 위한 기름부음이 있어야 합니다. 이와같이 사역을 잘 감당하기 위해선 반드시 기름부음이 있어야 합니다.

교회의 공동체에도 기름부음이 있어야 합니다.
모든 기름부음 중에서 가장 위대한 기름부음은 교회 공동체를 위한 기름부음입니다. 교회 공동체에 기름부음이 임하면 많은 사람이 치유되고 놀라운 성령의 역사가 일어납니다. 지금 우리 교회는 기름부음이 일어나고 있습니다. 더 많은 기름부음이 증가되기를 간절히 원합니다.

카를로스 아나콘디아는 봉사의 사역에서 하나님을 기쁘게 해 드리는 일곱가지 효과적인 조건이 있다고 합니다. 교회에 꼭 필요한 기본적인 요소로 성령의 기름 부음을 받아 효과적인 사역을 수행할 수 있습니다.

첫 째 요소는 모든 것을 하나님께 양도해 드리는 헌신입니다.
둘 째 요소는 하나님께서 주시는 환상인 비전입니다.

세 째 요소는 하나님의 말씀인 성경에 대한 지식입니다.

네 째 요소는 믿음입니다.

다섯 째 요소는 행동입니다.

여섯 째 요소는 기도와 금식입니다(레 6:12-3).

승리의 기도··· "사단아! 이 도시에서 떠나라! 악령아! 이 도시의 경제에서 네 영향력을 떼라! 교회에 죄를 가져오는 저주받은 악령아 예수 그리스도 이름으로 네게 명령한다. 교회에서 네 손을 떼라!" 라고 사단에 대해 우리는 예수 그리스도 이름으로 그 권위를 행사해야 합니다.

일곱 번째 요소는 사랑입니다. 모든 요소를 맨 마지막으로 사랑으로 덮어야 할 필요가 있습니다. 소망이 잃어져 가는 영혼들을 향해 그리고 주님 안에 있는 형제자매들을 향한 사랑이 없으면 우리의 사역은 능력이 없고 열매를 맺을 수 없게 됩니다. 가령 행동적이고, 믿음을 가지고 있고, 지식이 있어도 만일 사랑이 없으면 아무런 유익도 없게 됩니다. 아무리 훌륭한 사역을 이뤄가도 사랑이 없으면 언젠가 붕괴되어 버립니다.

우리는 성령의 기름부음을 더 받도록 소원하고 기름부음을 받아 하나님의 능력으로 귀하게 쓰임 받도록 해야 합니다.

오중 사역의 기름 부으심을 받아야 합니다.

그가 혹은 사도로, 혹은 선지자로, 혹은 복음 전하는 자로, 혹은 목사와 교사로 주셨으니 이는 성도를 온전케 하며 봉사의 일을 하게하며 그리스도의 몸을 세우려 하심이라(엡 4:11-12)

하나님은 마지막 대 추수가 가까운 때인 것을 아시고 오중 사역자로 부르시고 계십니다. 그리고 성령의 기름부음을 받아 많은 영혼들을 추수하시길 원하고 계십니다. 우리는 사도, 선지자, 복음 전하는 자, 목사, 교사로 기름부음을 받아 하나님의 백성을 온전케 하고 봉사하며 주님의 몸인 교회가 건강하고 능력을 가져야 합니다.

특별히 사도적인 기름부음을 받아야 합니다.
하나님은 사도의 기름부음을 회복하고 있습니다. 오늘날 어느 때보다도 사도의 기름부음이 필요합니다. 하나님께 감사한 것은 사도시대를 회복시키고 있다는 것입니다. 예수 그리스도의 재림 전에 모든 것을 회복하신다는 하나님의 약속입니다.

> 그러므로 너희가 회개하고 돌이켜 너희 죄 없이 함을 받으라 이같이 하면 유쾌하게 되는 날이 주 앞으로부터 이를 것이요 또 주께서 너희를 위하여 예정하신 그리스도 곧 예수를 보내시리니 하나님이 영원 전부터 거룩한 선지자의 입을 의탁하여 말씀하신바 만유를 회복하실 때까지는 하늘이 마땅히 그를 받아 두리라(행3:19-21)

우리는 교회가 사도적 사역과 운동을 기쁜 마음으로 환영해야 할 것입니다.
성경에서 사도직은 하나님이 임명하신 직분으로 잘 나타나고 있습니다.

> 하나님이 교회 중에 몇을 세우셨으니 첫째는 사도요 둘째는 선지자요 셋째는 교사요 그 다음은 능력이요 그 다음은 병 고치는 은사와 서로 돕는 것과 다스리는 것과 각종 방언을 하는 것이라 다 사도겠느냐 다 선지자겠느냐 다 교사겠느냐 다 능력을 행하는 자겠느냐 다 병 고치는 은사를 가진 자겠느냐 다 방언을

말하는 자겠느냐 다 통역하는 자겠느냐(고전12:28-30).
그가 혹은 사도로, 혹은 선지자로, 혹은 복음 전하는 자로, 혹은 목사와 교사로 주셨으니(엡4-11)
너희는 사도들과 선지자들의 터 위에 세우심을 입은 자라 그리스도 예수께서 친히 모퉁이 돌이 되셨느니라(엡2:20)

사도의 삶 속에는 바울과 같은 하나님의 능력이 엄청난 기적과 표적으로 일어났습니다.

사도들의 손으로 민간에 표적과 기사가 많이 되매 믿는 사람이 다 마음을 같이하여 솔로몬 행각에 모이고(행5:12)
오직 성령이 너희에게 임하시면 너희가 권능을 받고 예루살렘과 온 유대와 사마리아와 땅 끝까지 이르러 내 증인이 되리라 하시니라(행1:8)
사도의 표 된 것은 내가 너희 가운데서 모든 참음과 표적과 기사와 능력을 행한 것이라(고후12:12)

이러한 하나님의 능력은 오늘의 사도들의 삶 속에서 놀랍게 역사하고 있습니다.
　정상적인 사도적 사역은 하나님의 능력의 기름부음의 역사를 볼 수 있습니다.

데이빗 캐니스트러시 박사는 그의 책 "사도의 은사"(The Gift of Apostle)에서 '초자연적인 사도적 능력의 7가지 표시'를 기록하였습니다.
　· 사도들은 많은 청중들을 초자연적으로 끌어 모은다(행 2:41, 13:44).
　· 하나님은 안수를 통해 초자연적으로 역사하도록 사도들을 쓰신다

(롬 1:11, 눅 4:40; 13:13, 막16:18, 히 6:1-2, 딤전 4:14; 5:22, 딤후 1:6).

사도행전은 안수를 통한 초자연적 역사의 중요한 예를 기록한다. 사도행전 8장에서 빌립이 사마리아 지방에서 몇 명의 회심자들을 얻은 후 사도 베드로와 요한은 그들에게 안수하였고 성령의 은사를 나누어 주었다. 사도행전 19장에서 사도 바울은 에베소에서 12제자들에게 안수했으며, 그들은 방언을 말했고, 예언의 영으로 감동을 받았다. 성령의 초자연적인 전수와 실제적 예언의 활동은 사도들의 안수를 통해 왔다. 사도행전 28장에서 바울은 멜리데 섬에서 보블리오의 아버지에게 안수했으며 그의 열병과 질병이 사라졌다. 많은 회심 자들이 이와 같은 초자연적인 능력의 전수를 따랐으며 사도들은 항상 하나님의 능력을 원천으로 이해했다.

- 사도들은 계시의 초자연적인 영을 소유한다(고후12:1-7, 행 10:9-22;18:9-11).
- 사도들은 질병에 대해 초자연적 명령을 발할 수 있다(행 3:1이하; 5:15-16; 9:32-35; 14:3, 6-10; 14:12).
- 사도들은 마귀들에 대하여 초자연적 능력을 나타낸다(행 5:16; 8:7, 16:16-18; 19:12).
- 사도들은 사악함에 대해 초자연적인 판단을 할 수 있다.
  사도행전 5장 아나니아와 삽비라는 사도 베드로의 말대로 하나님에 의해 초자연적인 죽임을 당했습니다.
  사도 바울은 엘루마라는 사악한 박수에 대항하여 하나님의 심판을 선언했습니다
  (행 13:8-11).
- 사도들은 죽은 자를 살리기 위해 초자연적인 능력을 나타낸다(마 10:8; 11:5 행 9:36-42).

여기서 우리가 유의해야 할 것이 있습니다. 성서에 나오는 사도의 능력을 나타내는 7가지 기본 영역을 보고 이것이 없다고 만약 우리에게 특별한 능력이 없다고 사도가 아니라고 말하는 것을 옳지 않습니다. 데이빗 캐니스트러시 박사는 이렇게 말했습니다. "사도적 소명의 다양성은 우리가 사도들에게 "만약 당신이 특별한 능력을 나타내지 않으면 당신은 사도가 아니다"라고 말하면서 그들을 어떤 틀 속에 집어넣으려는 것은 어리석은 것이다. 어떤 사람은 교회를 지을 수 있고, 어떤 사람은 영적 어린이들을 양육할 수 있고, 어떤 사람은 선교사로 외국에서 자신의 삶을 보내지만 내가 여기에서 언급한 몇 가지 현상들이 나타나지 않을 수도 있다. 그럴 때에 우리가 그와 같은 사람은 사도가 아니라고 말하지 않도록 주의해야 한다. 사도를 사도답게 하는 것은 은사가 아니라 인격과 소명이다."

하나님께서 이 시대에서 사도로 부르시고 하나님의 사람들 안에 사도적 기름부음이 임하여 하나님의 능력이 역사하여 복음이 확장되고 더 나아가 사도적인 기름부음으로 강력한 교회로 세울 수 있도록 믿음을 더 키워나가야겠습니다.

하나님의 약속된 능력, 필요한 능력인 성령의 능력인 사도적 기름부음이 현재 세계 곳곳에서 일어나는 흐름입니다. 이런 사도적인 기름부음이 어느 때보다 필요함을 인식하고 사도직의 분명한 특징들을 살펴보고 알아야 하겠습니다.

팔복교회에 부흥회를 인도하신 리 라코스 목사님은 "사도적인 교회"를 주제로 목사와 사도의 차이에 대하여 설교하였을 때 의미 있게 들었으며, 동의하는 것이 많았습니다. 그분이 목사의 사역과 사도의 사역 비교한 것을 다음과 같이 요약하여 소개합니다.

우리는 예수님을 목자로서 인식하는 데 익숙해 있다. 그러나 사도

이신 예수 그리스도를 알게 될 때 전엔 생각지 못했던 일을 감당할 수 있으며 새로운 기름부음과 능력을 체험하게 됩니다. 목사가 한 교회에 대한 소명이 있다면 사도는 한 무리만 다스리는 소명이 있는 것이 아니라 여러 교회와 다른 회중에 관계합니다. 사도와 예언자는 같이 사역합니다. 사도는 그리스도의 제자들의 삶을 제자에서 종이 되는 차원으로 이끌고 훈련시킵니다.

사도는 한 교회에서만 머무는 것이 아니고 새로운 교회를 개척하고, 다른 지역에 개체 교회를 세웁니다. 지역에만 관심을 두는 것이 아니고 그 무리 안에 장성한 예수 그리스도를 발견해 그것을 갖지 못한 교회에 소개하고 그곳을 개척을 합니다. 그것은 이 지역뿐만 아니라 다른 나라일 수도 있습니다.

오늘날 목사의 사역은 사람들에게 초점이 맞추어져 있고 그들의 필요를 채워주는 데 있습니다. 목자로서 이것은 필요합니다.

하지만 사도적 기름부음은 하나님의 뜻에 초점을 맞추게 합니다. 그들의 삶 속에 하나님의 뜻이 무엇인가 살피게 합니다. 목사의 사역은 그들을 사랑하고 먹이는데 있습니다. 많은 경우에 관람자 역할을 감당합니다. 그들은 와서 계속 먹기만 합니다. 그러나 사도적 사역은 사람들을 훈련시키기 원합니다. 뚱뚱한 소가 되게 하는 것이 아니라 근육을 붙여주고 주님의 일을 위해 훈련을 시킵니다. 그들을 정복하고 승리하는 자가 되도록 돕기 원합니다. 바로 이것이 사도들이 우리에게 가져다주는 도전이요, 예수님이 우리에게 주는 소명을 상기 시켜 주는 것입니다.

사도의 사역은 승리자와 정복자로서 능력을 가져다줍니다. 많은 경우에 목사의 사역은 리더들을 은혜의 도구로 훈련시킵니다. 그것은 중요한 것입니다. 사도는 효과적으로 성도들의 사역을 감당하도록 훈련시킵니다. 하나님의 은혜를 받는 것으로 그치지 않고 그것을 이해하며 다른 사람을 가르칠 수 있도록 함으로써 그리스도의 은혜 안에서 동참하여 효과적으로 사역을 감당하도록 합니다.

목사의 사역은 무언가를 유지하는 데 있다고 생각합니다. 수세기 동안 이 이유 때문에 교회가 변화되지 않았습니다. 어떤 제도를 유지하고 그 제도가 어떻게 돌아가는지 알고 그것을 유지만 하려고 한다면 비전도 없고 개척 정신도 없는 어떤 변화를 실행하는 데 소홀해집니다. 그러므로 어떤 구조를 계속 지탱하기 위해 교회는 프로그램을 많이 만듭니다. 행사 위주가 됩니다. 이것은 삶속에 양념을 치는 것과 같습니다. 사도의 기름부음은 그런 것이 아닙니다. 땅 끝까지 가라고 하십니다. 열방을 제자로 삼고 그들을 가르치고 변화시키는 것입니다. "내가 너희에게 살라고 한 방법대로 그들을 살게 하라" 바로 이것이 사도적인 사명입니다. 현상 유지가 아니고 모든 것을 변화시키고 전진시키는 것입니다. 사도의 사역은 무언가를 성숙시키시는 데 있습니다.

목사의 사역은 예수 그리스도안에서 그들의 위치가 어디에 있는지 많이 강조합니다. 그러나 사도의 사역은 우리의 입장, 우리가 어떤 처지에 있는지만 알려 주는 것으로 그치지 않고 우리 삶의 환경에 다 반영되도록 도전하고 격려하는 것입니다. 목사는 다른 사람들의 외형적인 필요와 안위하는 것만 치중합니다. 그러나 사도적 사역은 근본 뿌리의 원인을 찾아냅니다. 내면의 상황을 살핍니다. 어떻게 마귀와 싸우며 승리하는 지를 알게 합니다. 그래서 안위하는데서 그치지 않고 어떻게 변화시키고 앞으로 나아가는지를 가르칩니다.

하나님의 기름부음으로 우리의 삶의 모든 멍에가 끊어져 나가는 걸 봅니다. 우리가 마음의 상처가 있을 때 위로를 받아야 하고 안위를 받아야 합니다. 적이 우리를 공격하고 우리가 지쳐 있을 때 누군가 와서 우리를 위로하고 기도해 주는 사역이 필요합니다. 우리가 장성하여서 승리하는 법을 배우지 않으면 안 됩니다. 성령님은 변화 받는 그런 삶을 살기를 원하십니다.

오늘날 우리도 사도로 부르심을 받아 하나님의 복음을 전하는 하나님의 충성된 종으로 사역을 감당하여야 합니다.

> 안디옥 교회에 선지자들과 교사들이 있으니 곧 바나바와 니게르라 하는 시므온과 구레네 사람 루기오와 분봉왕 헤롯의 젖동생 마나엔과 및 사울이라 주를 섬겨 금식할 때에 성령이 가라사대 내가 불러 시키는 일을 위하여 바나바와 사울을 따로 세우라 하시니 이에 금식하며 기도하고 두 사람에게 안수하여 보내니라 두 사람이 성령의 보내심을 받아 실루기아에 내려가 거기서 배 타고 구브로에 가서(행 13:1-4)

4. 과거의 기름부음

기름 부음이란 성령께서 스스로 사람들에게 내려오실 때와 성령이 지배하시도록 내어드릴 때입니다. 기름 부음이 떠나면 영광도 사라진다는 것입니다. 슬프게도 이 성령의 기름 부으심이 떠난 사람들이 있습니다. 그것은 어제의 기름 부음이 되는 것입니다. 어제 일어났던 일들이 지금은 떠났는데도 오늘도 일어나고 있는 것처럼 가장하는 것은 좋지 않습니다.

성경에 나타난 과거의 기름 부음···사울

> 여호와께서 사무엘에게 이르시되 내가 이미 사울을 버려 이스라엘 왕이 되지 못하게 하였거늘 네가 그를 위하여 언제까지 슬퍼하겠느냐 너는 기름을 뿔에 채워 가지고 가라 내가 너를 베들레헴 사람 이새에게로 보내리니 이는 내가 그 아들 중에서 한 왕을 예선하였음이니라(삼상 16:1).

사울 왕의 시작은 선했지만 나중은 선하지 못했습니다. 마흔의 나이에 하나님께선 사무엘을 통하여 사울을 버린 것을 알리시고 이스라엘의 왕이 되지 못하게 하시며 어제의 사람이 되게 하셨습니다.

사울은 무엇을 잘못하였습니까? 사울은 자신을 너무 중요하게 생각한 나머지 사무엘이 번제와 화목제를 드리도록 기다리지 않고 자기 마음대로 제사를 드렸습니다. 제사를 드리는 것은 사무엘 선지자만의 특권이었습니다. 그러나 사울은 왕으로서 그가 원하는 것을 할 수 있다고 생각했고 그대로 행했습니다.

> 사무엘이 가로되 왕의 행한 것이 무엇이뇨 사울이 가로되 백성은 나에게서 흩어지고 당신은 정한 날 안에 오지 아니하고 블레셋 사람은 믹마스에 모였음을 내가 보았으므로 이에 내가 이르기를 블레셋 사람은 나를 치러 길갈로 내려오겠거늘 내가 여호와께 은혜를 간구치 못하였다 하고 부득이 하여 번제를 드렸나이다.(삼상13:11-12)

이때 사무엘 선지자는 사울이 하나님께 불순종하였으므로 왕위가 오래가지 못하고 하나님의 마음에 맞는 사람을 지도자로 삼으셨다고 하였습니다.

> 사무엘이 사울에게 이르되 왕이 망령되이 행하였도다 왕이 왕의 하나님 여호와께서 왕에게 명하신 명령을 지키지 아니하였도다 그리하였다면 여호와께서 이스라엘 위에 왕의 나라를 영영히 세우셨을 것이거늘 지금은 왕의 나라가 길지 못할 것이라 여호와께서 왕에게 명하신 바를 왕이 지키지 아니하였으므로 여호와께서 그 마음에 맞는 사람을 구하여 그 백성의 지도자를 삼으셨느니라 하고(삼상 13:13-14)

하나님은 사울에게 두 번째 기회를 주었습니다

사무엘이 사울에게 이르되 여호와께서 나를 보내어 왕에게 기름을 부어 그 백성 이스라엘 위에 왕을 삼으셨은즉 이제 왕은 여호와의 말씀을 들으소서 만군의 여호와께서 이같이 말씀하시기를 아말렉이 이스라엘에게 행한 일 곧 애굽에서 나올 때에 길에서 대적한 일을 내가 추억하노니 지금 가서 아말렉을 쳐서 그들의 모든 소유를 남기지 말고 진멸하되 남녀와 소아와 젖 먹는 아이와 우양과 약대와 나귀를 죽이라 하셨나이다(삼상 15:1-3).

사울은 다시 기회를 주었지만 자신의 생각을 중요시 하여 최상의 양과 소를 남긴 것이 더 낫다고 생각했습니다.

사무엘이 가로되 여호와께서 번제와 다른 제사를 그 목소리 순종하는 것을 좋아하심같이 좋아하시겠나이까 순종이 제사보다 낫고 듣는 것이 숫양의 기름보다 나으니 이는 거역하는 것은 사술의 죄와 같고 완고한 것은 사신 우상에게 절하는 죄와 같음이라 왕이 여호와의 말씀을 버렸으므로 여호와께서도 왕을 버려 왕이 되지 못하게 하셨나이다(삼상 15:22-23).

사무엘의 이전에 한 말을 받아드려야 했습니다. 그러나 사울의 계속되는 불순종과 그의 두 번째 어리석음의 결과로 하나님은 사무엘에게 다윗에게 왕으로 기름 붓도록 말씀하셨습니다.

하나님은 사무엘에게 "나는 이스라엘의 왕으로서의 그를 버렸느니라"라고 말씀하셨습니다. 그러나 사울의 왕권은 그 이후 20년 넘게 남아 있었습니다. 기름 부음은 다윗에게 주어졌고 그는 20년 넘게 왕관을 기다렸습니다. 그러나 다윗은 중요한 기름 부음을 갖고 있었습니다. 하나님의 얼굴을 날마다 찾는 것으로부터 오는 신선한 기름 부음으로 채워지는 것입니다.

알티 캔달 : 사울이 어제의 사람이 되는 것에 대한 징후
첫 째 우리가 한 사람과 질투의 감정으로 사로잡힐 때이다. 사울이 모든 마음의 존재를 잃어버렸던 것과 같은 불길한 징조이다. 그는 사람들이 다윗을 칭찬하는 것에 대처할 수 없었다. 사울은 가능한 경쟁자에 대해 대처할 수 없었다(삼상18:7).

내가 만약 다른 사람들의 성공이나 혹은 그들이 경쟁자가 될 가능성으로 다른 사람을 질투하거나 그들의 은사를 질시한다면 나는 위험한 상태에 놓인 것이다.

둘 째, 내가 다른 사람의 신뢰성을 파괴시키려고 하는 것이다. 사울의 목표는 다윗을 망하게 하는 것이었다(삼상18:10-11; 19:11-23; 23:7-29).

사울은 이스라엘의 적인 블레셋에게 했던 것보다 다윗에 대해 더 많은 염려를 했다. 그는 하나님의 사람들의 안전을 지키는 것보다 경쟁자를 제거하는 것에 더 힘썼다.

세 째, 우리는 다른 사람의 기름 부음을 두려워 한다(삼상18:2). 우리가 두려워 할 때 우리는 사랑 안의 온전함을 이루지 못한다(요일4:18). 왜 어떤 사람은 다른 사람의 기름 부음을 두려워하는가? 기름 부음을 주시는 분은 하나님이다. 우리는 다른사람에게 있는 기름 부음을 인정해야만 한다. 우리가 그것을 두려워한다면 그것은 경쟁자의 영이 슬슬 다가오고 있음을 암시하는 것이다.

다른 사람들의 기름부음에 대한 두려움은 우리 스스로가 옳지 않다는 확실한 폭로이다. 바로 그 때가 어제의 사람이 된 사울의 특성이다.

네 째, 우리를 위협하는 사람에 대해 함정을 놓는다면 우리는 어제의 사람이 될 수 있다. 사울이 했던 것처럼 다윗을 블레셋과 싸우도록 한 것이다(삼상18:25).

내게 위협이 되는 사람에게 함정을 놓는다면 나의 손으로 복수를 하는 것이다. 내가 그것을 하기 위해 허리를 구부릴 때 나 스스로를 어제의 사람이 되게 하는 것이다. 사울이 다윗과 블레셋의 싸움에서 살아 돌아오지 못할 것을 확신한 것과 같이. 하지만 실제로는 다윗이 200명의 블레셋 사람을 죽였다는 것이다. 당신의 적이 실족하여 넘어지기를 바랄 때(그를 위해 기도하기 싫을 때) 당신의 적이 실제 하나님의 기름 부으심 안에 있다면 당신은 바로 어제의 사람이 되는 그 가장자리에 있는 것이다.

다섯 째, 맹세가 아닌 우리가 말한 것을 지키지 못할 때 우리는 우리의 진실성을 잃은 것이다. 우리의 말을 지키는 것 즉 정직은 분명히 인정받아야만 하는 것이다. 요나단은 그의 아버지 사울에게 다윗의 목숨을 살려 줄 것을 청했었다(삼상19:6).

옛날에는 맹세는 최종적이고 절대적인 신뢰의 증거였다. 사울은 요나단에게 약속 했다. 그러나 얼마 되지 않아 약속을 지키지 않았다(삼상19:9-10).

사울은 정직성이 없었다. 어제의 사람이거나 성령을 전혀 들을 수 없는 사람은 거의 항상 더 깊은 생각을 하지 못한다.

우리는 사울 왕처럼 과거의 사람이 되어서는 안 됩니다. 과거의 사람이란 새로운 기름 부음을 잃었지만 일반적으론 보이지 않는 사람들로서 하나님이 보시는 관점에서 보면 이미 과거의 사람입니다. 그리고 과거의 사람은 우리의 높은 교만과 하나님의 말씀에 순종하지 않는 것에 잡혀있을 때입니다.

사울 왕은 회개가 늦었습니다. 그러나 다윗은 죄를 지적하였을 때 곧 바로 회개하였습니다. 다윗이 간음과 살인의 죄를 지은 후 나단 선지자가 그의 죄를 들춰 냈습니다. 다윗이 행한 것은 비난받을 만한 것이었습니다. 그러나 나단이 다 들추어냈을 때 다윗은 그것을 다 받아드렸습니다. 나단 선지자는 다음과 같이 말했습니다.

> 나단이 다윗에게 이르되 당신이 그 사람이라 이스라엘의 하나님 여호와께서 이처럼 이르시기를 내가 너로 이스라엘 왕을 삼기 위하여 네게 기름을 붓고 너를 사울의 손에서 구원하고 네 주인의 집을 네게 주고 네 주인의 처들을 네 품에 두고 이스라엘과 유다 족속을 네게 맡겼느니라 만일 그것이 부족하였을 것 같으면 내가 네게 이것저것을 더 주었으리라 그러한데 어찌하여 네가 여호와의 말씀을 업신여기고 나 보기에 악을 행하였느뇨 네가 칼로 헷 사람 우리아를 죽이되 암몬 자손의 칼로 죽이고 그 처를 빼앗아 네 처를 삼았도다 이제 네가 나를 업신여기고 헷 사람 우리아의 처를 빼앗아 네 처를 삼았은즉 칼이 네 집에 영영히 떠나지 아니하리라 하셨고 여호와께서 또 이처럼 이르시기를 내가 네 집에 재화를 일으키고 내가 네 처들을 가져 네 눈앞에서 다른 사람에게 주리니 그 사람이 네 처들로 더불어 백주에 동침하리라 너는 은밀히 행하였으나 나는 이스라엘 무리 앞 백주에 이 일을 행하리라 하셨나이다 다윗이 나단에게 이르되 내가 여호와께 죄를 범하였노라 하매 나단이 다윗에게 대답하되 여호와께서도 당신의 죄를 사하셨나니 당신이 죽지 아니하려니와 이 일로 인하여 여호와의 원수로 크게 훼방할 거리를 얻게 하였으니 당신의 낳은 아이가 정녕 죽으리이다 하고(삼하 12:7-12)

다윗과 사울의 차이점은 무엇입니까? 다윗은 단지 잠시만 어제의 사람이 되었던 것입니다. 그러나 사울 왕은 어제의 사람으로 남았습니다. 다윗은 온유하고 부드러운 사람이었고 사울은 교만하고 완강한 사람이었습니다. 우리가 하나님과의 교제를 잃는다면 어제의 사람이 될 수 있습니다. 이것이 바로 사울의 실수였습니다. 그는 자신을 말씀보다 높임으로 하나님의 만지심을 놓쳤습니다.

늘 깨어서 하나님과 친밀한 하나님의 영광에 임재하심에 있지 않으면 하나님의 현재의 기름 부음을 잃을 수 있다는 것입니다.

기름부음은 영구적인 소유물이 아닙니다.
베드로는 사도행전 2장에 있는 오순절날 성령의 기름부음을 받고 능력 있는 설교를 할 수 있었습니다. 그 다음에 사도행전 4장에서는 요한과 함께 산헤드린 앞에서 복음을 전파하였습니다. 그들이 복음을 전했다는 이유로 체포되어 사유를 밝힐 것을 요구받았지만 그때 베드로는 다음과 같이 담대하게 말했습니다.

> "사도들을 가운데 세우고 묻되 너희가 무슨 권세와 뉘 이름으로 이 일을 행하였느냐 이에 베드로가 성령이 충만하여 가로되 백성의 관원과 장로들아(행 4:7-8)

베드로는 오순절 날 성령의 기름부음을 체험하였지만 지금 이 상황에서는 새로운 기름부음이 필요했습니다.

로이드 존스목사는 그의 동료인 데이비드 몰간에 대하여 이 점을 확증하는 이야기를 다음과 같이 하였습니다.

1859년 웨일즈 부흥 때였다. 그는 목사였는데 , 목사로서 훈련을 충분히 받지 못한 사람이었다. 그리고 신실하긴 하였지만 별로 주목받지 못하던 목사였다. 그러던 어느 날 성령을 체험하게 되고 친구에게 그것에 대하여 말하였다. "그 날 밤 나는 예배에서 능력을 느끼기는 하였지만 평상시처럼 잠자리에 들었다. 그러나 다음날 아침에 잠이 깨었을 때 나는 내가 다른 사람이 되었음을 깨달았다. 마치 내가 사자처럼 느껴졌고 큰 능력을 느꼈다." 그는 그 후 엄청난 권위를 가지고 설교하기 시작하였다. 그리고 이것은 상당 기간 동안 지속되었다. 훗날 그는 같은 친구에게 이렇게 말했다. "어느 날 밤 나는 2년 동안 나와 함께하던 그 능력으로 채워지는 것을 느끼면서 잠자리에 들었고, 다음날 아침 일어났을 때 내가 다시 평상시 데이비드 몰간이 되어 있는 것을 발견하였다."

이 예화에서 보여주는 것처럼 성령의 능력의 기름부음이 영구적인 소유물로 주어지는 것이 아니라는 것을 확인 시켜주는 것입니다.

과거의 기름부음이 계속되는 것은 새로운 상황에 직면하였을 때 성령의 기름부음이 필요하고 새롭게 공급을 받아야 합니다(행 6:3).

5. 오늘날의 기름부음

폴 케인 목사님은 오늘날의 기름부음 받은 사람들의 특징과 함께 오늘날의 기름부음에 대해 다음과 같이 알려 주었습니다.[4]

현재 기름부음을 받은 자들은 과거의 하나님의 영광과 축복만을 되새기는 것이 아니라 현재 하나님이 하시는 역사를 추구하고 기뻐한다. 내 자신이 과거의 기적, 과거의 기름부음 과거의 축복만을 계속 이야기 하고 있으면 자신을 점검해봐야 한다. "여호와의 자비와 긍휼이 무궁하시므로 우리가 진멸되지 아니함이니이다 이것이 아침

---

4) 모닝스타저널 vol 8-2

마다 새로우니 주의 성실이 크도소이다(애 3:22-23)"

바로 오늘이 기적의 날이요 오늘이 성령으로부터 새 기름 부음이 임하는 날이다. 나는 전날의 좋은 시절에 안주하지 않는다. 어떤 사람들은 옛날의 찬송가가 우리를 성결하게 만든다고 하였다. 우리를 거룩하게 하는 것은 하나님의 새로운 기름부음아래 새노래와 새 방언을 통해서도 그렇게 된다. 옛 찬송가가 어디서 나왔는가 그 당시에 새 기름부음을 받은 젊은 남녀의 종들이 아닌가?

현재 기름부음을 받은 자들은 다른 사람을 판단하지도 않을 뿐더러 자연적 위치로도 판단하지 않는다. 즉 육의 눈으로 보지 않고 영의 눈으로 본다. 소문을 믿지 않고 다른 믿음의 형제들의 약점을 소망의 눈으로 봐줄 때 당신은 오늘날의 기름 부은 자이다. 많은 사람들이 이렇게 말한다. "이것은 하나님의 역사가 아니야. 저건 하나님의 역사가 아니야. 이건 엉망이야. 미친 짓이야. 하나님이 이렇게 사람들이 쓰러지고 진동하고 웃고 하는 것을 하실리가 없어." 그러나 오늘날의 기름 부은 자들은 하나님의 역사의 미미한 시작을 알아보고 머리로 다 분석하기 전에 강으로 뛰어 든다. 나는 하나님이 하실 그 모든 일을 다 믿는다. 지금 일어나고 있는 웃는 것, 쓰러지는 것, 축복을 구하는 것 이상의 역사를 하실 것을 믿는다. 나는 언젠가 믿는 자들이 그때에 맞는 말씀을 전하여 국가 수상의 마음을 또, 한 나라와 도시의 마음을 바꿀 날이 올 것을 믿는다.

오늘날의 기름부음을 받은 자들은 하나님의 하시는 일을 증거하기 위하여 자신의 체면을 상관치 않는다. 육적인 사울이 아직 통치를 하고 있는 때이지만 오늘날의 사무엘은 미래를 위한 하나님의 기름부은 자를 찾을 용기가 있어야 한다. 오늘날의 다윗 세대를 찾아 기름 부어야 한다. 오늘날의 사무엘은 자신의 안위를 생각하기보다는 하나님 나라의 미래를 생각한다. 질시를 당할지라 다른 사람을 도와주기 위하여 청빈한 생활을 산다. 당신이 기름부은 자라고 생각하는가? 그렇다면 거절을 체험할지라도 자신에 대한 거절이라고 생각지 말라. 사무엘도 이 중요한 교훈을 배우지 않았는가? "여호와께서 사무엘에게 이르시되 백성이 네게 한 말을 다 들으라 그들이 너를 버림이 아니요 나를 버려 자기들의 왕이 되지 못하게 함이니라(삼상8:7).

우리가 가장 경계 할 것은 과거의 기름부음을 받은 자로 만족하거나 안주하여 머물러있는 것입니다. 늘 신선한 기름부음을 사모하여 아론에게 모세가 기름부음으로 그 아들들이 영원히 제사장의 기름부음을 받는 것 처럼 미래(내일)의 기름 부으심을 기대하고 사모해야 합니다.

"그 아비에게 기름을 부음같이 그들에게도 부어서 그들로 내게 제사장 직분을 행하게 하라 그들이 기름 부음을 받았은즉 대대로 영영히 제사장이 되리라 하시매"(출 40:15)

6. 하나님의 마지막 : 성령의 기름부음으로 인한 회복

성령의 기름 부으심은 마지막 때를 위한 하나님의 특별한 은혜입니다.

그 후에 내가 내 신을 만민에게 부어 주리니 너희 자녀들이 장래 일을 말할 것이며 너희 늙은이는 꿈을 꾸며 너희 젊은이는 이상을 볼 것이며 그 때에 내가 또 내 신으로 남종과 여종에게 부어 줄 것이며 내가 이적을 하늘과 땅에 베풀리니 곧 피와 불과 연기 기둥이라 여호와의 크고 두려운 날이 이르기 전에 해가 어두워지고 달이 핏빛같이 변하려니와 누구든지 여호와의 이름을 부르는 자는 구원을 얻으리니 이는 나 여호와의 말대로

> 시온 산과 예루살렘에서 피할 자가 있을 것임이요 남은 자 중
> 에 나 여호와의 부름을 받을 자가 있을 것임이니라(욜 2:28-
> 31)

하나님의 이 계획은 이미 오래 전에 구약의 예언자들을 통해 선포하셨습니다.

마지막 때에 예언자 아모스는 "그 날에 내가 다윗의 무너진 천막을 일으키고 그 틈을 막으며 그 퇴락한 것을 일으키고 옛적과 같이 세우고"(암9:11)와 같이 선포하였습니다.

다윗은 하나님의 임재와 능력 안에 깊숙이 임하였습니다. "다윗이 블레셋 사람에게 이르되 너는 칼과 단창으로 오거니와 나는 만군의 여호와의 이름 곧 네가 모욕하는 이스라엘 군대의 하나님이 이름으로 네게 가노라" 하나님의 능력을 믿고 나아가 돌을 취하여 물매에 던져 블레셋 사람 골리앗 장수에게 던졌습니다. 블레셋 장수의 이마를 쳐서 하나님의 능력으로 쓰러뜨렸습니다. 누가 다윗과 같습니까? 바로 예수 그리스이십니다. 예수는 다윗의 자손이라 불리웠습니다. 여기서 다윗은 하나님의 임재와 기름부음심의 상징입니다.

마지막 때 기름 부으심은 하나님의 교회에 부어주십니다. 하나님은 마지막 때에 기름 부으심을 교회에 부으실 것이라고 스가랴 선지자를 통하여 환상으로 알려주십니다.

> 대제사장 여호수아는 여호와의 사자 앞에 섰고 사단은 그의 우
> 편에 서서 그를 대적하는 것을 여호와께서 내게 보이시니라 여
> 호와께서 사단에게 이르시되 사단아 여호와가 너를 책망하노라
> 예루살렘을 택한 여호와가 너를 책망하노라 이는 불에서 꺼낸
> 그슬린 나무가 아니냐 하실 때에 여호수아가 더러운 옷을 입고

천사 앞에 섰는지라 여호와께서 자기 앞에 선자들에게 명하사 그 더러운 옷을 벗기라 하시고 또 여호수아에게 이르시되 내가 네 죄과를 제하여 버렸으니 네게 아름다운 옷을 입히리라 하시기로 내가 말하되 정한 관을 그 머리에 씌우소서 하매 곧 정한 관을 그 머리에 씌우며 옷을 입히고 여호와의 사자는 곁에 섰더라 여호와의 사자가 여호수아에게 증거하여 가로되 만군의 여호와의 말씀에 네가 만일 내 도를 준행하며 내 율례를 지키면 네가 내 집을 다스릴 것이요 내 뜰을 지킬 것이며 내가 또 너로 여기 서 있는 자들 중에 왕래케 하리라 대제사장 여호수아야 너와 네 앞에 앉은 네 동료들은 내 말을 들을 것이니라 이들은 예표의 사람이라 내가 내 종 순을 나게 하리라(슥3:1-8)

내게 말하던 천사가 다시 와서 나를 깨우니 마치 자는 사람이 깨우임 같더라 그가 내게 묻되 네가 무엇을 보느냐 내가 대답하되 내가 보니 순금 등대가 있는데 그 꼭대기에 주발 같은 것이 있고 또 그 등대에 일곱 등잔이 있으며 그 등대 꼭대기 등잔에는 일곱 관이 있고 그 등대 곁에 두 감람나무가 있는데 하나는 그 주발 우편에 있고 하나는 그 좌편에 있나이다 하고 내게 말하는 천사에게 물어 가로되 내 주여 이것들이 무엇이니이까 내게 말하는 천사가 대답하여 가로되 네가 이것들이 무엇인지 알지 못하느냐 내가 대답하되 내 주여 내가 알지 못하나이다 그가 내게 일러 가로되 여호와께서 스룹바벨에게 하신 말씀이 이러하니라 만군의 여호와께서 말씀하시되 이는 힘으로 되지 아니하며 능으로 되지 아니하고 오직 나의 신으로 되느니라(슥4:1-7)

큰 산아 네가 무엇이냐 네가 스룹바벨 앞에서 평지가 되리라 그가 머릿돌을 내어 놓을 때에 무리가 외치기를 은총, 은총이 그에게 있을지어다 하리라 하셨고 다시 그에게 물어 가로되 금

기름을 흘려 내는 두 금관 옆에 있는 이 감람나무 두 가지는 무슨 뜻이니이까 그가 내게 대답하여 가로되 네가 이것이 무엇인지 알지 못하느냐 대답하되 내 주여 알지 못하나이다 가로되 이는 기름 발리운 자 둘이니 세상의 주 앞에 모셔 섰는 자니라 하더라(슥4:12-14)

7. 우리는 항상 기름을 준비하고 깨어 있어야 합니다.

예수님께서 하늘나라에 대하여 말씀을 가르치면서 열 처녀의 비유를 사용하였습니다. 기름을 준비하는 것과 늘 깨어 있는 것이 얼마나 중요한가를 알게 할 뿐만 아니라 비유로 해석할 때는 신랑 되신 주님을 맞이하기 위해서 성령님 안에 있어야 함을 가르치고 있습니다.

그 때에 천국은 마치 등을 들고 신랑을 맞으러 나간 열 처녀와 같다 하리니 그 중에 다섯은 미련하고 다섯은 슬기 있는지라 미련한 자들은 등을 가지되 기름을 가지지 아니하고 슬기 있는 자들은 그릇에 기름을 담아 등과 함께 가져갔더니 신랑이 더디 오므로 다 졸며 잘새 밤중에 소리가 나되 보라 신랑이로다 맞으러 나오라 하매 이에 그 처녀들이 다 일어나 등을 준비할 새 미련한 자들이 슬기 있는 자들에게 이르되 우리 등불이 꺼져가니 너희 기름을 좀 나눠 달라 하거늘 슬기 있는 자들이 대답하여 가로되 우리와 너희의 쓰기에 다 부족할까 하노니 차라리 파는 자들에게 가서 너희 쓸 것을 사라 하니 저희가 사러 간 동안에 신랑이 오므로 예비하였던 자들은 함께 혼인 잔치에 들어가고 문은 닫힌지라 그 후에 남은 처녀들이 와서 가로되 주여 주여 우리에게 열어 주소서 대답하여 가로되 진실로 너희에게 이르노니 내가 너희를 알지 못하노라 하였느니라

그런즉 깨어 있으라 너희는 그 날과 그 시를 알지 못하느니라
(마25:1-13)

열 처녀의 비유에서 슬기로운 처녀와 어리석은 처녀가 어떻게 분류되었습니까?

　어리석은 처녀는 등불을 가졌으나 기름을 갖고 있지 않았습니다. 그러나 슬기로운 처녀는 자기들의 등불과 함께 통에 기름도 준비하였습니다. 기다리던 신랑이 늦어질 때 모두 기다리다 졸았습니다. 한밤중이 되어서 신랑을 맞이하라는 소리를 들었을 때 그 처녀들은 자신의 등불을 손질하였습니다. 미련한 처녀들이 슬기로운 처녀들에게 말하기를 '우리 등불이 꺼져 가니. 너희의 기름을 좀 나누어 다오' 라고 하였습니다. 그러나 슬기로운 처녀들이 다음과 같이 대답을 하였습니다. '그렇게 하면 우리에게나 너희에게나 다 모자랄 터이니 안 된다. 차라리 기름 장수에게 가서 사서 써라.' 라고 하였습니다. 이 말을 듣고 미련한 처녀들은 기름을 사러 간 사이에 신랑이 왔습니다. 등과 기름을 준비하고 있던 처녀들은 신랑과 함께 혼인 잔치에 들어가고 문이 닫혔습니다. 그 뒤에 미련한 처녀들이 와서 '주님, 주님, 문을 열어 주십시오' 라고 애원하였습니다 그러나 신랑이 대답하기를 '내가 진정으로 너희에게 말한다. 나는 너희를 알지 못한다' 라고 하였습니다.

저는 열 처녀의 비유에서 예수님께서 말씀하신 것이 무엇인가 묵상하였습니다.
　하나는 슬기로운 처녀는 언제 신랑이 오실지 모름으로 늘 깨어 등과 기름을 준비하여 갑자기 예기치 않고 신랑이 왔을 때 신랑을 맞이하는 행복한 신부가 되는 것입니다.
　둘 째는 미련한 처녀들처럼 신랑이 왔을 때 등은 준비하였지만

기름을 준비하지 못함으로 기름이 없어서 신랑이 왔을 때 혼인 잔치에 들어가지 못하는 불행한 신부가 되는 것이었습니다.

세 째는 재림하여 오시는 신랑 되신 예수님을 맞기 위하여 늘 준비해야 할 것은 등불과 같은 말씀을 가지고 읽고 묵상하는 것과 진리와 지혜의 영이신 성령님을 모시고 성령님의 인도하심을 순종하는 것입니다. 그리고 성령님으로 말미암아 주님과 함께 늘 깨어 교제하는 것이었습니다.

네 째는 기름을 항상 준비하듯 항상 성령님과 함께 하는 것이 예수님을 아는 것이요 하나님을 아는 것이라는 것입니다. 그리고 하나님의 임재 속에 거하는 능력이라는 것입니다.

다섯 째, 성령의 기름 부으심이 있을 때 하나님의 뜻을 알 수 있습니다.

이 비유에서 중요한 것은 슬기로운 다섯 처녀처럼 등불에 필요한 기름을 준비하는 예수 그리스도의 신부가 되어야 한다는 것입니다.

지금 어느 때보다 예언의 말씀대로 기름부음이 하나님의 종들과 교회에 강력하게 부어지고 있습니다.

8. 신선한 기름부음

"여호와여 주의 원수 곧 주의 원수가 패망하리니 죄악을 행하는 자는 다 흩어지리이다 그러나 주께서 내 뿔을 들소의 뿔같이 높이셨으며 내게 신선한 기름으로 부으셨나이다(시편 92:9-10)

[공동번역]
들소처럼 나의 뿔을 높여 주시고 향긋한 향유를 이 몸에 부어 주시오니(시편 92:10)

[한글 킹제임스]
그러나 주께서 나의 뿔을 유니콘의 뿔같이 높이셨으니, 내가 신선한 기름으로 기름부음을 받으리이다.

[KJV]
But my horn shalt thou exalt like [the horn of] an unicorn: I shall be anointed with fresh oil.

[ASV]
But my horn hast thou exalted like (the horn of) the wild-ox: I am anointed with fresh oil.

우리는 이 말씀에서 하나님은 악인과 대비하여 의인을 높이고 기쁨을 주신다는 것입니다. 악인의 잠시 흥왕할지라 영원히 멸망하고 반면에 의인을 높이십니다. 악인의 멸망은 곧 여호와의 의의 승리로 말미암은 것입니다. 따라서 성도의 기쁨은 원수의 멸망으로 인해서가 아니라 하나님의 의의 승리로 인한 기쁨이어야 합니다.

여기서 '뿔'은 영광을 의미합니다. '기름'은 성령과 사명을 의미합니다. 구약에서는 사명자에게만 기름을 부어 성령의 능력을 입게 하였습니다.

시편 저자는 확실하게 주님께서 "내게 신선한 기름으로 부으셨나이다"라고 고백하였습니다.

매튜 헨리 주석가는 '시편' 주석에서 "나는 신선한 기름으로 기름부음을 받으리이다"라는 말을 다음과 같이 설명하였습니다.
"이것은 그가, 기름부음을 받았던 그의 직책에 대해 새로이 인가받는 것을 나타낸다. 그렇지 않다면 이것은 기름이 풍부하게 있어서 원할 때마다 신선한 기름으로 부음 받았음을 의미한다. 또는 그의 영혼이 좌절할 때 그를 소생시킬 위로를 새로이 받는 것을 의미한다. 은총은 바로 성령의 기름부음을 받는 것이다. 성도들은 여기에서 의의 나무들로 표현되고 있다(사 61:3;시 1:3). 그들은 '여호와의 집에 심겨졌다' (시 92:13). 의로운 나무들은 저절로 자라나는 것이 아니다. 그들은 평범한 땅이 아니라 '여호와의 집에' 심겨졌다. 나무는 보통 집안에 심지 않는다. 그러나 하나님의 나무들은 그의 집 안에 심겨졌다고 기록되어 있다. 그 이유는 그들이 생명을 유지하고 많은 열매를 맺게 하는 모든 수액과 양분을 그의 말씀과 성령으로 말미암은 그의 은총으로부터 받아들이기 때문이다."

오늘날 우리의 사명을 잘 감당하기 위해서 가장 필요한 것은 신선한 기름으로 기름부음 받는 것입니다.
  휘발유에 물이나 다른 기름이 혼합되어 있을 때 그 차는 오래 사용할 없습니다. 혼합되지 않는 순수한 기름을 부어야 차가 잘 움직일 수 있고 오래 사용할 수 있습니다. 이와 마찬가지로 세상과 혼합하여 살 때 그 삶이 오래가지 못합니다. 정결하고 깨끗하며 신선한 성령이 우리 안에 있어야 합니다.
  자동차에 기름을 넣고 사용한 후 다 떨어지기 전에 새롭게 기름을 넣지 않으면 멀리 가지 못하거나 사용할 수 없습니다. 마찬가지로 과거에 나는 은혜와 능력을 받았다고 과거의 기름으로 만족하여 안주하면 그 사역은 발전하지 못하며 서서히 망하게 됩니다. 그러므로 새 영, 즉 새로운 성령의 기름을 받지 않으면 영적으로 병이 들거나 힘이 약해 마귀와 싸움에서 승리할 수 없습니다. 신선한 기름을 넣어야 힘이 있고 건강하게 살 수 있고 주님의 일을 잘 감당할 수 있습니다.
  식용유도 오래 된 것은 고약한 냄새가 납니다. 그런 기름을 사는 사람은 없을 뿐만 아니라 기간이 지난 것을 팔게 되었을 때 어려운 일이 발생합니다.

　마찬가지로 우리는 신선한 기름을 준비하고 소개하여 사람들이 먹도록 해야 합니다. 지금은 어느 때보다 새롭고 좋은 신선한 기름이 소개되고 있습니다. 영적으로 과거만을 고집하거나 새로운 것을 받아들이지 않으면 퇴보합니다.

　향유도 오래 된 것은 신선한 향기가 나지 않고 사람들에게 외면을 당합니다. 그러나 곧바로 수확한 올리브로 기름을 짜서 좋은 향을 섞었을 때 그 향기름은 신선하여 사람들의 사랑을 받습니다. 더 많은 정제의 과정을 거치면 더 정결하고 깨끗한 기름으로 나오게 됩니다. 과거의 율법에 만족하고 영적으로 묶이면 새 영이 역사하는 것을 알 수 없거나 체험할 수 없습니다. 하나님께서는 주시는 자유롭게 하는 영과 진리의 영을 받아야 합니다.

　오염된 공기를 마신다면 서서히 병들고 말 것입니다. 그러나 새롭고 신선한 공기를 마실 때 건강하게 살 수 있을 것입니다.

　나는 최근에 신선한 것이 얼마나 중요한 것인지 생활 속에서 깨달았습니다. 하루는 타고 다니는 차가 멈출 때마다 시동이 꺼졌습니다. 그래서 그 이유가 무엇인지 알고 수리하기 위해 자동차 고치는 곳에 맡겼습니다. 그 정비공은 어디가 문제인지 발견하지 못했습니다. 이틀이 지나서야 고쳤는데 그 원인은 에어 필터(공기 정화)에 먼지가 많이 끼었기 때문이었습니다. 에어필터를 교체하였더니 이상이 없었습니다. 나는 자동차가 선 이유 가운데 하나가 깨끗하지 못한 필터 때문인 것을 깨닫고 사실은 우리도 깨끗하지 못하다면 병이 든다는 것입니다. 깨끗하고 신선한 공기를 마셔야 건강하고 힘을 낼수 있습니다.

　새 술을 헌 부대에 담아 놓으면 둘 다 터져 못쓰게 됩니다. 새 술은 새 부대에 담아야 둘 다 보존되는 것처럼 성령님이 새롭게 역사하는 맑고 신선하고 깨끗한 바람이 내 안으로 들어오도록 해야 합니다. 그러므로 새술은 새 부대에 담아야 합니다. 새로운 마음, 새 영이신 신선한 성령님이 우리 안에 거하도록 하여야 합니다.

우물에서 생수가 솟아나지 않는다면 그 물을 사용할 수 없습니다. 만약 그 물을 마신다면 병균으로 복통이 일어날 것입니다. 신선한 샘물이 솟아나는 물을 마셔야 갈증을 풀 수 있고 건강합니다. 예수님이 주시는 물을 마셔야 합니다. 예수님은 말씀하셨습니다.

> 내가 주는 물을 먹는 자는 영원히 목마르지 아니하리니 나의 주는 물은 그속에서 영생하도록 솟아나는 샘물이 되리라(요 4:14).

강이나 호수가 막혀 있다면 언젠가는 썩어서 고기가 살 수 없습니다. 마찬가지로 영적으로 막혀 있다면 답답하여 견딜 수 없습니다. 강이 흘러가야 생물들이 살 수 있듯이 성령의 강이 우리 배에 들어가야 합니다. 그래서 생수의 강이 흘러 넘치게 되면 기쁨으로 활력이 생깁니다.

하나님이 계시는 하늘 성전에서 흘러내리는 강물을 체험하여야 하겠습니다.

그 이유는 첫째는 하나님이 계시하는 것을 받아야 합니다. 둘째는 하늘 성전에서 흐르는 강물이 흘러내려야 생명을 있기 때문입니다. 셋째는 우리의 영적인 수준이 높아 져야 하기 때문입니다. 그래야만 풍성한 축복을 받을 뿐만 아니라 다른 사람에게 그 축복을 누리게 할 수 있습니다.

> 그 사람이 손에 줄을 잡고 동으로 나아가며 일천 척을 척량한 후에 나로 그물을 건너게 하시니 물이 발목에 오르더니 다시

일천 척을 척량하고 나로 물을 건너게 하시니 물이 무릎에 오르고 다시 일천 척을 척량하고 나로 물을 건너게 하시니 물이 허리에 오르고 다시 일천 척을 척량하시니 물이 내가 건너지 못할 강이 된지라 그 물이 창일하여 헤엄할 물이요 사람이 능히 건너지 못할 강이더라… 내가 돌아간즉 강 좌우편에 나무가 심히 많더라… 이 흘러내리는 물이 그 바다의 물이 소성함을 얻을찌라 이 강물이 이르는 곳마다 번성하는 모든 생물이 살고 또 고기가 심히 많으리니 이 물이 흘러들어 가므로 바닷물이 소성함을 얻겠고… 큰 바다의 고기 같이 심히 많으려니와 … 강좌우 가에는 각종 먹을 실과나무가 자라서 그 잎이 시들지 아니하며 실과가 그치지 아니하고 달마다 새 실과를 맺으리니 그 물이 성소로 말미암아 나옴이라 그 실과는 먹을 만하고 그 잎사귀는 약 재료가 되리라(겔 47:1-12)

최근 제가 시무하는 시카고 팔복교회에서 "열린 천국문"이라는 주제로 부흥집회를 했습니다. 그 집회 강사 가운데 한 사람은 샨 볼츠(Shawn Bolz)인데 그는 미국의 영성 분야에서 떠오르는 새 세대 지도자입니다. 샨 볼츠는 하나님의 임재를 체험하였으며, 하나님으로부터 받은 계시를 받아 말씀을 전하였습니다.

그는 이런 말씀을 전했습니다. 한번은 어느 큰 교회 초청을 받아 집회를 인도하러 갔습니다. 그 교회 입구에 건축헌금을 낸 명단이 적힌 것을 보았습니다.

그 중 한 사람의 이름이 적힌 것을 보았는데 송장 썩은 냄새가 났습니다. 그 이유를 주님께 여쭸더니 "그 사람은 세상에서 부자일 뿐 구원받지 못한 사람이다"라고 하더랍니다.

지금은 어느 시대보다 하나님께서 새로운 신선한 계시의 영이 열리고 있습니다. 샨 볼츠와 채안 목사님은 영으로 하늘나라에 들어

가는 경험을 하였다고 팔복교회 부흥집회에서 간증을 하였습니다. 성경 속에서 하늘 문이 열리는 것처럼 하나님의 은혜와 사모함으로 하늘 보좌를 경험하는 사람들이 증가하고 있습니다.

지금 이 세대를 살아가는 우리에게 가장 필요하고 사모할 것은 하나님의 계시, 하나님의 임재, 신선한 성령의 기름 부으심이십니다.

하나님은 새롭고 신선한 물과 바람 그리고 기름을 주시고 있습니다. 그 신선한 물과 바람, 기름은 성령님을 상징합니다. 지금 하나님께서 주시는 신선한 기름을 부어 주십니다.

하나님께서는 지금 어느 때보다 신선한 성령을 부어 주시고 계십니다. 하나님은 신선한 사람을 원하십니다. 신선한 사람의 삶으로 살기위해서 신선한 기름을 계속 받아야 합니다. 우리가 간절히 구할 것은 지금 신선한 성령의 기름을 부어 주실 것을 간절히 기도해야 합니다.

　　간절히 원하오니 지금 성령을 보내주소서
　　간절히 원하오니 지금 강력한 성령을 보내주소서
　　간절히 원하오니 지금 더 간절한 강력한 성령을 보내주소서
　　간절히 원하오니 지금 훨씬 더 성령을 보내주소서(에반 로버츠)

　　아버지, 지금 바로 이 장소에서 하나님의 이적과 기사가 일어날 줄로 믿습니다. 우리는 지금 하나님의 거룩한 영이신 성령님의 임재하심을 느끼고 있습니다. 오늘 이 자리에서 일어날 하나님의 역사들로 인하여 우리는 오직 하나님께만 모든 찬양과 영광을 드릴 것을 약속드립니다. 당신의 성령을 우리에게 한없이 부어 주옵소서! 예수님의 이름으로 기도합니다.(캐더린 쿨만)

우리도 시편 저자의 "내게 신선한 기름을 부으셨나이다"처럼 찬양의 고백과 함께 축복과 승리로운 삶을 살게 해 주신 주님께 영광을 돌려야 하겠습니다.